Heinrich Bauregger · Cornel Braun

Hunsrück

mit Naturparks Saar-Hunsrück und Soonwald-Nahe

50 ausgewählte Touren

ROTHER
BERGVERLAG

ROTHER WANDERFÜHRER

Aargau
Abruzzen
Achensee
Adlerweg
Ahrsteig
Alb Südrand-Weg HW2
Albanien
Albsteig
Algarve
Allgäu 1, 2, 3, 4
Allgäuer Alpen
AlpeAdriaTrail
Altmühltal
Altmühltal-Panoramaweg
Andalusien Süd
Annapurna Treks
Antholz - Gsies
Aostatal

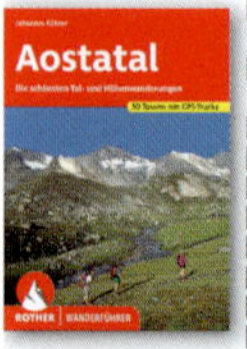

Appenzellerland
Apulien
Ardennen
Arlberg - Paznaun
Arnoweg
Asturien
Augsburg
Außerfern
Australien
Auvergne
Azoren
Baskenland
Bayerische Alpen Trekking
Bayerischer Wald
Berchtesgaden - Lienz
Berchtesgadener Land
Bergisches Land
Berlin
Bern
Berner Oberland Ost
Berner Oberland West
Bodensee Nord, Süd
Bodensee - Rätikon
Böhmerwald
Böhmische Schweiz
Bolivien
Bornholm
Bosnien u. Herzegowina
Bozen - Kaltern
Brandnertal
Bregenzerwald
Bremen - Oldenburg
Brenta
Bretagne
Bulgarien
Burgund
Cevennen
Chalkidiki - Thassos
Champagne - Ardennen
Chiemgau
Chiemsee
Chur - Hinterrhein
Cilento
Cinque Terre
Comer See
Cornwall-Devon
Costa Blanca
Costa Brava
Costa Daurada
Côte d'Azur
Dachstein-Tauern Ost
Dachstein-Tauern West
Dänemark-Jütland
Dalmatien
Dauphiné Ost, West
Davos - Prättigau
Dolomiten 1, 2, 3, 4, 5, 6, 7, 8
Dolomiten-Höhenwege 1-3, 4-7, 8-10
Donausteig
E1 Deutschland Nord
E1 Deutschland Süd
E5 Konstanz - Verona
Ecuador
Eifel
Eifelsteig
El Hierro
Elba
Elbsandsteingebirge
Elsass
Emmental
Ober-, Unterengadin
England Mitte, Nord, Ost, Süd
Fichtelgebirge
Fränkische Schweiz
Fränkischer Gebirgsweg
Frankfurt
Franziskusweg
Freiburg
Friaul-Julisch Venetien
Fuerteventura
Galicien
Gardaseeberge
Garhwal - Ladakh
Garmisch - Brixen
Gasteinertal
Genfer See
Georgien
Gesäuse
Glarnerland
Glockner-Region
Goldsteig
La Gomera
Gotthardweg
Gran Canaria
Grazer Hausberge
Grenzgänger-Weg
Griechenland - Pindosgebirge
Gruyère - Diablerets
GTA
Hamburg
Harz
Haute Route
Hawaii
Hochkönig
Hochschwab
Hohenlohe
Hunsrück
Ibiza
Innsbruck
Irland
Isarwinkel
Island
Israel
Istrien
Italienische Riviera
Jakobsweg - Camino Primitivo
Jakobsweg - Caminho Portugês
Jakobsweg - Camino del Norte
Französischer Jakobsweg Le Puy - Pyrenäen, Straßburg - Le Puy
Jakobsweg Marburg - Vézelay
Jakobswege Österreich
Jakobswege Schweiz
Spanischer Jakobsweg
Südfranzösischer Jakobsweg - Via Tolosana
Südwestdeutsche Jakobswege
Julische Alpen
Jura, Französischer
Jura, Schweizer
Kärntner Seen
Kalabrien
Kanadische Rocky Mountains
Kapverden Nord
Karawanken
Karnischer Höhenweg
Karwendel
Kaunertal
Kitzbüheler Alpen
Kleinwalsertal
Korfu
Korsika
Korsika - GR 20
Korsika - Mare e Monti
Kraichgau
Kreta
La Palma
La Réunion
Lago Maggiore
Lahnwanderweg
Languedoc-Roussillon
Lanzarote
Lappland
Lechweg
Lesbos - Chios
Limesweg
Lofoten
Lothringen
Lungau
Luxemburg - Saarland
Madeira
Mallorca
Malta - Gozo
Marken - Adriaküste
Marokko
Masuren
Maximiliansweg
Mecklenburgische Seenplatte
Menorca
Meran
Meraner Höhenweg
Mittelsachsen
Mont Blanc
Montafon
Montenegro
Mosel
Moselhöhenweg
Moselsteig
Mühlviertel
München
München - Venedig
Münsterland
Nationalpark Kalkalpen
Neanderlandsteig
Golf von Neapel
Neckarweg
Neuseeland
Neusiedler See
Niedere Tauern Ost
Niederlande
Niederrhein
Nockberge
Nordhessen
Normandie
Norwegen Mitte, Süd, Jotunheimen
Nürnberg
Oberlausitz
Oberpfälzer Wald
Oberschwaben
Odenwald
Odenwald Mehrtagestouren
Öland
Ötscher
Ötztal
Ötztal - Pitztal Trekking
Ossola
Ostfriesland
Ostseeküste
Ost-Steiermark
Osttirol Nord, Süd

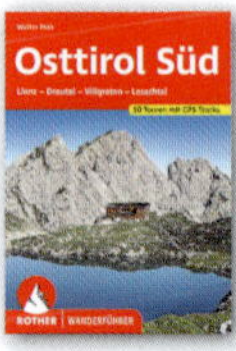

Patagonien
Peaks of the Balkans
Peloponnes
Peru
Pfälzer Weinsteig
Pfälzerwald
Pfaffenwinkel
Picardie
Picos de Europa
Piemont Nord, Süd
Pinzgau
Pitztal
Portugal Nord
Provence
Pyrenäen 1, 2, 3, 4
Pyrenäen - GR 11

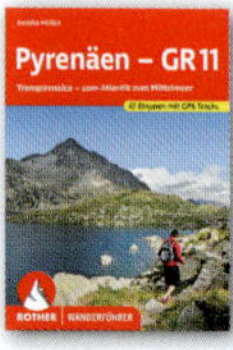

Regensburg
Rhein-Neckar
Rheinhessen
Rheinsteig
Rhodos
Rhön
Riesengebirge
Rom - Latium
Rota Vicentina
Route de Ländle
Rügen
Ruhrgebiet
Rumänien - Ostkarpaten
Rumänien - Südkarpaten
Saar-Hunsrück-Steig
Salzalpensteig
Salzburg
Salzburg - Triest
Salzkammergut Ost, West
Sardinien
Sauerland
Savoyen
Schaffhausen
Schottland
Schwabenkinder-Wege Oberschwaben, Schweiz - Liechtenstein, Vorarlberg
Schwäbische Alb Ost
Schwäbische Alb West
Schwarzwald Fernwanderwege
Schwarzwald Mehrtagestouren Mitte/Nord, Süd/Mitte
Schwarzwald Nord, Süd
Schweden Mitte, Süd
Seealpen
Seefeld - Leutasch
Sentiero della Pace
Sierra de Gredos
Sierra de Guadarrama
Sizilien
Spessart
Steigerwald
Steirisches Weinland
Sterzing
Stubai - Wipptal
Trekking im Stubai
Stuttgart
Südafrika West
Südniedersachsen
Surselva
Sylt, Amrum, Föhr
Tannheimer Tal
Tasmanien
Hohe Tatra
Niedere Tatra
Tauern-Höhenweg
Hohe Tauern Nord
Tauferer Ahrntal
Taunus
Tegernsee - Sterzing
Tegernseer und Schlieseer Berge
Teneriffa
Tessin
Teutoburger Wald
Thüringen Mitte/Nord
Thüringer Wald
Tiroler Höhenweg
Toskana Nord, Süd
Türkische Riviera
Uckermark
Umbrien
Ungarn West
USA Südwesten
Usedom
Vanoise
Veltlin
Vía de la Plata
Via Francigena
Via Gebennensis
Vierwaldstättersee
Vinschgau
Vizentiner Alpen
Vogelsberg
Vogesen
Vogesen Mehrtagestouren
Vogesen-Durchquerung
Vogtland
Vom Gletscher zum Wein
Trekking in Vorarlberg
Wachau
Waldviertel
Wales
Oberwallis
Unterwallis
Walliser Alpen
Weinviertel
Welterbesteig Wachau
Weserbergland
West Highland Way
Westerwald
Wien
Wien - Lago Maggiore
Wiener Alpenbogen
Wiener Hausberge Nord, Süd
Wilder Kaiser
Zillertal
Trekking im Zillertal
Zürichsee
Zugspitze
Zypern Süd & Nord

Vorwort

Der Hunsrück ist ein Teil des Rheinischen Schiefergebirges. Naturräumlich ist es jedoch ein Gebirge für sich, mit scharfen Grenzen zum Mittelrhein, zur Mosel und im Südwesten zur Saar. Zur Nahe, zum Nahebergland und Naheberg-Hügelland bilden die Steilabfälle der südlichen Höhenzüge die Grenze.
Im nördlichen und zentralen Hunsrück stellen die wellige Hunsrückhochfläche, im Süden die genannten Höhenzüge das natürliche Grundgefüge dar. Diese Höhenzüge – vom Binger Wald im Südosten über den Soonwald bis zum Hochwald im Südwesten – sind dicht bewaldet, während die Hochfläche durch offenes, landwirtschaftlich genutztes Land und Waldareale wechselvoll gegliedert ist; diese Beschaffenheit wird noch verstärkt durch die vielen Nebentäler, die von allen Seiten ins Gebirge eingreifen. Hier hält besonders der Nationalpark »Hunsrück-Hochwald« hochkarätige Touren bereit.
Diese landschaftlichen Kleinode wurden mittlerweile durch den »Saar-Hunsrück-Steig« und den »Soonwaldsteig« sowie durch mehr als hundert sogenannter »Traumschleifen« erschlossen. Alle fünfzig Tourenvorschläge wurden sorgfältig aktualisiert und sind relativ gleichmäßig über den Hunsrück verteilt – drei davon schließen auch das südlich angrenzende Nahebergland mit ein. Die meisten in diesem Buch beschriebenen Wanderungen sind als Rundtouren konzipiert. Lediglich dort, wo es eine gute Möglichkeit (Bahn, Bus, Schiff) gibt, zum Ausgangspunkt zurückzukehren, wurden die Touren als Streckenwanderungen angelegt. Bequeme Routen für weniger Geübte überwiegen, einige enthalten aber längere Anstiege, zwei Wanderungen erfordern sogar Schwindelfreiheit, drei Touren haben wegen ihrer Länge sportlichen Charakter. Immer jedoch geht es durch wunderschöne Landschaft, überwiegend auf Naturwegen und -pfaden, ohne Asphalt und Verkehr. Berühmte Weinzentren sind Ausgangsorte, Burgen liegen am Weg, Gaststätten locken zur Einkehr.

Erholsame und erlebnisreiche Wandertage im schönen Hunsrück!

München / Bonn, im Frühjahr 2021 Heinrich Bauregger / Cornel Braun

Liebe Leserinnen und Leser,

infolge der Corona-Krise können sich Änderungen ergeben haben, die bei Redaktionsschluss noch nicht absehbar waren. Soweit möglich werden wir aktuelle Hinweise unter www.rother.de (beim Buch) zur Verfügung stellen. Bitte informieren Sie sich vor der Wanderung zusätzlich über die derzeitigen Gegebenheiten.
Sollten Sie geänderte Gegebenheiten vor Ort feststellen, freuen wir uns über Korrekturhinweise per E-Mail an leserzuschrift@rother.de.

Inhaltsverzeichnis

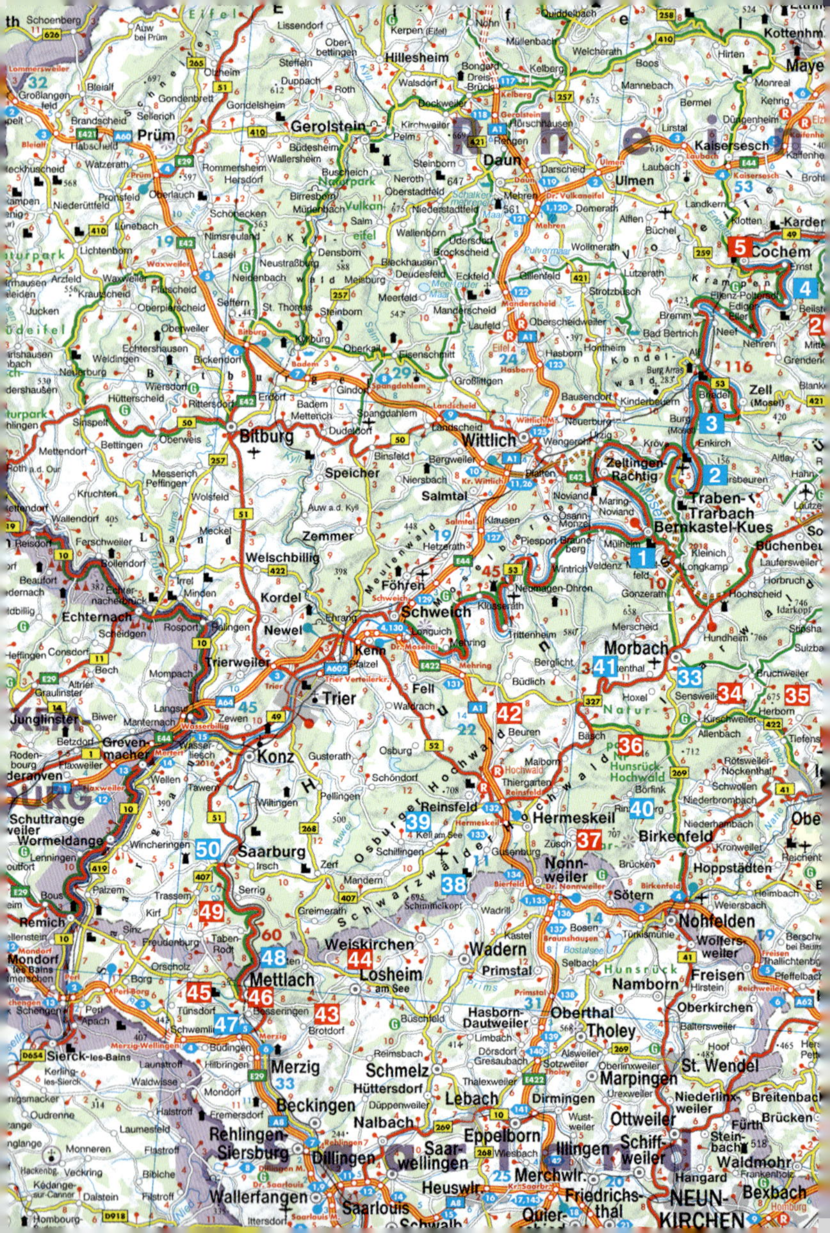
Schoenberg
Prüm
Gerolstein
Hillesheim
Daun
Ulmen
Kaisersesch
Mayen
Cochem
Zell
Bitburg
Wittlich
Speicher
Salmtal
Zeltingen-Rachtig
Traben-Trarbach
Bernkastel-Kues
Zemmer
Welschbillig
Föhren
Schweich
Kordel
Newel
Kenn
Trierweiler
Trier
Konz
Echternach
Junglinster
Grevenmacher
Morbach
Hermeskeil
Birkenfeld
Nonnweiler
Saarburg
Mettlach
Losheim
Weiskirchen
Wadern
Nohfelden
Freisen
Tholey
Merzig
Schmelz
Lebach
Beckingen
Rehlingen-Siersburg
Dillingen
Saarwellingen
Eppelborn
Illingen
Ottweiler
St. Wendel
Schiffweiler
Neunkirchen
Saarlouis
Wallerfangen
Remich
Mondorf-les-Bains
Sierck-les-Bains
Schengen

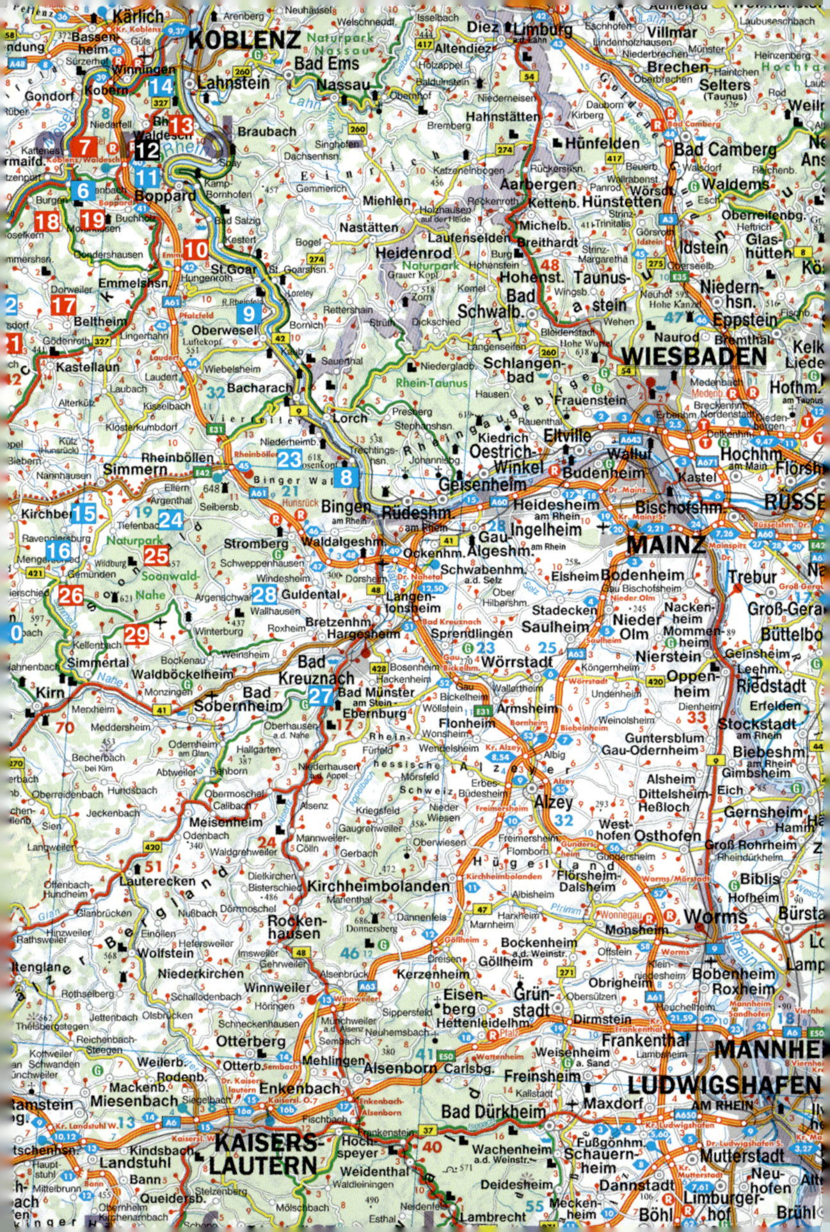

KOBLENZ
Kärlich
Bassenheim
Winningen
Kobern
Lahnstein
Naturpark Nassau
Bad Ems
Nassau
Diez
Limburg a.d. Lahn
Altendiez
Villmar
Brechen
Selters (Taunus)
Braubach
Hahnstätten
Hünfelden
Bad Camberg
Boppard
Miehlen
Aarbergen
Kettenb.
Hünstetten
Waldems
Nastätten
Heidenrod
Michelb.
Breithardt
Idstein
Glashütten
St. Goar
Emmelshsn.
Naturpark Rhein-Taunus
Hohenst.
Taunusstein
Bad Schwalb.
Niedernhsn.
Eppstein
Beltheim
Oberwesel
WIESBADEN
Kastellaun
Bacharach
Schlangenbad
Frauenstein
Lorch
Hochhm. am Main
Rheinböllen
Kiedrich
Eltville
Walluf
Simmern
Oestrich-Winkel
Geisenheim
Budenheim
Kastel
Kirchberg
Bingen am Rhein
Rüdeshm. am Rhein
Heidesheim am Rhein
Ingelheim am Rhein
Bischofshm.
Rüsselsheim
Gau-Algeshm.
MAINZ
Stromberg
Waldalgeshm.
Ockenhm.
Schwabenhm. a.d. Selz
Elsheim
Bodenheim
Trebur
Guldental
Langenlonsheim
Stadecken
Saulheim
Nackenheim
Groß-Gerau
Bretzenhm.
Hargesheim
Sprendlingen
Nieder Olm
Mommenheim
Büttelborn
Simmertal
Kirn
Bad Kreuznach
Wörrstadt
Nierstein
Riedstadt
Waldböckelheim
Bad Sobernheim
Bad Münster am Stein-Ebernburg
Armsheim
Oppenheim
Erfelden
Flonheim
Stockstadt am Rhein
Guntersblum
Gau-Odernheim
Biebeshm. am Rhein
Gimbsheim
Alsheim
Dittelsheim-Heßloch
Alzey
Eich
Gernsheim
Westhofen
Osthofen
Groß Rohrheim
Meisenheim
Lauterecken
Kirchheimbolanden
Flörsheim-Dalsheim
Biblis
Hofheim
Bürstadt
Rockenhausen
Worms
Monsheim
Wolfstein
Bockenheim a.d. Weinstr.
Göllheim
Niederkirchen
Kerzenheim
Eisenberg
Grünstadt
Obrigheim
Bobenheim
Roxheim
Winnweiler
Hettenleidelhm.
Dirmstein
Otterberg
Frankenthal
MANNHEIM
Weilerb.
Mehlingen
Alsenborn
Carlsbg.
Weisenheim a. Sand
LUDWIGSHAFEN AM RHEIN
Rodenb.
Enkenbach
Freinsheim
Mackenb.
Miesenbach
Bad Dürkheim
Maxdorf
KAISERSLAUTERN
Hochspeyer
Wachenheim a.d. Weinstr.
Fußgönhm.
Schauernheim
Mutterstadt
Landstuhl
Weidenthal
Deidesheim
Dannstadt
Neuhofen
Bann
Queidersb.
Lambrecht
Meckenheim
Limburgerhof
Böhl
Brühl
Naturpark Soonwald-Nahe
Rheinhessische Schweiz
Hügelland
Nordpfälzer Bergland

Allgemeine Hinweise

Anforderungen

Die meisten Touren des Wanderführers sind gut markiert und problemlos zu erwandern; sie verlaufen bis auf wenige Ausnahmen über leichte Wanderwege und Pfade, Feldwege und Wirtschaftssträßchen. Manche fallen aber wegen ihrer Länge und wegen steiler Anstiege aus dem Rahmen. Einige verlangen auch Orientierungssinn, Trittsicherheit und Schwindelfreiheit. Um die unterschiedlichen Anforderungen einzustufen, werden drei Schwierigkeitsgrade unterschieden, sowohl auf den Übersichtskarten wie im Text:

Leicht Wanderungen, die gut begehbar, gut markiert und nicht zu lang oder steil sind. Sie sind auch für Kinder und Senioren geeignet.

Mittel Wanderungen, die steile Anstiege oder Abstiege enthalten und stellenweise Trittsicherheit verlangen.

Schwierig Wanderungen, die wegen ihrer Länge Ausdauer verlangen oder wie der Mittelrhein-Klettersteig Trittsicherheit und Schwindelfreiheit voraussetzen.

Blick von Kempfeld zum Idarwald, davor der Ort Schauren (Tour 35).

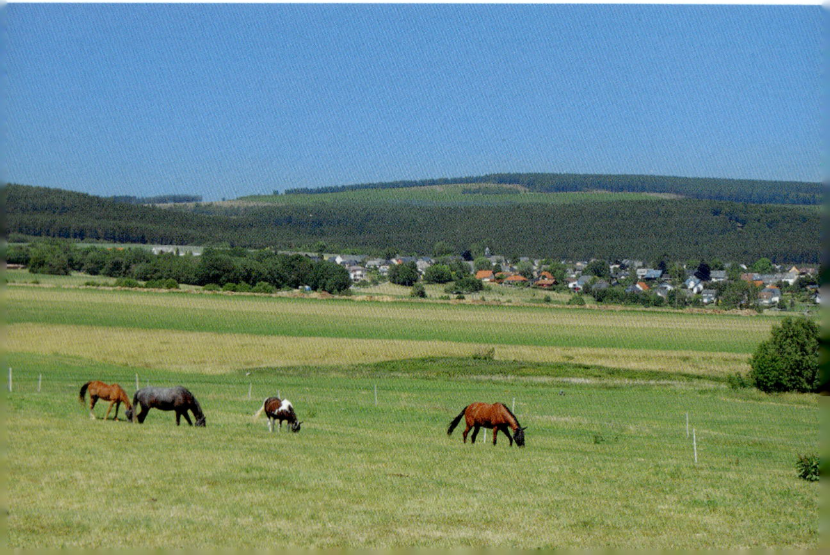

Wege, Pfade und Markierungen

Im Anschluss an den »Saar-Hunsrück-Steig« und den »Soonwaldsteig« – beide hoch gelobte Weitwanderwege – wurde im Hunsrück ein dichtes Netz von Rundwanderwegen geschaffen. Diese sind von recht unterschiedlicher Qualität. Die besten von ihnen sind fachgerecht und gekonnt angelegt, verlaufen ganz überwiegend auf Naturwegen und –pfaden und lassen keine landschaftlichen und kulturellen Höhepunkte aus. Sie werden gepflegt und sind ausgezeichnet markiert (Wegweiser, Markierungs-Logos). Bei Wanderungen, die schlechter gekennzeichnet sind, hilft die detaillierte Wegbeschreibung mitsamt der Tourenkärtchen weiter.

Karten

Bei den meisten Touren reichen die im Wanderführer abgedruckten Kartenausschnitte aus, die im Maßstab 1:25.000, 1:50.000 bzw. 1:75.000 sind. Als Wegbegleiter werden zusätzlich die topographischen Karten 1:25.000 sowie die Sonderblätter im Maßstab 1:50.000 mit Wanderwegen empfohlen. Sie werden vom Landesamt für Vermessung und Geobasisinformation Rheinland-Pfalz in Koblenz herausgegeben, stellen das Gelände detailliert dar und können online bestellt werden (www.lvermgeo.rlp.de).

Gehzeiten, Höhenunterschiede

Die Zeitangaben in der Tourenleiste und in den Höhendiagrammen sind Richtwerte für den durchschnittlich trainierten Wanderer, der in der Ebene ca. 4 Kilometer, beim Anstieg 400 Höhenmeter in der Stunde zurücklegt. Rast- und Besichtigungszeiten oder Fotopausen sind dabei nicht berücksichtigt. Für solche Unterbrechungen sollte man also entsprechend Zeit einplanen.

Symbole

	mit Bahn/Bus erreichbar		Kirche, Kapelle, Kloster, Marterl/Bildstock
	Einkehrmöglichkeit unterwegs		
	für Kinder geeignet		Burg, Schloss, Ruine
	Ort mit Einkehrmöglichkeit		Aussichtsturm
	Einkehrmöglichkeit		Höhle
	Schutzhaus, Unterstand		Rast- und Picknickplatz
	eingerichteter Parkplatz		Quelle
	Schiffsanlegestelle		Bademöglichkeit
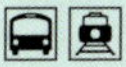	Bus- bzw. Bahnanschluss		Brücke, Steg
	Gipfel	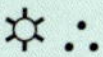	Mühle/archäologische Stätte
	Aussichtsplatz		Klettersteig

Bei den angegebenen Höhenunterschieden handelt es sich immer um die Gesamtsteigung bei einer Tour einschließlich der Gegensteigungen.

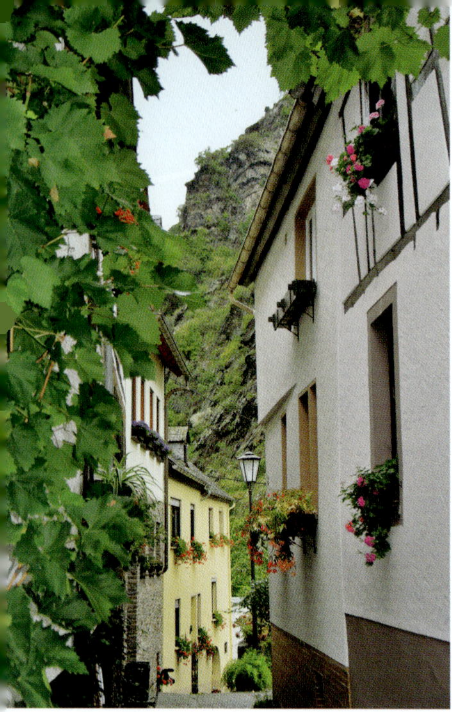

Schöne Gasse in Alken (Tour 7).

Einkehr und Übernachten

Die Hunsrücker Küche ist – und das wird der Wanderer schätzen – deftig, denn sie wird von Fleisch und Kartoffeln bestimmt. Eine Besonderheit ist der Spießbraten, der besonders in der Region um Idar-Oberstein seine Heimat hat, oder die viel gerühmte »Kartoffelwurst«. Im Hochwald werden im Herbst Kartoffelwochen veranstaltet, in den Weingebieten an Nahe, Rhein, Mosel und Saar locken die Gaststätten mit lokalen Spezialitäten.

Die Unterkunftsmöglichkeiten sind – im Vergleich zu anderen Mittelgebirgen in Deutschland – beschränkt. Auskunft geben die Tourismusbüros vor Ort. Viele Privatunterkünfte sind nicht immer durch Schilder gekennzeichnet. Während der Zeit der Weinlese ist es in den Weinanbaugebieten besonders schwierig, eine Übernachtungsmöglichkeit zu finden; lange Vorausbuchungen sind daher erforderlich. Jugendherbergen, die auch für Familien geöffnet sind, gibt es in zahlreichen Orten in Rheinland-Pfalz und im Saarland.

Die Einkehrmöglichkeiten sind bei den Kurzinformationen zu den jeweiligen Touren aufgeführt. Es werden dabei auch die Öffnungszeiten bzw. Ruhetage genannt. Ferner weist ein Symbol in der Tourenleiste auf eine Gaststätte hin, in die man unterwegs einkehren kann.

Ausrüstung

Festes Schuhwerk mit rutschfester Sohle, eine strapazierfähige Hose und je nach Witterung Regen-, Wind- und Kälteschutz werden für die Wanderungen empfohlen. Von Vorteil können auch (Teleskop-)Wanderstöcke sein – vor allem bei An- und Abstiegen. In den Rucksack gehören für längere Wanderungen selbstverständlich auch Proviant und Getränke. Entsprechend ausgerüstet kann man zu allen Jahreszeiten im Hunsrück wandern.

Natur- und Umweltschutz

Größere Flächen im Wandergebiet stehen unter Landschafts- und Naturschutz. So im südlichen Hunsrück, wo 1980 der »Naturpark Saar-Hunsrück« und 2005 der »Naturpark Soonwald-Nahe« eingerichtet wurden. Ein großes Gebiet um den 816 m hohen Erbeskopf wurde 2015 sogar zum »Nationalpark Hunsrück-Hochwald« erklärt (Zentrum: Hunsrückhaus am Erbeskopf, Tel. +49/6504/778, www.hunsrueckhaus.de). Hier lassen sich auf weiten Touren noch herrliche, ungestörte Naturlandschaften erleben. Man wandert auf Pfaden durch uralte Wälder, passiert Blockmeere und Hangmoore und entdeckt seltene Flora und Fauna. Dabei sollte man aber die Schutzgebote beachten, die Wege nicht verlassen und empfindliche Flächen nicht betreten. Das gilt auch für die kleineren Schutzgebiete, die wir durchwandern (z.B. NSG Brauseley, NSG Rotenfels, NSG Mörschieder Burr). Auch dort sollte man die Wege nicht verlassen, seine Abfälle mitnehmen und v.a. die heimischen, z.T. seltenen Pflanzen und Tiere schonen.

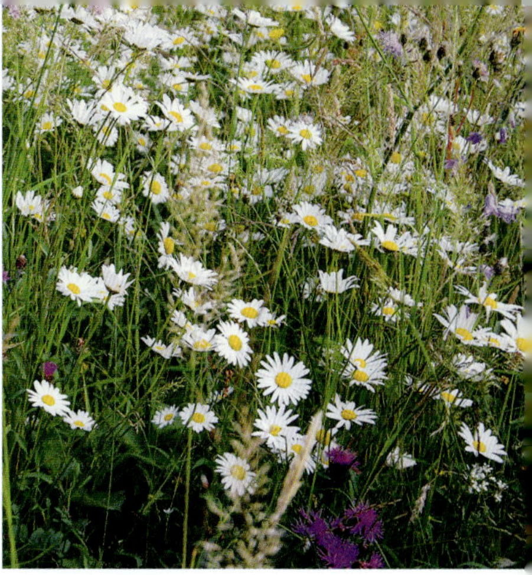

Wiesenblumen säumen den Wanderweg.

GPS-Tracks und Koordinaten der Ausgangspunkte

Zu diesem Wanderführer stehen auf www.rother.de GPS-Tracks und Koordinaten der Ausgangspunkte zum kostenlosen Download bereit.
3. Auflage, Passwort: **431603gwa**
Sämtliche GPS-Daten wurden anhand von digitalen Karten im Verlag erfasst. Verlag und Autoren haben die Tracks und Wegpunkte nach bestem Wissen und Gewissen überprüft. Dennoch können wir Fehler oder Abweichungen nicht ausschließen, außerdem können sich die Gegebenheiten vor Ort zwischenzeitlich verändert haben. GPS-Daten sind zwar eine hervorragende Planungs- und Navigationshilfe, erfordern aber nach wie vor sorgfältige Vorbereitung, eigene Orientierungsfähigkeit sowie Sachverstand in der Beurteilung der jeweiligen (Gelände-)Situation. Man sollte sich für die Orientierung auch niemals ausschließlich auf GPS-Gerät und -Daten verlassen.

Die Region Hunsrück

Landeskundliche Übersicht

Ersteigt man einen der herrlichen Aussichtspunkte auf dem Koppenstein, der Wildenburg oder dem Erbeskopf hat man einen großartigen Rundblick über den Hunsrück: Nach Norden schweift der Blick über leicht gewellte Hochflächen, im Süden folgt er dagegen lang gestreckten Höhenzügen, die wie dunkle Walfischrücken von Südwesten nach Nordosten streichen.

Tiefe Talgräben begrenzen das Gebirge: im Nordosten das canyonartig eingetiefe Mittelrheintal, im Westen und Nordwesten das windungsreiche Moseltal und im Südwesten das Saartal mit dem großartigen Durchbruch zwischen Mettlach und Taben-Rodt. Von diesen Flusstälern ausgehend schneiden sich Seitentälchen in den Gebirgskörper ein. Viele davon sind ohne Straßenbegleitung, also ideal für urige Talwanderungen. So gibt es kurze, steile Tälchen, die zum Rhein entwässern, wie das Morgenbachtal bei Trechtingshausen oder das Mühlbachtal bei Boppard (Touren 8, 11). Länger sind die Taleinschnitte auf der Moselseite. Auch hier sind viele ursprünglich erhalten und eignen sich daher hervorragend als Wanderreviere: so das Flaumbachtal, das Baybachtal oder das Ehrbachtal (Touren 4, 17, 18, 19, 20). Im Südwesten des Hunsrücks greifen Dhron, Ruwer und Wadrill durch die Höhenzüge hindurch weit ins Gebirge ein (Touren 38, 39, 41, 42). Auch die Seitenbäche der Nahe bilden eindrucksvolle Durchbruchtäler. Besonders das Hahnenbachtal ist – ganz ohne Straßenlärm – ein zauberhaftes Wanderziel (Tour 30).

Weitblick von der Wurzelbank bei Morshausen nach Süden (Tour 18).

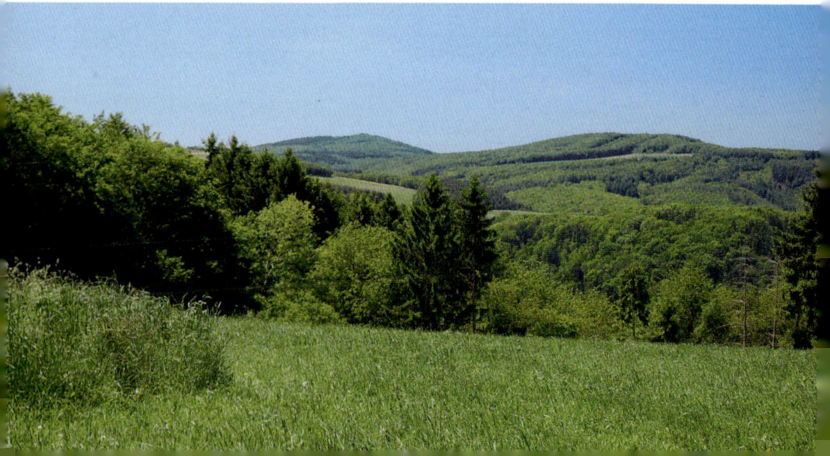

Top-Touren im Hunsrück

Zur Saarschleife bei Mettlach

Von Mettlach geht es zunächst auf schönen Waldwegen hoch zum Aussichtspunkt Cloef. Dort genießen wir die weltberühmte Aussicht auf die Saarschleife. Durch das urige Steinbachtal steigen wir zur Saar ab, überqueren den Fluss mit der Fähre und kehren über die Burg Montclair nach Mettlach zurück (Tour 46, 5 Std.).

Im Hahnenbachtal

Diese Wanderung führt durch ein herrliches Wiesental. Unterwegs besuchen wir die Schmidtburg, die Hellkirch, die Keltensiedlung Altburg und das Besucherbergwerk Herrenberg. Diese Route wurde im Jahr 2012 zum schönsten Wanderweg Deutschlands gekürt (Tour 30, 3 Std.).

Im Nahebergland

Ausgedehnte Rundtour mit weiten Aussichten durch die herrliche Landschaft südlich des Soonwalds. Am Weg liegen die uralte Willigis- und Semendiskapelle. Nur für Wanderer mit guter Ausdauer (Tour 29, 6.15 Std.).

Durch die Hölzbachklamm

Abwechslungsreiche Rundtour um die Burgruine Hunolstein. Höhepunkte der Tour: das romantische Tal der Großen Dhron und der Aufstieg durch die Hölzbachklamm (Tour 41, 3.45 Std.).

Auf dem Mittelalterpfad

Start und Ziel der Wanderung sind der historische Ortskern von Herrstein. Wir genießen weite Fernblicke auf der Hochfläche und schöne Passagen im Hosenbachtal und bei der Rabenlay. Der Mittelalterpfad war im Jahr 2010 bester Wanderweg Deutschlands (Tour 31, 3 Std.).

Auf dem Kupfer-Jaspis-Pfad

Auf naturbelassenen Wegen und Pfaden durchwandern wir die schöne Landschaft beiderseits des Fischbachtals. Dabei steigen wir in einsame Tälchen ab und erobern aussichtsreiche Höhen. Die Tour wurde im Jahr 2013 zum zweitbesten Wanderweg Deutschlands gewählt. Nur für sportliche Wanderer (Tour 32, 6 Std.).

Zum Murscher Eselsche

Von Morshausen geht es abwärts ins malerische Baybachtal. Wir folgen dem herrlichen Tal bachaufwärts und kehren durch den Waldhang, vorbei an schönen Aussichtspunkten, zurück (Tour 18, 4.30 Std.).

Von Traben-Trarbach nach Enkirch

Über die Grevenburg steigen wir nach Starkenburg auf und wandern über den felsigen Kirster Grat hinunter nach Enkirch. Auf der ganzen Tour öffnen sich unvergessliche Tiefblicke auf die Mosel (Tour 2, 3 Std.).

Die Bergrücken im südlichen Hunsrück sind 200–300 Meter höher als die Hochfläche. Sie gipfeln im immerhin 816 Meter hohen Erbeskopf, dem höchsten Punkt des linksrheinischen Schiefergebirges. Diese Höhenzüge stellen längliche Rücken dar (Soonwald, Idarwald, Hochwald); ihre Köpfe sind jedoch nur sanfte Erhebungen (Salzkopf, Idarkopf, Erbeskopf), einige tragen aber auch hohe, bizarr verwitterte Gipfelfelsen und Felsenkämme und an ihren Flanken lagern große Blockhalden (Wildenburgrücken). Alle sind fast siedlungsleer und wie geschaffen für stundenlange, einsame Wanderungen (Touren 23, 24, 25, 26, 33, 35, 36, 37, 40).

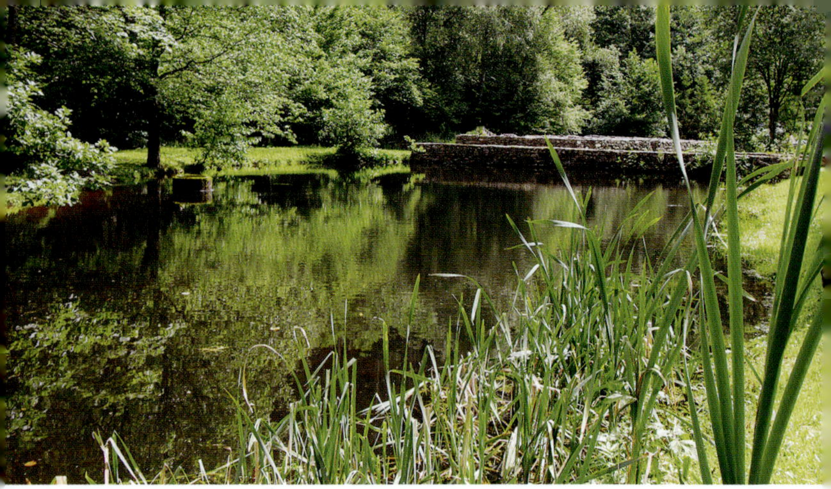

Stauteich des Züscher Hammers im Altbachtal (Tour 37).

Wälder, Moore und Blockhalden

Der Hunsrück ist Waldlandschaft. Mehr als 40 Prozent seiner Fläche sind mit Wald bedeckt. Während auf der Hunsrückhochfläche landwirtschaftliche Nutzflächen dominieren und sich der Wald auf die Talhänge, Riedel und Kuppen beschränkt, sind die Bergrücken im Süden von geschlossenen Wäldern überzogen, die zu den größten in Deutschland gehören. In diesen Wäldern hat im 18. Jahrhundert schon der legendäre Jäger aus Kurpfalz gejagt, und gegen Ende des 18. Jahrhunderts boten sie dem berüchtigten Schinderhannes Unterschlupf. Allerdings waren es damals fast ausschließlich Laubwälder, die jedoch infolge Jahrhunderte langer Übernutzung stark gelichtet waren. Die Gründe dafür waren: Niederwaldwirtschaft, Waldweide und rücksichtslose Holzentnahme für die Eisenverhüttung und Glasherstellung. Mehr und mehr breiteten sich Wacholderheiden aus und nahmen schließlich große Flächen ein. Im 19. Jahrhundert sorgte dann der preußische Staat für die Wiederaufforstung. Bevorzugt wurde die Fichte angepflanzt, die heute die Hauptbaumart im Hunsrück ist. Heiden sind dagegen im Hunsrück selten geworden. Die kleinen Reste stehen unter Naturschutz.
Bemerkenswerte Sonderstandorte sind die Quellmoore an den Hängen der Quarzitrücken, so im Idarwald (Tour 33) und im Hochwald (Touren 36, 39). Durch zu Tage tretendes Hangwasser sind sie stark vernässt, zum Teil baumfrei und tragen typische Moorvegetation.
Sonderstandorte sind auch die Blockmeere aus tausenden Quarzitblöcken, die durch eiszeitliche Frostverwitterung entstanden sind. Wir begegnen ihnen im Morgenbachtal (Tour 8) und auf dem Wildenburgrücken (Tour 35).

Von großen und kleinen Tieren

Die großen Wälder im Süden des Hunsrücks sind wildreiche Reviere. Es gibt dort prächtige Reh- und Rotwildbestände, denen man bei Wanderungen überraschend begegnen kann. Auch Wildschweine sind häufig, aber recht selten zu sehen. Schon eher läuft einem ein Marder und ein Fuchs über den Weg, während der Dachs bevorzugt nachts aktiv ist. Sehr scheu sind die eingeführten Mufflons und besonders die Wildkatze, die vor allem die Felsregionen bewohnt.

Im Hunsrück lebt auch eine artenreiche Vogelwelt, darunter manch bemerkenswerte Art. Gelegentlich hört man in den Wäldern den klagenden Ruf des Schwarzspechts oder man entdeckt den Wendehals, der am Waldrand lebt. Eher häufig sind Waldohreule und Waldkauz, seltener Steinkauz und Schleiereule. Über klaren Bächen fliegen Wasseramsel und Gebirgsstelze. Manchmal zeigt sich dort sogar der Eisvogel, der im Sturzflug kleine Fische erbeutet.

In sauberen Waldbächen kann man die flinke Bachforelle beobachten. In der oberen Ruwer, im Wadrillbach (Tour 38) und in der Großen und Kleinen Dhron (Touren 41, 42) kommt als große Seltenheit die Flussperlmuschel vor.

Zeugen der Geschichte: Ringwälle, Burgen und Ruinen

Die ersten Spuren dauerhafter Besiedlung des Hunsrücks reichen bis in die Jungsteinzeit zurück (5000–2000 v. Chr.). Dichter wurde die Besiedlung erst in der Eisenzeit (700–50 v. Chr.), als die keltischen Treverer nicht nur die Hochflächen bewohnten, sondern sich zur Verteidigung auf die Höhenzüge im Süden zurückzogen. Sie bauten dort die mächtigen Fliehburgen und Ringwälle, deren Ausmaß uns heute noch in Erstaunen versetzen (z. B. der Hunnenring von Otzenhausen, Tour 37).

Nach der Unterwerfung der Treverer durch die Römer besiedelten diese den Hunsrück. Sie legten Straßen an, schufen Herbergen, Pferdewechselstationen, Marktzentren und Militärposten. In den großen Tälern entstanden Kastelle und befestigte Städte. Die Stadt Trier (Colonia Augusta Treverorum) wurde Verwaltungssitz und war im 3. und 4. Jahrhundert n. Chr. sogar Kaiserresidenz.

Im 5. Jahrhundert zerbrach die römische Herrschaft unter dem Ansturm der Germanen. Die Siedlungen im Hunsrück wurden zerstört, die Nutzflächen vom Wald zurückgewonnen. Die germanischen Eroberer siedelten anfangs nur in den

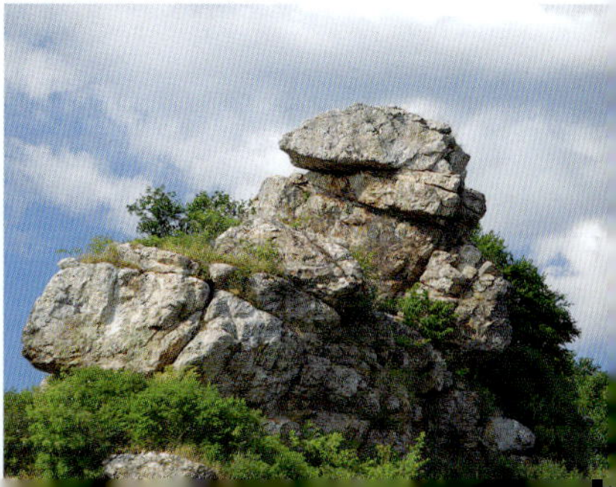

Der Hunolstein ist ein Quarzithärtling (Tour 41).

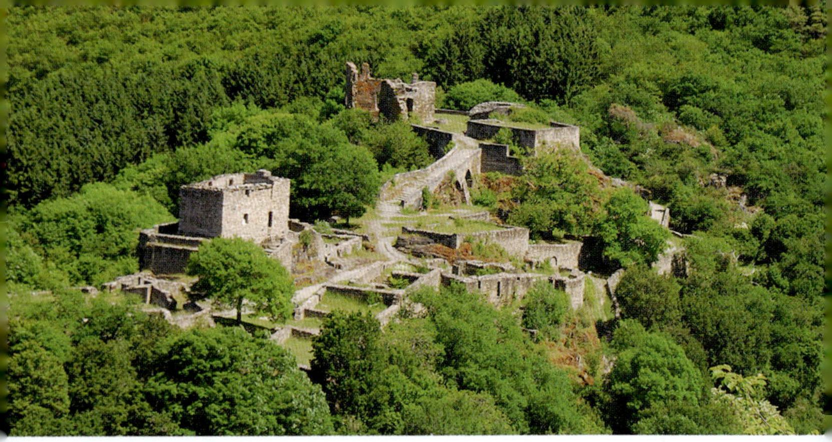

Die Ruine Schmidtburg im Hahnenbachtal war lange Versteck des Schinderhannes und seiner Bande (Tour 30).

großen Tälern und drangen erst später auf die Hunsrückhöhe vor. Zwischen dem 6. und 8. Jahrhundert kam das Christentum in den Hunsrück, vornehmlich von den Klöstern aus, die bereits an Rhein, Mosel, Saar und Nahe entstanden waren. Ab dem 11. Jahrhundert spielte das Hunsrücker Kloster Ravengiersburg (Touren 15, 16) südlich von Simmern die wichtigste Rolle.
Im Mittelalter war der Hunsrück territorial stark zersplittert. Zur Sicherung der Grenzen entstanden zahlreiche Burgen. Besonders der kriegerische Kurfürst Balduin von Trier (1285–1354) war ein eifriger Burgenbauer. Fast alle diese Burgen wurden im Laufe der Geschichte infolge der ständigen Fehden und Kriege – mindestens einmal – in Schutt und Asche gelegt; die meisten durch die Franzosen im Pfälzischen Erbfolgekrieg (1688–1697), als auch fast alle Städte und Dörfer in Flammen aufgingen. 1794–1814 herrschten noch einmal die Franzosen über den Hunsrück. Die Kleinstaaterei wurde beendet und die Verwaltung einheitlich. Nach der Niederlage Napoleons fiel das Rheinland an die Preußen. Sie bauten Straßen, brachten die Landwirtschaft voran und forsteten weite Ödlandflächen auf. Zwischen 1870 und 1945 wurde der Hunsrück dreimal militärisches Aufmarschgebiet. Seit 1946 gehört er zum Bundesland Rheinland-Pfalz.
Der Anschluss an das Eisenbahnnetz, der Bau der Hunsrückhöhenstraße und der Autobahnen A 1 und A 61 haben dazu geführt, dass auch der Hunsrück stärker erschlossen wurde und örtlich mittelständische Industrie einzog. Dennoch beherrschen auch heute noch Äcker, Wiesen und Wälder das Landschaftsbild und machen den Hunsrück mit seinen weiten Hochflächen, tief eingeschnittenen Tälern und dicht bewaldeten Höhenzügen trotz der umstrittenen Windräder zu einem herrlichen Wander- und Erholungsgebiet.

Weitwanderwege

Der Hunsrück wird von mehreren überregionalen Fern- und Weitwanderwegen durchzogen. Darüber hinaus gibt es sehr schöne regionale Weitwanderwege:

- **Europäischer Fernwanderweg Nr. 3:** Mettlach – Saarburg – Greimerath – Hermeskeil – Nonnweiler – Erbeskopf – Morbach – Idarkopf – Rhaunen – Gemünden – Hochsteinchen – Rheinböllen – Bacharach; 220 km.
- **Europäischer Fernwanderweg Nr. 8:** Koblenz – Boppard – St. Goar – Oberwesel – Bacharach – Jägerhaus (Bingerwald) – Stromberg – Niederhausen an der Nahe; 120 km.
- **Saar-Hunsrück-Steig:** Perl (Obermosel) – Saarschleife – Mettlach – Reinsfeld – Erbeskopf – Morbach – Idar-Oberstein – Herrstein – Rhaunen – Altlay – Mörsdorf – Kastellaun – Ehrburg – Oppenhausen – Boppard; ein Abstecher führt nach Trier; 410 km.
- **Soonwaldsteig:** Kirn – Schmidtburg – Womrather Höhe – Kellenbachtal – Burgruine Koppenstein – Ellerspring – Schanzerkopf – Hochsteinchen – Kandrich – Salzkopf – Burg Rheinstein – Bingen; 83 km.
- **Rheinburgenweg:** Bingen – Bacharach – Oberwesel – Bad Salzig – Rhens – Koblenz; 104 km.
- **Hunsrückhöhenweg:** Boppard – Buchholz – Ehrbachtal – Gondershausen – Baybachtal – Kastellaun – Niedersohren – Rudolfhaus – Teufelsfels – Kirn – Herrstein – Wildenburg – Tiefenstein – Kirchweiler – Erbeskopf – Deuselbach – Hunolstein – Bernkastel-Kues; 167 km.
- **Moselhöhenweg:** Trier – Ruwer – Riol – Monzelfeld – Bernkastel-Kues – Traben-Trarbach – Enkirch – Zell – Treis-Karden – Lütz – Brodenbach – Alken – Waldesch – Koblenz; 174 km.
- **Ausoniusweg** (benannt nach dem römischen Dichter): Bingen – Rheinböllen – Kirchberg – Hochscheid – Heidenpütz – Gräfendhron – Fell – Trier; 118 km (Variante ab Heidenpütz über Neumagen-Dhron – Longuich; 8 km länger).
- **Keltenweg:** Kirn im Nahetal – Oberhausen – Teufelsfels (Lützelsoon) – Woppenroth – Kirchberg – Mittelstrimmig – Treis-Karden an der Mosel; ca. 67 km.
- **Sironaweg** (benannt nach der gallo-römischen Göttin): Altburg bei Bundenbach – Stipshausen – Berschweiler – Kempfeld – Oberhambach – Hoppstädten – Weiersbach; 106 km.
- **Nahehöhenweg:** Neubrücke bei Birkenfeld - Idar-Oberstein – Kirn – Bad Sobernheim – Spabrücken – Bingen am Rhein; 108 km.

Weitere Weitwanderwege gibt es im Saarland; diese Wege berühren auch den Hunsrück, so der »Saarwanderweg« und der »Saar-Mosel-Weg«.

Touristische Routen (Auto)

Deutsche Edelsteinstraße: Seit dem Mittelalter werden rund um Idar-Oberstein Edelsteine gefunden. Der Ort ist bis heute ein wichtiges Zentrum der europäischen Edelsteinverarbeitung und des Edelsteinhandels. Idar-Oberstein ist auch Ausgangspunkt für die Deutsche Edelsteinstraße, die 17 Dörfer und Orte verbindet, die von der Edelsteinverarbeitung (u. a. Schleifereien, Bergwerke, Museen) geprägt sind. Das Deutsche Edelsteinmuseum mit über 10.000 Exponaten in Idar-Oberstein (Hauptstraße 118; Tel. +49/6781/900980; Öffnungszeiten: 10–17 Uhr), Europas einzige öffentlich zugängliche Edelsteinmine Steinkaulenberg im Ortsteil Algenroth (Idar-Oberstein, Tiefensteinerstraße 87; Tel. +49/6781/901961; Öffnungszeiten Mitte März bis Mitte November, täglich von 10–17 Uhr, mit Besucherstollen und zwei Schürffeldern für Mineralienfreunde) und das stillgelegte Kupferbergwerk Fischbach (Hosenbachstraße, 55743 Fischbach; Tel. +49/6784/2304; Öffnungszeiten: Vom 1. März bis 1. November täglich von 10–17 Uhr, im Winterhalbjahr täglich von 11–14.30 Uhr) sind Höhepunkte dieser 48 Kilometer langen Route (kleine Rundfahrt), die in zwei ausgeschilderten Varianten durch den Hunsrück führt. Info: Deutsche Edelsteinstraße, Brühlstraße 16, 55756 Herrstein. Tel. +49/6785-791400. www.edelsteinland.de
Daneben gibt es die **Schiefer- und Burgenstraße** und die **Eichenlaubstraße**, die als schönste Panoramastraße des Saarlandes gilt.

Anreise

- **Auto:** Der Hunsrück wird von zwei Autobahnen – der A 1 von Saarbrücken ins Moseltal bzw. der Tangente A 62 von Pirmasens nach Nonnweiler und der A 61 von Alzey nach Koblenz – durchschnitten. Die A 1 und die A 61 sind mit der Hunsrückhöhenstraße (B 327) verbunden, die ihre Fortsetzung in der B 407 findet und ins Saartal führt. Die Hunsrückhöhenstraße ist daher auch eine wichtige Anfahrtsstraße zu vielen Ausgangspunkten unserer Wanderungen. Gut ausgebaut sind auch die B 50 von Rheinböllen nach Bernkastel, mit der neuen Hochmoselbrücke, die B 51 zwischen Konz und Mettlach, die B 41, die Bad Kreuznach mit Idar-Oberstein verbindet, sowie die B 9 zwischen Bingen und Koblenz. Auf fast allen anderen Strecken muss mit einer kurvenreichen Fahrt durch gewundene Flusstäler und über schmälere Ortsverbindungsstraßen gerechnet werden.
- **Bahn und Bus:** Die Hunsrückhöhenbahn, die das Gebiet von Ost nach West in teilweise gewundener Streckenführung durchquerte, wurde leider anfangs der 1980er Jahre stillgelegt. Zur Anfahrt für unsere Wanderungen eignen sich folgende Bahnlinien: Mainz – Bingen – Koblenz (Touren 8, 9, 10, 12, 13) mit der Nebenstrecke von Boppard nach Emmelshausen, die als steilste Bahnstrecke Deutschlands gilt (Tour 11); die Strecke Mainz – Bad Kreuznach – Idar-Oberstein – Neunkirchen (Tour 27); die Strecke Koblenz – Cochem – Traben-Trarbach (Touren 2, 5); die Strecke Trier –

Saarbrücken entlang der Saar (Touren 46, 47, 48, 50). Die größeren Orte an Rhein, Mosel, Saar und Nahe haben Busverbindungen untereinander und in den Hunsrück.
Der öffentliche Busverkehr ist überwiegend auf den Transport von Schülern abgestellt, mit entsprechend ungünstigen Fahrzeiten für Wanderer; zudem werden viele dieser Linien während der Schulferien nicht bedient.

Fahrpläne und Tarife erfährt man telefonisch oder online bei den Verkehrsbetreibern (s.u.).

- **Schiff:** Auf Rhein, Mosel und Saar gibt es eine Personenschifffahrt, die bei einzelnen Touren als Rückkehrmöglichkeit dienen kann (Touren 2, 3, 5, 9).

Wichtige Telefonnummern und Adressen

Hunsrückhaus am Erbeskopf
54411 Deuselbach
Tel. +49/6504/778
www.hunsrueckhaus.de

Hunsrück-Touristik
Gebäude 663, 55483 Hahn-Flughafen
Tel. +49/6543/507700
info@hunsruecktouristik.de
www.hunsruecktouristik.de

Hunsrueckverein e.V.
Frank-Dieter Rentmeister
Lützelsoonstraße 7, 55606 Königsau
Tel. +49/6785/79152
www.hunsrueckverein.de

Informationszentrum Naturpark Saar-Hunsrück
54411 Hermeskeil
Tel. +49/6503/92140
www.naturpark.org

Köln-Düsseldorfer Deutsche Rheinschifffahrt AG
50667 Köln
Tel. +49/221/2088-318
www.k-d.com

Naheland-Touristik
55606 Kirn
Tel. +49/6752/13760
www.naheland.net

Nationalpark Hunsrück-Hochwald
55765 Birkenfeld
Tel. +49/6131/884152-0
poststelle@nlphh.de
www.nationalpark-hunsrueck-hochwald.de

Projektbüro Saar-Hunsrück-Steig und Traumschleifen
66679 Losheim am See
Tel. +49/6872/901810-0
www.saar-hunsrueck-steig.de

Rhein-Nahe Nahverkehrsverbund (RNN)
55218 Ingelheim am Rhein
Tel. +49/1801/766766
www.rnn.info

Trägerverein Naturpark Soonwald-Nahe
54427 Simmern
Tel. +49/6761/82650
www.soonwald-nahe.de

Verkehrsverbund Region Trier (VRT)
Tel. +49/1806/131619
kontakt@vrt-info.de
www.vrt-info.de

Verkehrsverbund Rhein-Mosel (VRM)
Tel. +49/261/30355-0
info@vrminfo.de
www.vrminfo.de

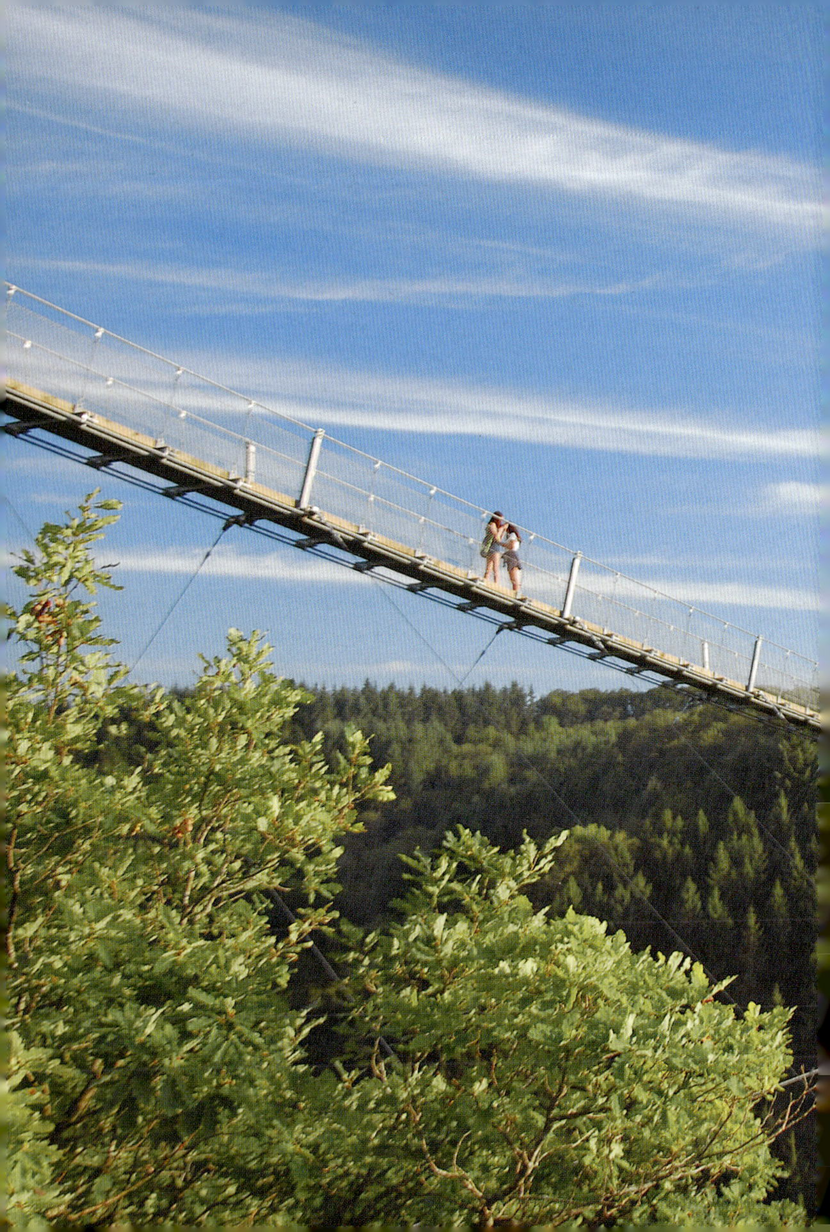

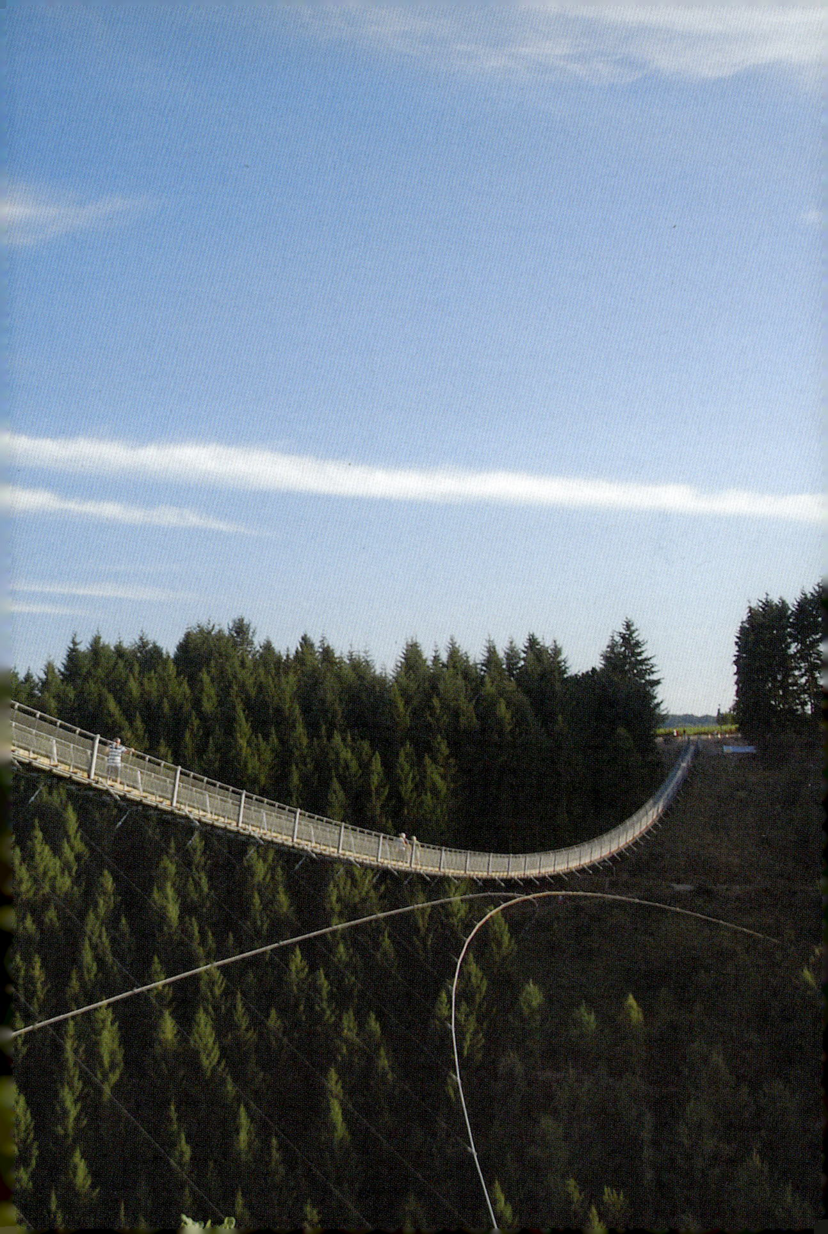

1 Auf den Olymp

3.15 Std.

Von Bernkastel nach Monzelfeld

Wer die herrliche Mosellandschaft von Bernkastel aus der Vogelperspektive erleben will, steigt über die Burg Landshut zum Olymp und weiter nach Monzelfeld auf. Am Weg liegen einzigartige Rast- und Aussichtsplätze. Der Rückweg verläuft durch den urwüchsigen Hochwald des Moselsteilhanges.

Ausgangspunkt: Marktplatz in Bernkastel (114 m), historisches Weinstädtchen an der Mosel.
Anfahrt: Über die Moselstraße (53), mit dem Bus oder mit dem Schiff.
Höhenunterschied: 406 m.
Anforderungen: Bis zum Olymp steiler Anstieg, der Kondition erfordert, aber mit großartigen Ausblicken belohnt.

Einkehr: Unterwegs im Schützenhaus (Restaurant/Café, Biergarten), auf Burg Landshut (Restaurant/Café) und in Monzelfeld (Pizzeria). Außerdem viele Restaurants, Cafés und Weinstuben in Bernkastel.
Variante: Die Tour kann an der Burg Landshut, durch Abstieg auf dem Zufahrtsweg zur Burg an der St. Anna-Kapelle vorbei, abgekürzt werden.

Von den Parkplätzen am Moselufer gehen wir über die Marktstraße zum Marktplatz von **Bernkastel (1)**. Der Ort gehört zu den schönsten an der Mosel und besitzt ein malerisches mittelalterliches Ortsbild mit den Pfarrkirchen St. Michael und St. Sebastian, prächtigen Fachwerkhäusern, engen Gassen, Plätzen und Brunnen. Von dort steigen wir rechts über die Karlstraße

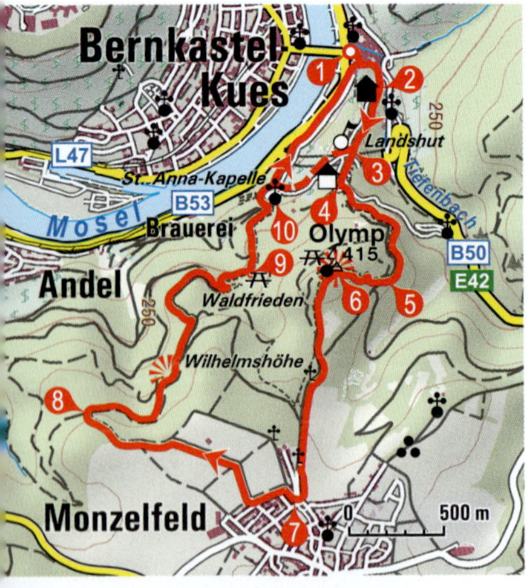

am Spitzhäuschen vorbei an. Nach etwa 80 Metern geht es links auf einen Treppenweg, der in Serpentinen steil durch die Weinberge hochzieht. Schon nach 200 Metern erreichen wir das **Schützenhaus (2)**, 160 m, den ersten Rast- und Aussichtspunkt. Der befestigte Weg steigt weiter zur **Burg Landshut (3)**, 220 m, an, die uns einen noch größeren Ausblick bietet. Die Burg steht auf spätrömischen Fundamenten und wurde gegen Ende des 13. Jahrhunderts erbaut. Sie ist 1692 abgebrannt und seitdem Ruine. Wer die Tour nach dem anstrengendem Aufstieg hier beenden will, kann auf dem Zufahrtsweg zur Burg an der St. Anna-Kapelle vorbei absteigen.

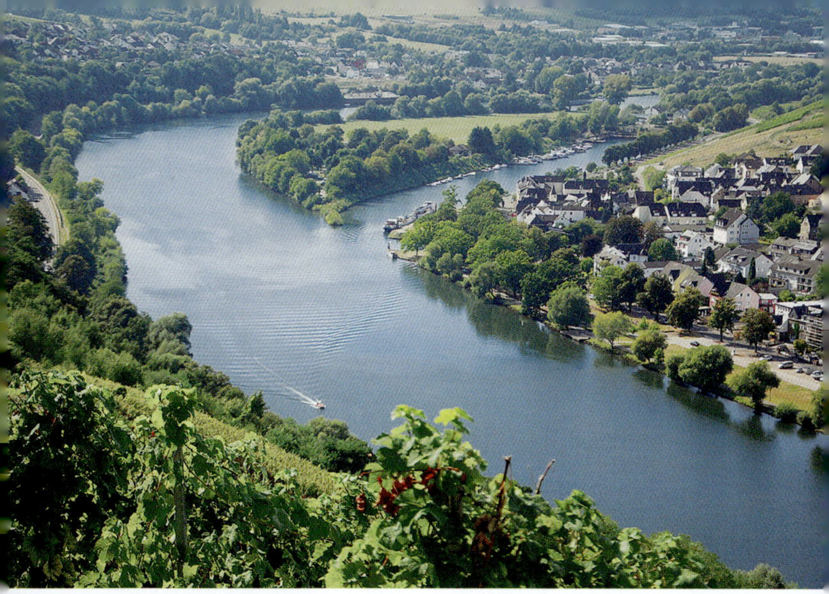

Moselbogen bei Bernkastel-Kues.

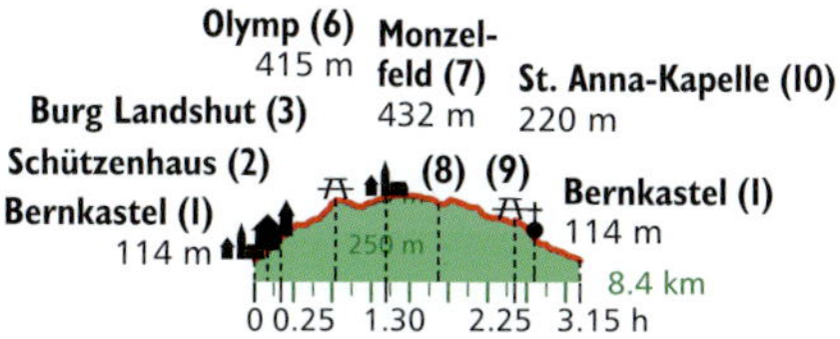

Die Hauptroute steigt aber weiter zur **Jugendherberge (4)** an und quert dort den Parkplatz. Nun auf einem Waldweg in Richtung »Monzelfeld, Olymp«, aber schon nach 100 Metern links auf einen Pfad wechseln, der im Hang durch stattlichen Hochwald läuft. Nach einer Weile überschreiten wir den **Waldweg (5)**, kurz danach noch einen zweiten und steigen in Serpentinen zum **Olymp (6)**, 415 m, auf. Sitzbänke ermöglichen uns die verdiente Rast. Darauf auf breitem Fahrweg direkt am dortigen Holzhäuschen vorbei und an der Hangkante entlang. Der Weg führt später zu einer Gabelung, wo es auf einem Pfad geradeaus in Richtung »Wilhelmshöhe, Bismarksruhe« geht.
Nach etwa 250 m treffen wir schließlich auf einen Schrägweg, der uns halblinks zum nahen Fahrweg bringt.
Auf diesem nun leicht aufwärts nach **Monzelfeld**. Achtung, schon am Ortsanfang in die erste Straße nach rechts abbiegen (**7**, nicht scharf rechts!) und ihr etwa 200 Meter bis zu einer Sitzgruppe folgen. Dort links auf einen Grasweg und an einer Baumhecke entlang bis zum ersten Querweg. Jetzt halten

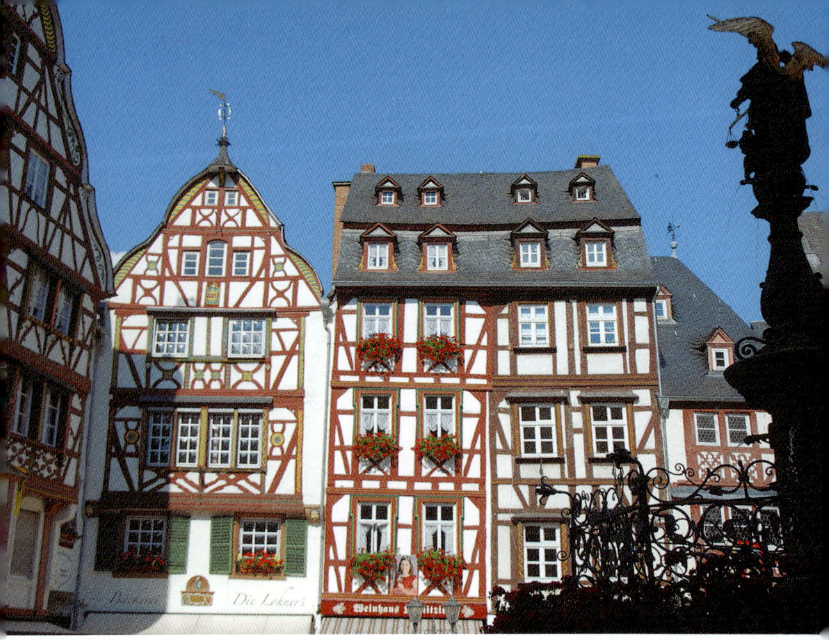

Bernkastel, Fachwerkhäuser am Markt.

wir uns rechts und wandern mit prächtigem Weitblick über die offene Höhe bis zum Waldrand. Die Route verläuft am Waldrand entlang nach links, taucht in den Wald ein, senkt sich stark und kommt zu einem breiten **Querweg (8)**.

Jetzt gehen wir nach rechts durch den steilen Waldhang bis zur **Wilhelmshöhe** (360 m). Hier öffnet sich vom Felsvorsprung ein fantastischer Blick ins Moseltal bis nach Lieser. Bei der nahen Weggabelung wandern wir links abwärts (»Bernkastel«) und nach ca. 300 Metern noch einmal nach links (H). Die Route verläuft nun um einen Hangvorsprung herum zu einer scharfen Wegbiegung. Achtung, jetzt auf den Pfad geradeaus wechseln (»Bernkastel, St. Anna-Kapelle«). Er führt in eine Bachkerbe hinunter, die von einem hohen Fels überragt wird. An diesem romantischen Platz steht eine Sitzbank, die zur Rast einlädt (**9**, »Waldfrieden«).

200 Meter weiter gehen wir nicht links abwärts, sondern ca. 30 Meter aufwärts, treffen auf einen Hohlweg und gelangen zur **St. Anna Kapelle (10)**. Noch einmal öffnet sich ein herrlicher Tiefblick auf die Mosellandschaft. Anschließend steigen wir in Kehren einen Kreuzweg hinab und wandern auf der Zufahrtstraße zur Burg Landshut nach **Bernkastel (1)** hinunter.

3.00 Std.

Von Traben-Trarbach nach Enkirch

2 TOP

Aussichtsreiche Gratwanderung über Starkenburg

Erstes Ziel dieser schönen Streckenwanderung ist das Wahrzeichen von Traben-Trarbach, die Grevenburg, die sich hoch über der Mosel mit ihren beeindruckend steilen Weinbergen erhebt. Auf der Höhe erwartet uns der Burgort Starkenburg, in ausgesetzter Lage auf schmalem Felsgrat. Anschließend wandern wir aussichtsreich über den Grat hinunter nach Enkirch, das uns mit historischen Fachwerkhäusern empfängt. Die Rückkehr erfolgt mit dem Zug (Fähre!), mit dem Bus oder per Schiff.

Ausgangspunkt: Traben-Trarbach (110 m) an der Mittelmosel. Gebührenpflichtiger Parkplatz an der Moselbrücke in Richtung Enkirch. Einige kostenfreie Plätze in der alten Enkircher Straße beim Weingut kurz dahinter. Anfahrt von der Zufahrtsstraße in den Ortsteil Trarbach.
Anfahrt: Auf der B 53/B 49 von Cochem oder Bernkastel-Kues. Bahnstation im Ortsteil Traben.
Höhenunterschied: 270 m.
Anforderungen: Streckenwanderung mit steilem Anstieg. Naturwege überwiegen, Blockpfad auf dem Felsgrat zwischen Starkenburg und Enkirch.
Einkehr: Unterwegs in der Burgschänke Grevenburg (im Winter geschlossen), in Starkenburg im »Hüttenzauber« (Mo–Mi 11–21, Fr–So 11–21.30 Uhr, im Winter Do–So) und im »Weinhaus Schöne Aussicht« (Fr 12–23, Sa/So 10–19 Uhr). Zahlreiche Gasthäuser in Trarbach und in Enkirch.
Variante: Wer nicht die gesamte Strecke laufen will, kann in Starkenburg beim Pavillon zurück nach Trarbach wandern. Gehzeit 2½ Std.

Am unteren Ende des Parkplatzes (in Richtung Enkirch) in **Trarbach (1)** queren wir die Straße und sehen sofort neben dem rot gestrichenen Haus den Wegweiser »Starkenburg«, »Sponheimer Weg«. Wir folgen dem steilen Waldweg durch Laubmischwald, biegen bei der zweiten Abzweigung nach rechts ab (»Grevenburg«) und steigen in Serpentinen steil hinauf zur **Grevenburg (2)**, deren Ruinen wir beim kleinen Parkplatz vor der Burgschänke erreichen.
Dann an der Schänke vorbei zum grandiosen Aussichtspunkt mit der

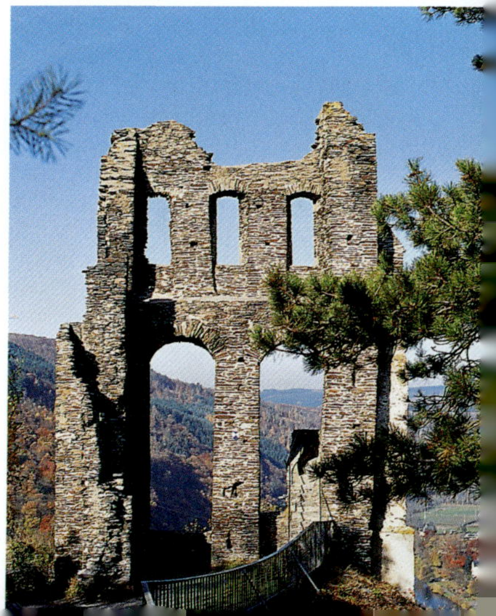

Die Ruine Grevenburg – das Wahrzeichen von Traben-Trarbach.

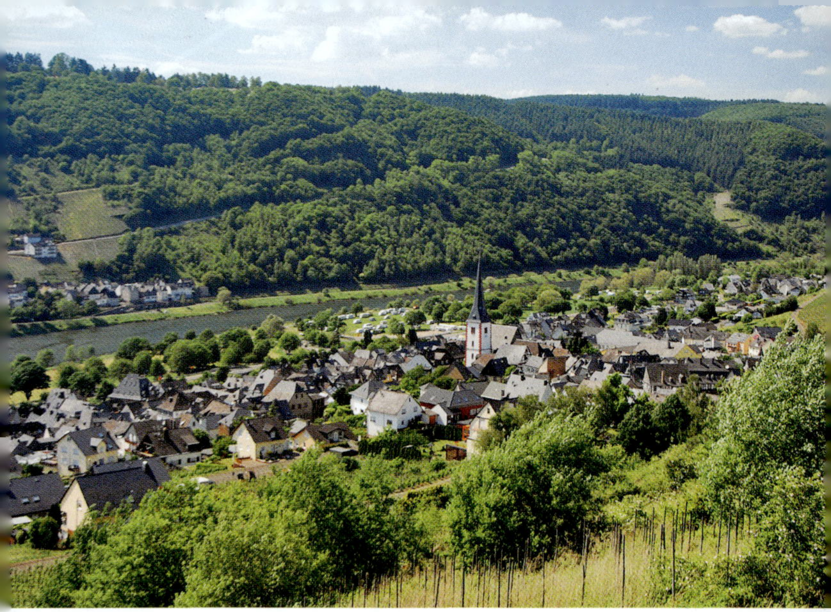

Enkirch an der Mosel.

charakteristischen, frei stehenden Mauer des ehemaligen Kommandantenhauses, das zum Wahrzeichen von Traben-Trarbach wurde. Anschließend gehen wir zurück zum Parkplatz und folgen der geteerten Zufahrtstraße ein paar Kehren hinauf, bis links der (zweite) Pfad (»Starkenburg, S«) abzweigt, der steil zu einem Aussichtspunkt führt. Oberhalb davon gehen wir über einen Forstweg gerade hinweg (»Starkenburg, S«) und folgen einem Waldweg leicht aufwärts, bis wir nach dessen Rechtsbiegung den oberen Waldrand erreichen. Links weiter (»Starkenburg, S«), an einem Aussichtspunkt vorbei, kurz durch Wald, bis wir auf einen Teerweg treffen. Bei dessen Rechtskehre gehen wir auf unbefestigtem Weg geradeaus und gelangen so nach **Starkenburg**. Nach den ersten Häusern steht hart an der Hangkante eine Schutzhütte (Pavillon) mit atemberaubendem Tiefblick auf die **Mosel (3)**. (Hier beginnt der Abkürzungsweg nach Trarbach, falls wir nur die kurze Runde gehen wollen.)
Auf dem Ortssträßchen im Rechtsbogen weiter bis zur nahen Straßengabelung, dort links (!) auf den Trengweg (»Enkirch, S, M«) und über einen schönen Stufenweg hinab zur Lorettastraße und tiefer zur Schlossstraße. Auf dieser links, vorbei an der Kirche und am »Weinhaus Schöne Aussicht« zum nördlichen Ortsausgang. Dort führen rechts ein paar Stufen hinauf zu den

Resten der Starkenburg (Loretta-Blick).

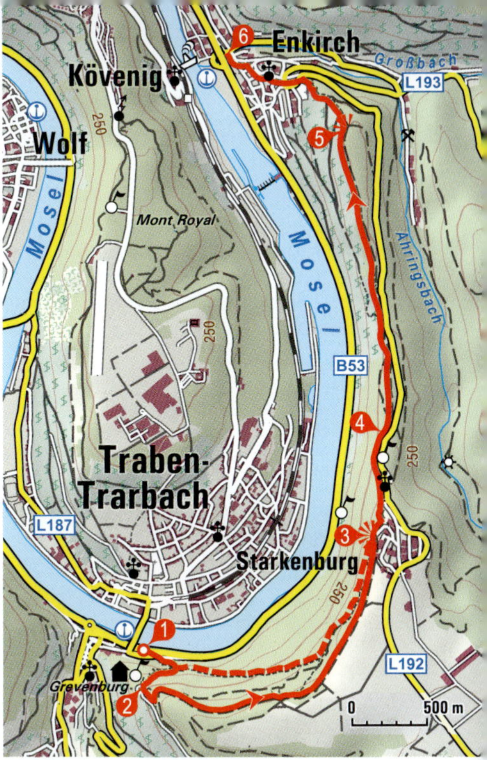

Auf der wenig befahrenen Straße wandern wir weiter Richtung Enkirch und biegen nach 300 m auf ein Sandsträßchen ab (**4**, »Enkirch, S, M«). Es folgt der aussichtsreichste Teil unserer Wanderung. Bei der nächsten Weggabelung geht es geradeaus. Der Weg verläuft nun fast immer auf der Kammhöhe, wird bald schmäler und verengt sich zu einem Pfad. Wir orientieren uns immer am »S« und »M«, kreuzen einige Male unbefestigte Zufahrtswege zu den Weinbergen und berühren zweimal die Straße nach Enkirch. Der Kamm ist überwiegend mit Büschen bedeckt, weist aber einzelne knorrige Eichen auf. Der Weg wird felsiger (Kister Grat), und bald überschreiten wir einen kleinen Felsaufbau mit Aussichtspunkt. (Links weist ein Wegweiser zum Steilhangwanderweg). Vor uns sehen wir bereits Enkirch. Wir gehen weiter geradeaus, und beim folgenden Wegestern nehmen wir den mittleren Weg, der uns auf der Kammhöhe zur **Winzerkapelle** mit schönem Rastplatz führt.

Hier verlassen wir die Höhe und steigen uns links haltend in Kehren hinab. Wir folgen »S« und »M«, passieren die Aussichtsplattform **Rottenblick (5)**, queren noch zwei Wirtschaftwege und treffen schließlich auf einen langen Treppenweg. Auf diesem hinab zum Ortsrand von Enkirch an der Straße Enkirch – Starkenburg. Auf der Straße 50 m links, dann rechts über einen steilen Weg zur Kirchstraße und in die Ortsmitte von **Enkirch (6)**.

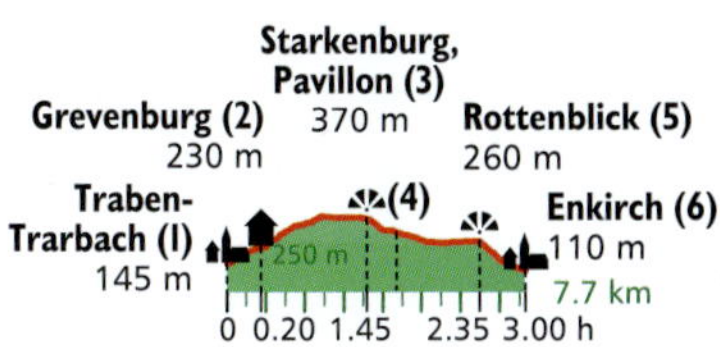

3 Von Enkirch nach Zell

3.15 Std.

Auf dem Moselhöhenweg über den Bummkopf

Auf diesem Teilabschnitt des Moselhöhenwegs, der allein auf der Hunsrückseite 190 Kilometer lang ist, kürzen wir eine weite Schleife der Mosel ab, wandern durch Weinberge und Wald hinauf zum Aussichtspunkt Bummkopf im Naturschutzgebiet Briedeler Schweiz und steigen danach steil hinab zum alten Weinort Zell an der Mosel.

Ausgangspunkt: Enkirch (103 m). Parkplatz an der Mosel (bei der Fähre).
Anfahrt: Auf der B 53 von Traben-Trarbach oder von Cochem auf der B 49/B 53 nach Enkirch. Bei der Abfahrt in den Ort großer Parkplatz kurz vor der Unterführung. Der Ort Kövenig gegenüber Enkirch ist Haltepunkt der Moselbahn; von dort per Fähre (täglich außer mittwochs) nach Enkirch.
Höhenunterschied: 330 m.
Anforderungen: Von Enkirch auf den Bummkopf Wirtschaftsweg und breite Wanderwege, zu Beginn asphaltiert. Der Abstieg ins Moseltal erfolgt zuletzt auf steilem Pfad, dann auf breitem Promenadeweg hinein nach Zell.
Einkehr: Unterwegs keine, Gaststätten in Enkirch und in Zell.
Hinweis: Touren 2 und 3 können zu einer Moselhöhenwegstour verknüpft werden. Rückkehr zum Ausgangspunkt per Schiff, per Bus oder der Moselbahn (nur bis Traben) über Bullay. Gesamtgehzeit 6.30 Std.
Tipp: In den Weinbergen rund um Enkirch gibt es einen 3,5 km langen Weinbauernlehrpfad. Empfehlenswert ist auch das Heimatstuben-Museum im Ort.

Evangelische Pfarrkirche in Enkirch.

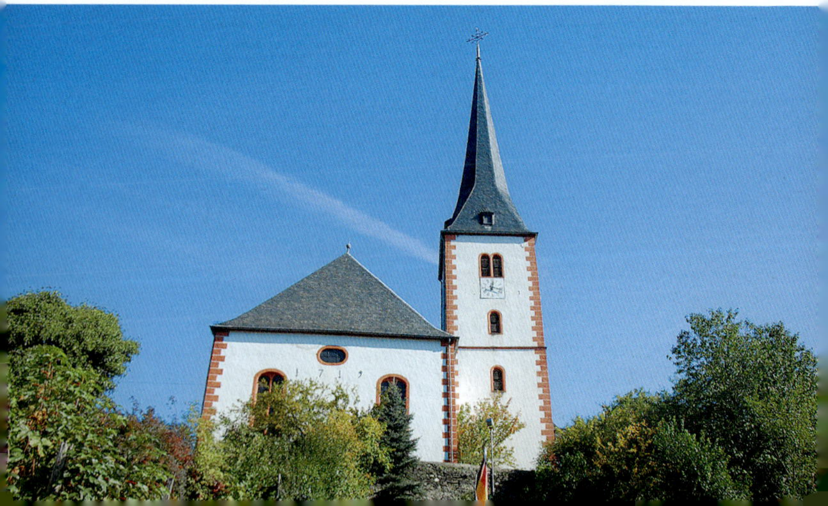

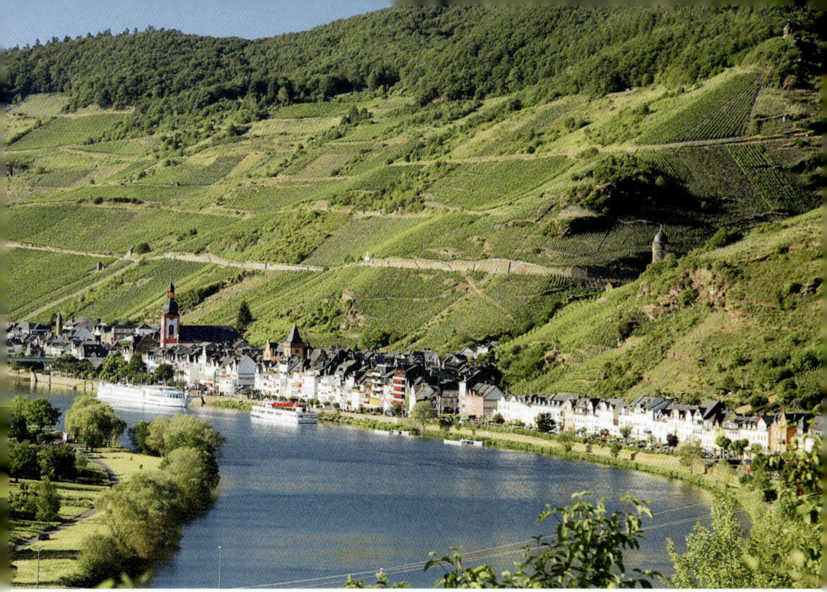

Zell liegt an einem ausgeprägten Moselbogen.

Vom Parkplatz am Moselufer in **Enkirch (1)** gehen wir zunächst durch den Straßentunnel in den historischen Ortskern, wo wir auf dem kleinen **Brunnenplatz** beim Hotel Steffensburg eintreffen. Das von schmalen Gassen durchzogene Weindorf Enkirch ist ein Kleinod der Fachwerkskunst. Auch Reste der spätgotischen Ringmauer sind noch erhalten. Wir folgen nun halblinks der Straße »Im Bungert« bis zum Beginn der Weinberge (M). Dort links weiter auf dem geteerten, aber für den öffentlichen Verkehr gesperrten Wirtschaftsweg (M).
Eine Hinweistafel klärt uns auf, dass hier bereits 1174 Riesling angebaut wurde. Dann folgen wir immer der Markierung »M« durch die Weinberge bergwärts. Im Rückblick sehen wir Enkirch immer kleiner werden.
Im Rechtsbogen gehen wir um einen Riedel herum, kürzen auch mal den Wirtschaftsweg ab und steigen weiter aufwärts. Nach dem **»Fünftälerblick« (2)** lassen wir die Weinberge unter uns und wandern lange sanft ansteigend durch den **Enkircher Wald**, wobei wir alle Abzweige ignorieren. Es geht hinauf auf das Hochplateau der Briedeler Schweiz. Dort verlassen wir den Wald und folgen

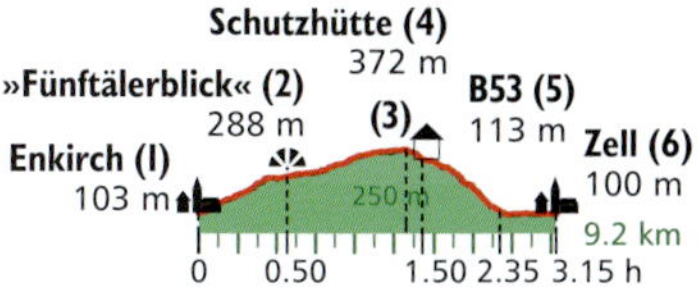

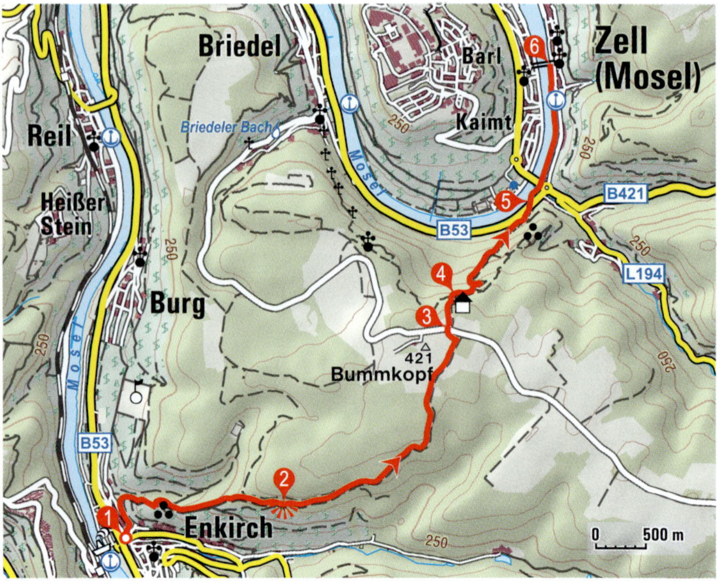

dem unbefestigten Wirtschaftsweg durch Äcker zur Straße Briedel – Hahn (Sitzbank). Auf dieser mit »M« links weiter, bis nach 100 m rechts ein unbefestigter Wirtschaftsweg abzweigt. Von hier können wir in wenigen Minuten nach links den Aussichtspunkt **Bummkopf** (422 m) erreichen, der uns herrliche Blicke ins Moseltal bietet.

Zurück an der Wegabzweigung **(3)** folgen wir dem Hinweis nach »Zell«. Noch an einer Sitzgruppe vorbei, dann den steilen Waldhang des Moseltals hinunter zu einer **Schutzhütte (4)**, wo sich ein atemberaubender Talblick auftut. Anschließend rechts an der Hütte vorbei (»Zell«) und nach 300 m links auf einem schmalen Pfad den Hang hinab. Wir überschreiten zweimal einen quer führenden Weg und folgen immer dem »M« des Moselhöhenwegs. Zuletzt geht es in steilen Serpentinen durch Weinbergbrachen, wobei sich der Wanderweg stellenweise zu einem schmalen Pfad verengt. Über ein paar letzte Betonstufen hinab zur **B 53 (5)**, die wir bei der Ortstafel von Zell erreichen. Die ehemalige kurtrierische Amtsstadt wird vom Runden Turm überragt, der Teil der ehemaligen Stadtbefestigung ist. Wir queren sogleich die Straße, halten uns rechts und folgen nach einem kleinen Parkplatz dem ausgeschilderten Fußweg am Moselufer entlang. Wir unterqueren die große Moselbrücke und gelangen nach 30 Minuten in das Ortszentrum von **Zell (6)**.

4.30 Std.

Von Beilstein zum Kloster Engelport

4

Von der Mosel ins einsame Flaumbachtal

Beilstein ist mit seinen engen Gassen, verwinkelten Plätzen und alten Fachwerkhäusern ein bezauberndes Örtchen mit historischem Ortsbild. Von hier ersteigen wir mit prächtigem Ausblick die Moselhöhe, besuchen das Kloster Maria Engelport, wandern lange im einsamen Flaumbachtal und kehren über einen Bergrücken ins Moseltal zurück.

Ausgangspunkt: Beilstein (90 m) an der Mosel. Großer Parkplatz an der Uferstraße (L 98).
Anfahrt: Moseluferstraßen (B 53) bis Beilstein. Der Ort hat Fährverbindung.
Höhenunterschied: 490 m.

Anforderungen: Am Anfang langer, im letzten Drittel stärkerer Anstieg; sonst bequeme Wege, überwiegend Naturwege und -pfade.
Einkehr: Gaststätten und Cafés in Beilstein, unterwegs in der Pulgersmühle.

Vom **Moselufer (1)** folgen wir der wenig befahrenen K 42 aufwärts, höchstens 250 m, und schwenken in der Straßenkurve links ins Hinterbachtal (Markierung »M«, »10«). Jetzt geht es taleinwärts, bis wir nach 300 m **(2)** scharf links umbiegen und auf breitem Wirtschaftsweg den Hang hinaufsteigen. Unser Weg schlängelt sich kurvenreich die Weinberge empor und bietet aus der Vogelperspektive faszinierende Ausblicke auf Beilstein, Burg Metternich und das herrliche Moseltal. Beim Anstieg orientieren wir uns am weißen »M« des Moselhöhenwegs und die »10«. Es geht über einen Hangsporn hinweg ins Nachbartälchen, dort über den Bach und weiter in Serpentinen aufwärts. Der Aufstieg setzt sich im Wald fort. In der letzten Kurve halten wir dann nicht rechts, sondern wandern geradeaus weiter aufwärts.
Schließlich erreichen wir die bewaldete Höhe, biegen bald halb rechts und kommen zu einer Rodungsinsel, die uns einen weiten Blick über den Mosel-Hunsrück ermöglicht. Dahinter verlassen wir den Moselhöhenweg und gehen rechts in Richtung »Schafstall« (»9«). Die Route führt leicht abwärts, lenkt auf einem Querweg nach links und trifft bei der

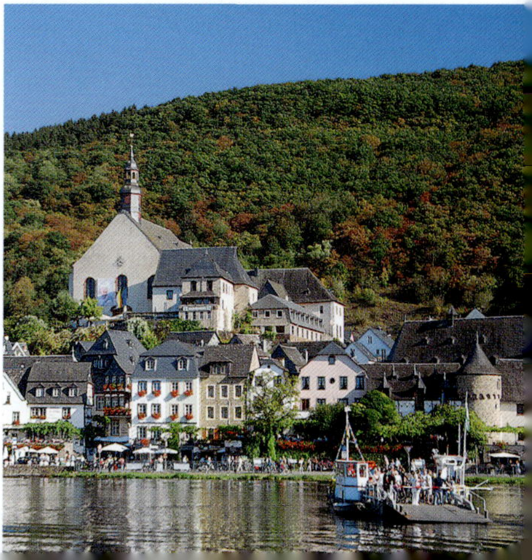

Beilstein – Perle an der Mosel.

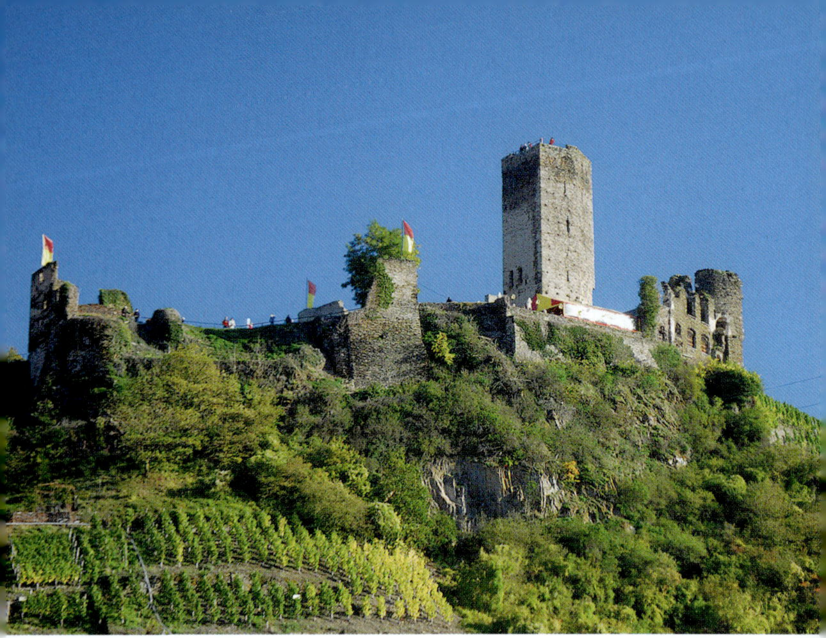

Die Burg Metternich hat einen 25 m hohen Bergfried.

Schutzhütte »Am Schafstall« (3) auf die K 36. Jetzt auf der Straße nach rechts („Kloster Engelport"), nach 150 Meter scharf links **(4)** auf einen Grasweg (»Jakobsweg«, blasse »7«, »10«) bis zu einer nahen Weggabelung, wo wir halbrechts zum »Kloster Engelport« (»7«, »10«) gehen.

Die Route folgt nun einem Waldtälchen, das sich zunehmend tiefer einschneidet. Nach einer Spitzkehre verläuft sie dicht am orografisch linken Bachufer und bringt uns direkt nach **Kloster Engelport (5)** hinunter, das im Flaumbachtal liegt (140 m). Das Kloster wurde im 13. Jahrhundert gegründet und war jahrhundertelang von katholischen Frauenorden bewohnt, zuletzt aber von den Hünfelder Oblaten. Seit 2015 ist es Heimat des jungen Ordens der Anbetungsschwestern des königlichen Herzens Jesu Christi.

Auf der L 202 geht man rechts an dem kleinen Kloster vorbei und biegt nach 80 m links über die Brücke. Nun am Rand der Aue entlang bis zum oberen Waldrand, wo wir dem Kreuzweg zweimal nach rechts folgen. Wieder am Bach halten wir uns links auf einen Grasweg (Ww. »Pulgersmühle«), überqueren nach 50 m auf einem Steg den **Flaumbach (6)**, und folgen einem Saumpfad bis zur L 202. Wo die Straße nach Kappel abbiegt, gehen wir nochmals rechts und wechseln in der Straßengabelung auf den Flaumtalweg zur

Weißmühle (»3«). Genau gegenüber liegt die Pulgersmühle mit großen Fischteichen, wo man vorzüglich speisen kann – Spezialität ist Forelle. Vor uns liegt eine wunderschöne Wegstrecke durch das mittlere Flaumbachtal, ein einsames Wiesental, ganz ohne Lärm und Verkehr. Wir wandern auf der orografisch linken Talseite und treffen bald auf eine Weggabelung, an der wir uns links halten. Malerisch wird die breite Wiesenaue von steilen Waldhängen eingerahmt. Der Bach fließt in Mäandern und an seinen Ufern stehen Erlen. Ein herrliches Landschaftsbild! Nach etwa 3 km wechseln wir bei einer kleinen Brücke nicht die Bachseite und gelangen 200 m dahinter schließlich zur abgeschiedenen **Weißmühle (7)**. Hier rechts in ein Seitentälchen (»3«) und auf dem so genannten Keltenweg (»K«) mäßig steil aufwärts. Nach 300 m nimmt uns Mischwald auf, der später in durchgewachsenen Niederwald aus Eichen und Hainbuchen übergeht. Oben überqueren wir im Linksbogen die Wasserscheide und halten uns bei einer Wegespinne in Richtung »Beilstein« (»K«, »3«). Danach senkt sich der Weg wieder und kreuzt bei einer Grünlandinsel einen Forstweg (WW »Beilstein«, »3«). Wir wandern in ein Waldtälchen hinein und kommen schließlich wieder ins Hinterbachtal. Dort halten wir uns links und kehren auf dem Hinweg nach **Beilstein (1)** zurück.

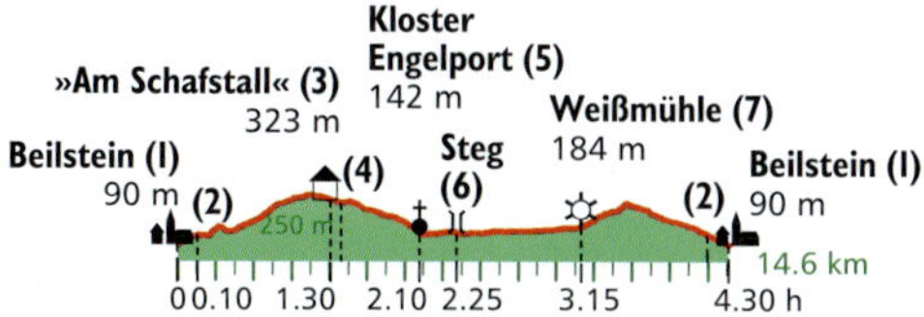

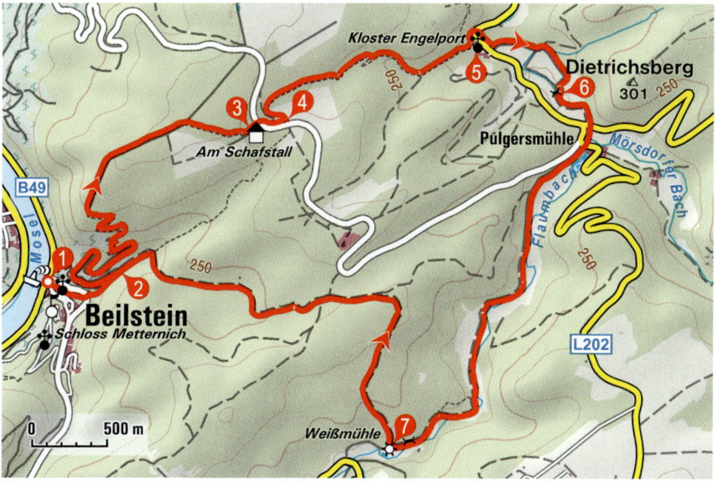

5 *Auf dem Apolloweg*

2.45 Std.

Aufstieg von Cochem-Cond nach Valwigerberg

Die Wanderung verbindet in idealer Weise zwei ganz verschiedenartige Landschaften: das betriebsame, von Fluss, Weinbau und Fremdenverkehr bestimmte Moseltal und die verkehrsarme Hunsrückhöhe, die von Wiesen, Weiden und Wäldern geprägt ist. Der Aufstieg erfolgt über den spektakulären Apolloweg, der sich durch den sonnigen Südhang der Brauselay zieht. Hier leben wärmeliebende Pflanzen- und Tierarten, darunter der seltene Apollofalter, der dem Weg seinen Namen gab.
Ruhiger Etappenort auf der Höhe ist Valwigerberg mit Möglichkeiten zur Rast und Einkehr. Der Rückweg verläuft auf einem alten Wallfahrtsweg, der zur Mosel bei Klotten hinunterzieht. Hier können wir mit der traditionellen Seilfähre übersetzen und haben Bahnanschluss, oder wir wandern über den Uferweg nach Cochem zurück.

Ausgangspunkt: Parkplatz am Friedhof in Cond (südliches Ortsende) gegenüber von Cochem (86 m) nahe bei der L 98.
Anfahrt: Bahn: Cochem liegt an der Strecke Koblenz-Trier. Vom Bahnhof in Cochem geht man am Moselufer entlang oder über die Ravenestraße zur Skagerrakbrücke. Über die Brücke nach Cond, dahinter scharf rechts abwärts in die Zehnthausstraße und weiter bis zur Talstraße. Dieser 30 Meter nach links folgen, dann rechts auf dem Friedhofsweg zur L 98. Auf dieser etwa 100 Meter weiter bis zum Einstieg in die Wanderung.
Auto: Auf der Moselstraße (B 49) nach Cochem oder über die A 48 bis Ausfahrt Kaisersesch, dann auf der L 98 abwärts nach Cochem. Parken auf dem City-Parkplatz oder am Moselufer in Cochem. Auch am Moselufer in Cond oder auf dem kleinen Parkplatz am Friedhof von Cond (an der L 98).
Höhenunterschied: 270 m.
Anforderungen: Schöne Streckentour mit langem Anstieg, der Ausdauer, festes Schuhwerk und Trittsicherheit erfordert. Sonst einfache Wege.
Einkehr: Unterwegs Gaststätten in Valwigerberg sowie Restaurants, Cafés und Weinstuben in Cochem, Cond und Klotten.
Variante: Von Cond folgt man dem Moselhöhenweg und steigt zunächst steil zur Brauseley an. Auf der Höhe geradeaus durch den Cochemer Forst, aber etwa 300 m vor der K 59 links ab. Es geht noch über einen Forstweg, dann biegt man auf dem zweiten Forstweg zur K 59 ab. Auf dieser nur 100 m links, dann rechts durch Fluren nach Valwiger Berg, wo man auf die Hauptroute trifft.
Hinweis: Während der Rebenblüte und der Weinlese ist der Apolloweg gesperrt. Alternative Route s. Karte.
Fahrzeiten der Fähre Klotten: Freitag, Samstag, Sonntag und an Feiertagen 10–17 Uhr.

Vom **Parkplatz (1)** beim Friedhof am südlichen Ortsrand von Cond gehen wir auf der L 98 nur 100 Meter in Richtung Beilstein zu einem kleinen Platz mit Infotafel und Sitzgruppe. Hier startet der Zuweg zum Apolloweg, der uns zunächst zu einer Weggabelung führt. Dort rechts zum nahen Wanderportal, dem Einstieg zum Apolloweg.

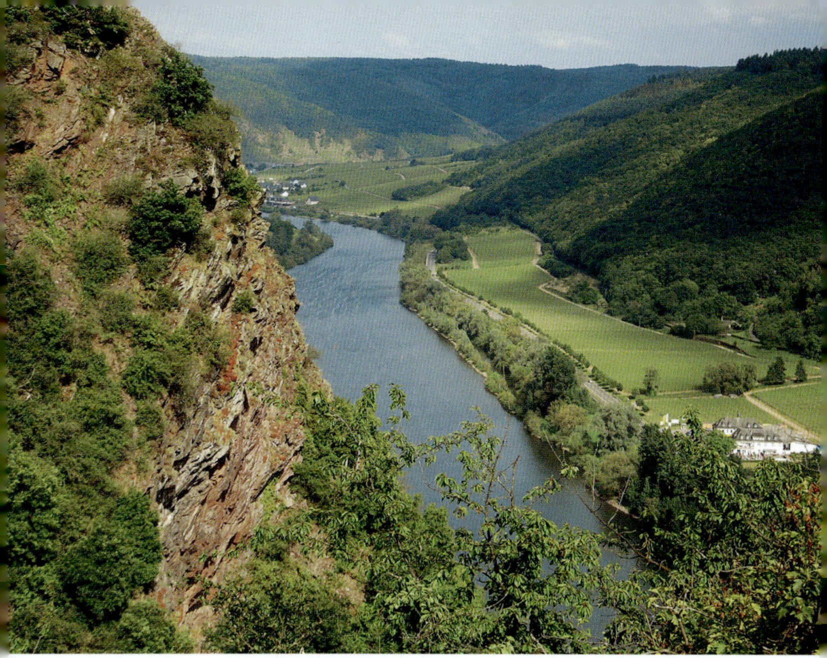

Die Brauselay überragt die Mosel um 200 m.

Ein schmaler Pfad leitet uns nun durch die Weinberge hinauf, aber im Auf und Ab, auch über Stufen und Serpentinen. Rechts bleibt die Mosel unter uns zurück, links steigen die Felsen der Brauselay senkrecht auf. Auf den Felsen und Hängen wachsen wärmeliebende Pflanzen wie Felsenahorn, Elsbeere oder Buchsbaum, auch reichlich Weißer Mauerpfeffer, die Futterpflanze der Raupe des Apollofalters.

Wo sich der Pfad gabelt, halten wir uns links und wandern jetzt zunehmend durch Weinbergbrachen. Ab einer **Schutzhütte** wird der Weg breit und führt uns bequem durch den steilen Hang. Die Sicht auf Mosel und Moselorte ist großartig. Achtung, in einer Hangdelle verlassen wir den breiten Weg nach links (**2**, »Valwigerberg«) und steigen auf einem Waldpfad steil zu einer höher gelegenen Hütte auf. Weiter geht es, mal durch Weinbergbrachen, mal durch Wald. Bei einem von links einmündenden Weg wandert man geradeaus und biegt schließlich bei einem Wegweiser links wieder auf ei-

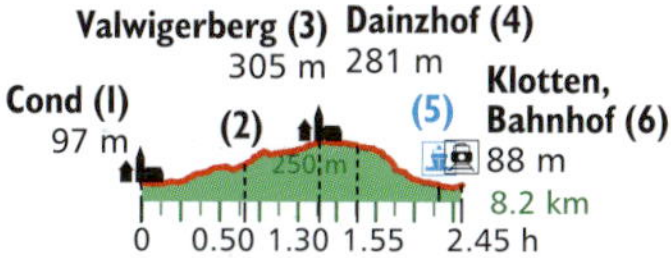

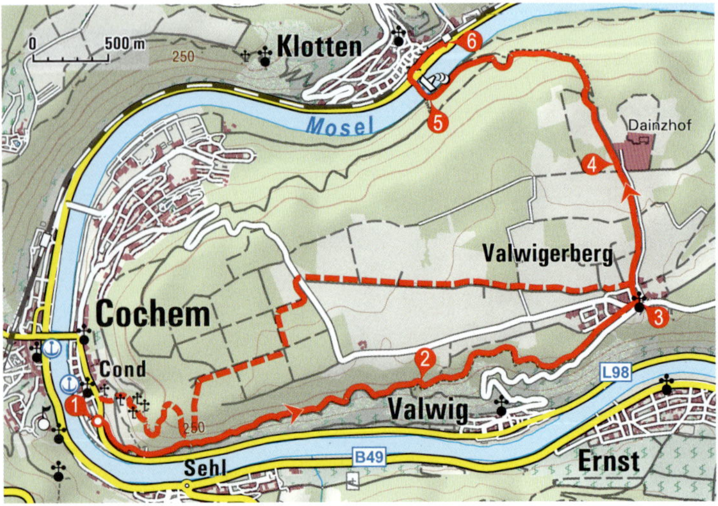

nen Waldpfad ab. Dieser bringt uns hoch nach **Valwigerberg (3)**, wobei wir die letzten 300 Meter auf der wenig befahrenen K 34 zurücklegen.

Sie bringt uns direkt zur **Wallfahrtskirche Maria und Maria Magdalena** aus dem 13. Jahrhundert, dem Mittelpunkt des kleinen Ortes. Beim Sportplatz, wo eine uralte Eiche steht, führt ein kurzer Weg zur »Schönen Aussicht«, an der sich ein atemberaubender Blick ins Moseltal öffnet.

Zur Fortsetzung der Tour biegen wir hinter der Kirche links in den Eichenweg ein und wandern moselwärts aus dem Dorf hinaus (»Fähre Klotten, Dainzhof«). Anfangs geht es noch leicht aufwärts, dann senkt sich der Teerweg und führt an einer Baumhecke entlang. Um uns schöne, ungestörte Landschaft mit Wiesen, Weiden, Äckern und Feldgehölzen. Kurz vor dem **Dainzhof (4)** geht es über eine Wegekreuzung und links am Hof vorbei auf einen Grasweg.

Achtung, etwas später biegt man bei einer Sitzbank rechts auf einen Pfad ab (»Fähre Klotten«). Der Pfad zieht, an Kreuzwegstationen vorbei, den dicht bewaldeten Moselhang hinunter. Im Hang wechseln wir auf einen Waldweg, dem wir bis zum Moselufer folgen. Hier nun 200 Meter links zur **Seilfähre (5)**, die nach **Klotten** übersetzt. Dort können wir einkehren und haben Bahnanschluss **(6)**. Darüber hinaus ist der Ort mit seinen historischen Bruchstein- und Fachwerkhäusern, der Pfarrkirche St. Maximin und der mittelalterlichen Burgruine Coraidelstein sehenswert. Alternativ können wir auf dem Uferweg auch nach Cond zurückwandern und erreichen so wieder nach einer erlebnisreichen Wanderung unseren **Ausgangspunkt (1)**.

Zur Ehrenburg

Vom Moselufer in Brodenbach auf die Ehrenburg

Zum Auftakt dieser Tour wandern wir durch das stille und dicht bewaldete Brodenbachtal, ersteigen dann den aussichtsreichen Riedel zwischen Brodenbachtal und Ehrenburger Tal, besuchen die Erlebnisburg Ehrenburg und kehren über das Ehrenburger Tal zurück nach Brodenbach.

Ausgangspunkt: Brodenbach (75 m), Parkplatz beim Abzweig der B 206 (nach Morshausen) von der Uferstraße (B 49). Parken auch am Moselufer.

Anfahrt: Auto: Auf der B 49 von Treis-Karden oder Koblenz nach Brodenbach. **Bus/Bahn:** Mit KVG-Bus von Koblenz nach Brodenbach oder mit der Regionalbahn von Koblenz oder Trier bis zum Bahnhof Löf. **Schiff:** Schiffsverkehr von Cochem.

Höhenunterschied: 250 m.

Anforderungen: Der Weg durch das Brodenbachtal erfordert teilweise Trittsicherheit (eine steile Passage). Die Rückkehr von der Ehrenburg nach Brodenbach erfolgt auf breiten Wirtschaftswegen bzw. Wanderwegen, zuletzt ein kurzes Stück entlang der Fahrstraße.

Einkehr: Gaststätten in Brodenbach, Einkehr in der Ehrenburg. Gasthaus Vogelsang am Campingplatz im Ehrenburger Tal.

Tipp: Die Ruine Ehrenburg – ihre Ursprünge gehen auf das Jahr 1160 zurück – ist mittlerweile zu einer Erlebnisburg ausgebaut mit Ritterspielen und Rittermahlen. Zudem beherbergt sie ein Hotel-Restaurant. Öffnungszeiten: Von 20. März bis 1. November Mo–Sa von 10 bis 18 Uhr und sonn- und feiertags von 11 bis 18 Uhr, www.ehrenburg.de.

Die Ehrenburg ist eine Stauferburg aus dem 12. Jahrhundert.

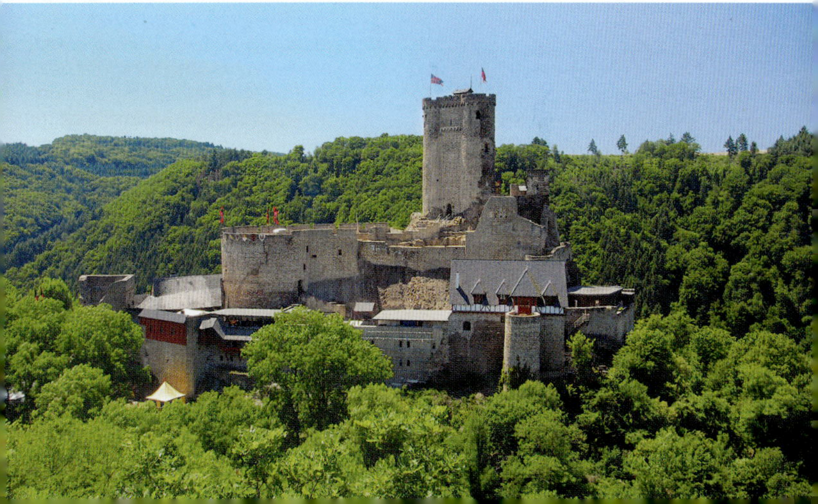

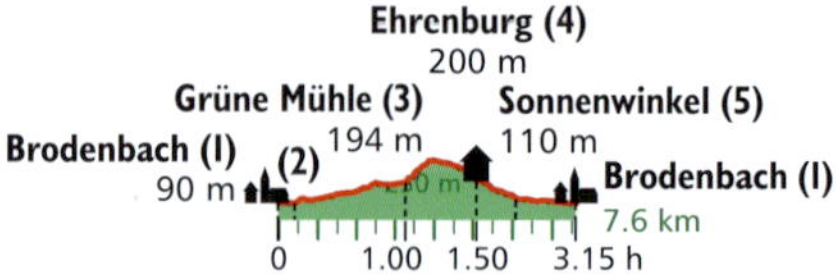

Vom Parkplatz in **Brodenbach (1)** gehen wir zunächst an der Straße entlang in Richtung Koblenz. Nach dem Brodenbach folgen wir bei der Ausschilderung »Polizei« **(2)** rechts dem Teersträßchen (»Niederbach«) ins **Brodenbachtal** hinein. Nach 100 m, bei den letzten Häusern, auf einem Steg über den Bach und sogleich links ins nun bewaldete Bachtal hinein. Das geteerte Sträßchen endet nach 10 Minuten bei einer Wegverzweigung. Wir folgen rechts haltend dem Wanderweg durch Laubwald talein. Nach 20 Minuten führt links ein Steg über den Bach zu einer Schutzhütte und nach wenigen Minuten ein weiterer zu einer zweiten Schutzhütte. Unser Weg steigt nun allmählich an (Markierung »M«), fällt aber gleich wieder und trifft dann auf den Fahrweg, den wir am Eingang des Tales verlassen haben. Diesem folgen wir nun ansteigend durch eine klammähnliche Passage. Nach einigen Minuten erreichen wir das so genannte Donnerloch, das eine Kultstätte der Germanen gewesen sein soll und dem Gott »Donar« gewidmet war. Das Wasser fließt hier in kleinen Kaskaden talwärts.

Das Bachtal ist an dieser Stelle eng und weitet sich erst wieder bei der Grünen Mühle. Kurz bevor wir diese erreichen, verzweigt sich der Weg nochmals; wir nehmen den rechts verlaufenden Fußweg, denn der Fahrweg kann morastig sein. Beide Wege treffen wieder aufeinander. Bald führt ein Steg über den Bach zur Grünen Mühle und weiter zum Schloss Schöneck (WW). Wir halten uns jedoch rechts (!) und gehen weiter am Bach entlang.

Gegenüber sehen wir bald das Fachwerkgebäude der bewohnten **Grünen Mühle (3)**. Unser Weg biegt dann im spitzen Winkel scharf nach rechts und führt mit »M« als steiler Pfad (!) durch Fichten- und Buchenwald hinauf zu einem quer führenden breiteren Weg, auf dem wir rechts weitergehen. Schon nach wenigen Minuten verlassen wir den Wald und treten hinaus auf die Feldflur. Wir haben jetzt einen faszinierenden Weitblick und wandern an zwei Sitzgruppen vorbei zur Straße Brodenbach – Buchholz (1 ½ Std.). Auf dieser gehen wir wenige Meter nach rechts und folgen dann links der

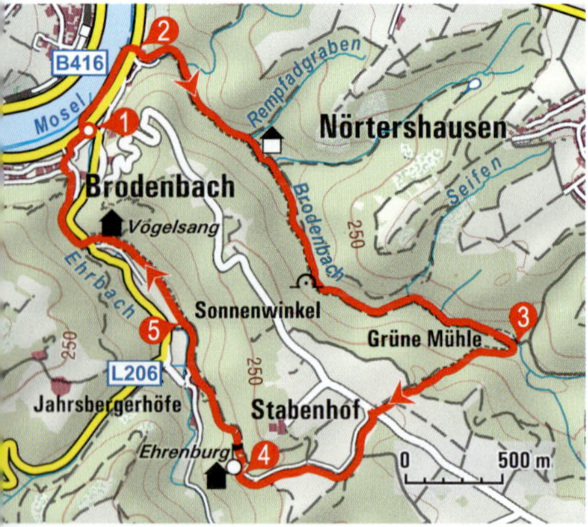

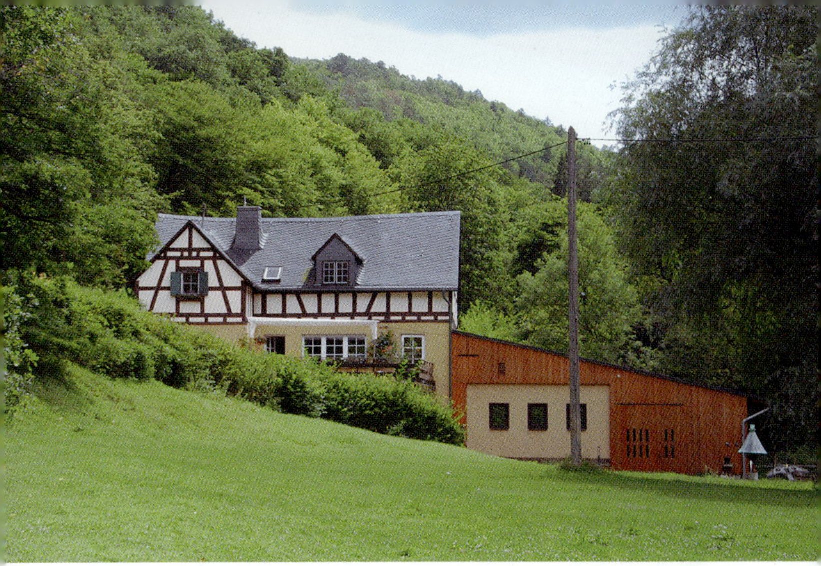

Die Grüne Mühle liegt in einer Talweitung des sonst sehr engen Brodenbachtals.

Zufahrtsstraße zur **Ehrenburg (4)**. Nach 5 Minuten auf diesem Teersträßchen erreichen wir den Parkplatz. Von hier sind es noch 10 Minuten zur Burg, in die man nur über eine Brücke auf der Ostseite gelangt, da sie auf einem ansonsten unzugänglichen Felssporn liegt.
Nach Besichtigung und Einkehr machen wir uns an den Abstieg. Vor dem ersten Burgtor (Info-Tafel) führt rechts ein steiler Pfad abwärts, dem wir folgen. Bei der Weggabelung unterhalb halten wir uns rechts, gehen unter der Burgbrücke hindurch und treffen auf einen geschotterten Fahrweg, dem wir links talwärts folgen. Der unmarkierte Weg führt durch eine steile, bewaldete Bergflanke hinab ins **Ehrbachtal**. Nach 20 Minuten endet der Schotterweg bei einer Kapelle und einem **einzelnen Haus** (**5**, Sonnenwinkel). Hier folgen wir nicht der geteerten Straße geradeaus, sondern gehen rechts über ein Brückchen und sogleich links auf gutem Wanderweg weiter am Ehrbach entlang. Bald treffen wir auf den Campingplatz mit der **Gaststätte Vogelsang** bei der ehemaligen **Obersten Halfmannsmühle**. Wir folgen dem Schild geradeaus in Richtung »Brodenbach« und erreichen in wenigen Minuten die Straße Brodenbach – Morshausen. Auf dieser rechts haltend, bis wir nach etwa 250 m links eine Treppe sehen. Nun abwärts und über den Ehrbach. Dann auf der Straße »Salzwiese« bald rechts und hinter der Heilig-Kreuzkirche wieder rechts. So kommen wir direkt zum Parkplatz in **Brodenbach (1)**.

7 Zur Burg Thurant

4.00 Std.

Von Oberfell über die Burg Thurant nach Alken

Die abwechslungsreiche Wanderung folgt dem Traumpfad »Bleidenberger Ausblicke« und ist durch ein gelbes Logo markiert. Vom Moseltal steigt sie auf die Hunsrückhöhen und folgt später dem einsamen Alkener Bachtal. Anschließend erobern wir die Burg Thurant, steigen in den schönen Weinort Alken hinunter und genießen von der Höhe des Bleidenbergs die traumhaften Ausblicke auf die Mosel.

Ausgangspunkt: Oberfell (90 m) an der unteren Mosel, Verbandsgemeinde Rhein-Mosel. Parkplatz auf der Straße »Am Kirchenstück«, oberhalb der Kirche.
Anfahrt: A 61 bis Ausfahrt Dieblich, abwärts nach Dieblich (Mosel), dann moselaufwärts nach Oberfell. Oder A 61 bis Ausfahrt Waldesch, Paffenheck, von dort auf schmaler Straße hinunter nach Oberfell.
Bus: Busverbindung mit Koblenz.
Höhenunterschied: 450 m.
Anforderungen: Mittelschwere bis schwere Rundtour mit drei Anstiegen, von denen zwei steil und hoch sind.
Einkehr: Gaststätten in Alken und Oberfell; für unterwegs Rucksackverpflegung mitnehmen. Kiosk mit Getränken und kleinen Speisen in der Burg Thurant.

Vom **Portal** auf der Straße »Am Kirchenstück« in **Oberfell (1)** gehen wir kurz auf die Hauptstraße zu und links eine Treppe hinauf (Ww. »Hütte Dickeberg, 2,7 km«). Anschließend steil zwischen Trockenmauern aufwärts. Wir passieren weiter oben einen Pavillon (Ww. »Hütte Dickeberg, 2,4 km«) und erreichen schließlich die offene Flur der Hauptterrasse mit herrlichem Blick auf das Maifeld. Am Wald entlang kommen wir zu einer **Schutzhütte (2)** und zu einem Wegestern, wo wir den Fahrweg ganz links wählen (Ww. »Hütte Dickeberg, 1,5 km«). Nun durch den einsamen Wald leicht ansteigen, bei einer Weggabelung rechts und weiter oben an einer Waldwiese vorbei. Nach einer Weile erreichen wir den Waldrand und die **Schutzhütte Dickenberg (3)**. Hier, oberhalb von großen Wiesen, ist eine der schönsten Stellen im Hunsrück, mit traumhaftem Blick über das Moseltal bis in die jenseitige Eifel.
Nach einer Pause und dem Genießen der einzigartigen Aussicht folgen wir weiter dem markierten Fahrweg. Sobald dieser in einen Teerweg übergeht, biegen wir aber links ab und wandern lange am Waldrand entlang, rechts mit

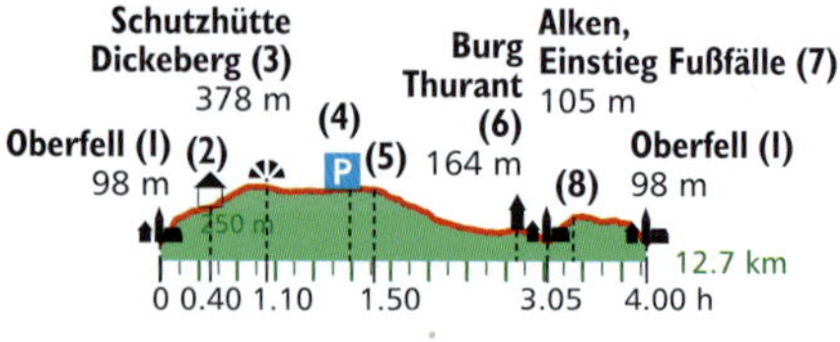

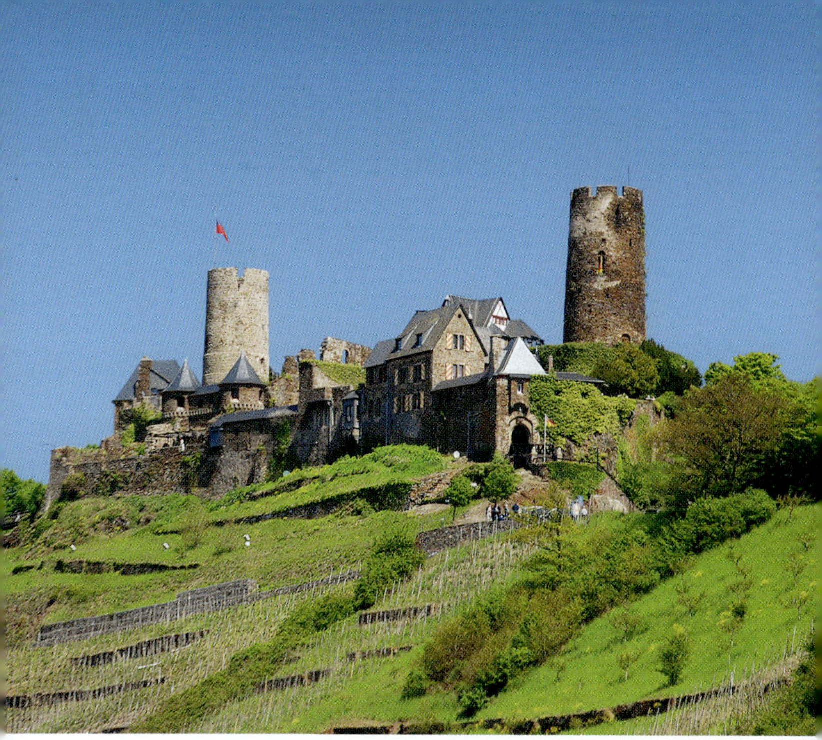

Die Burg Thurant ist eine Doppelburg mit zwei Bergfrieden. Sie gehörte einst gemeinsam dem Kurfürstentum Köln und dem Kurfürstentum Trier.

schönem Blick über offene Fluren. Schließlich überqueren wir die K 71, passieren dort einen kleinen **Parkplatz (4)** und bleiben wieder am Waldrand. Ein Teerweg führt uns dann nach rechts (Ww. »Helmuteiche, 1,9 km«), bevor wir rechts auf einem Waldweg **(5)** geradewegs ins Alkener Bachtal absteigen.
Nun auf bequemem Weg talabwärts, begleitet vom plätschernden Bach und steilen, hohen Waldhängen. Von links mündet später ein größeres Seitental ein. Wir passieren noch zwei bezeichnete Eichen, auch zwei Schutzhütten und halten uns bei einer Gabelung geradeaus. Weiter talabwärts, kurz vor einem Steinbruch, geht es dann links in den Waldhang und hoch zur **Burg Thurant** (**6**, Ww. »Burg Thurant, 0,7 km«), die besichtigt werden kann.
Diese bildschöne Burg thront auf einem Bergsporn und bietet herrliche Aussicht auf das Moseltal. Erbaut wurde die Doppelburg mit zwei Bergfrieden um 1200 und war ehemals im Besitz der Erzbischöfe von Köln und Trier.

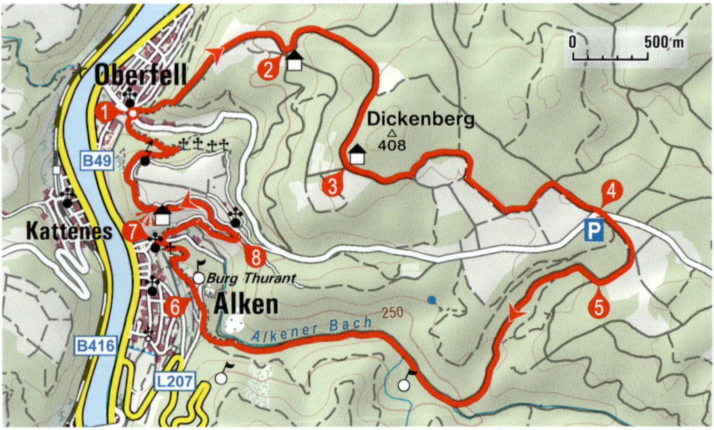

Im 19. Jahrhundert zur Ruine verfallen, im 20. Jahrhundert privat wieder aufgebaut, ist sie bis heute in Privatbesitz. Unterhalb der Burg liegt **Alken**, unser nächstes Ziel. Der Weg dahin läuft durch den Moselhang, zunächst auf einem Weinbergsweg. Achtung, sobald wir auf einen tieferen Weinbergweg stoßen, geradeaus bis zum Ende gehen, dann weiter auf dem markierten Steig zu einem Aussichtsfelsen. Anschließend durch den Waldhang steil hinunter zur Alten Michaelskirche. Dort rechts an der Kirche vorbei und über einen langen Treppenaufgang ganz in den hübschen Ort hinunter.
Nun auf der »Von-Wiltbergstraße« rechts am Burghaus der Herren Von Wiltberg vorbei und durch das Osttor der alten Ortsbefestigung. Schräg gegenüber liegt der markierte Aufgang zum **»Sieben-Fußfälle-Pfad« (7)**, wo ein langer Aufstieg auf uns wartet. Es geht von 70 Meter auf 250 Meter hoch, vorbei an Kreuzwegstationen, durch Weinberge und Weinbergbrachen.
Unweit der Wallfahrtskirche erreichen wir das Plateau des Bleidenbergs und schwenken sofort links auf den **Panoramaweg** (**8**, Ww. »Oberfell, 1,9 km«) ein. Dieser führt an der Hangkante des Bleidenbergs entlang und bietet traumhafte Ausblicke. Besonders von der **Schutzhütte Bleidenberg** hat man einen atemberaubenden Blick auf die Burg Thurant, Alken und die Mosel. Dort wählen wir den unteren Weg, passieren noch eine Aussichtskanzel und einen altsteinzeitlichen Lagerplatz und steigen erst bei einer Weggabelung links den Waldhang hinunter (Oberfell, 0,8 km). Die Route senkt sich steil bis zu zwei Sitzbänken, biegt scharf links um und fällt weiter steil nach Oberfell ab. Im Ort gehen wir auf der Hauptstraße kurz links, dann rechts in die Straße »Im Kirchenstück« und erreichen so nach einer erlebnisreichen Wanderung unseren **Ausgangspunkt (1)**.

3.40 Std.

Durch das Morgenbachtal 8

Vom Rheinufer hoch in den Binger Wald

Diese Wanderung verbindet das Schluchttal des Morgenbachs mit dem Gang durch den Binger Stadtwald. Unvergleichlich ist die Sicht vom Schweizerhaus und von der Burg Rheinstein im Engpass des Binger Lochs.

Ausgangsort: Trechtingshausen (85 m), Weinort am Rhein bei Bingen. Parkplatz (90 m) rheinaufwärts von Trechtingshausen, an der B 9 unterhalb von Burg Reichenstein. Wer in Trechtingshausen am Rheinufer parkt, geht über den Radweg 500 m rheinaufwärts und bei der Rufschranke über die Schienen.
Anfahrt: Trechtingshausen liegt an der B 9 zwischen Bingen und Bacharach und an der Bahnstrecke Mainz – Koblenz.

Höhenunterschied: 410 m.
Anforderungen: Leichte Tour auf bequemen Waldwegen. Steiler Abstieg ins Morgenbachtal.
Einkehr: Forsthaus Jägerhaus, Schweizerhaus, Burg Rheinstein und Gaststätten in Trechtingshausen.
Variante: Von der Schutzhütte Morgenbachtal links auf dem Hangweg zum Schweizerhaus; verkürzt die Wanderung um 2 Stunden.

Vom **Parkplatz** unterhalb der **Burg Reichenstein (1)**, erbaut im 11. bzw. 13. Jahrhundert, heute in Privatbesitz und zu besichtigen, gehen wir zwischen zwei Bruchsteinhäusern ins **Morgenbachtal** hinein. Ein Teerweg führt mit »RV« talaufwärts. Zur Linken hat sich der Bach in den schmalen Talboden

Die Burg Rheinstein steht auf einem 90 m hohen Felssporn.

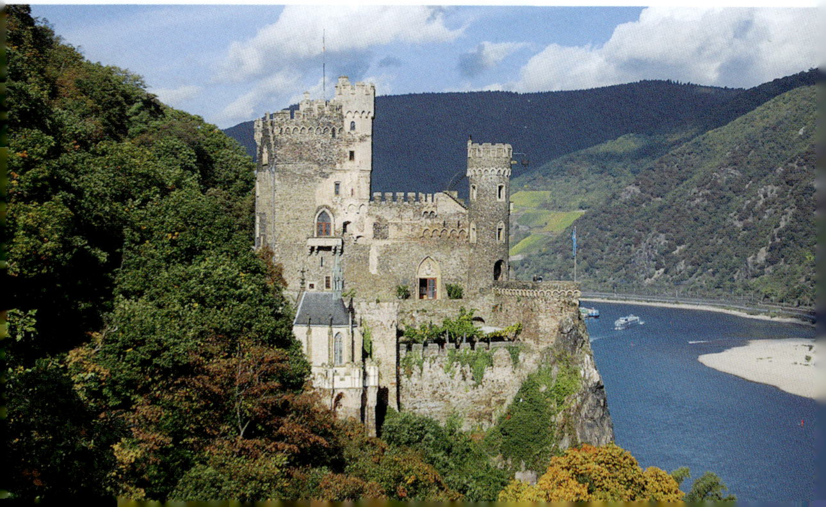

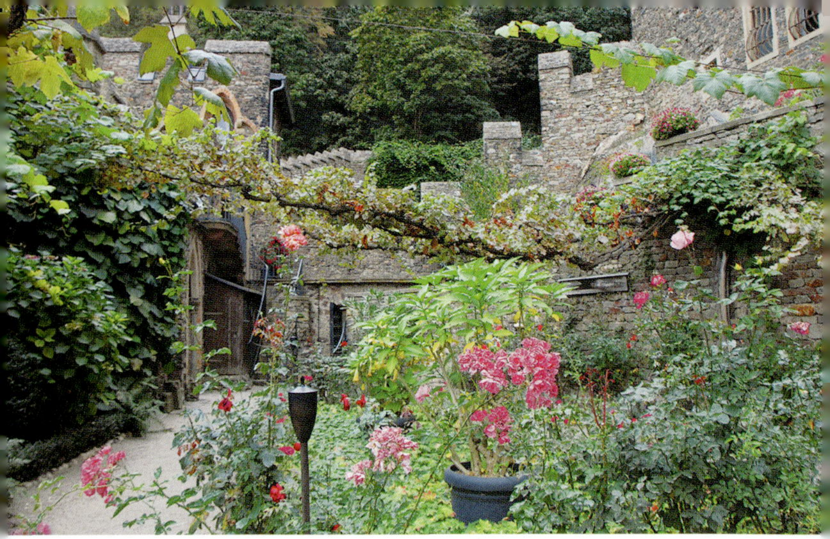

Der Burgundergarten auf Burg Rheinstein.

eingegraben. Rechts über uns sehen wir Trockenmauern und verbuschte Weinbergbrachen. Darüber thront die Burg Reichenstein. Man wandert über ein Brückchen und biegt gleich hinter dem einzeln stehenden Haus halb links auf den Hangweg. Es geht deutlich aufwärts, zuletzt über eine Treppe. Oberhalb davon halten wir uns rechts und wandern talaufwärts, auf bequemem, z. T. mit Mauern gesichertem Weg. Das Tal wird schluchtartig. Auf beiden Seiten steigen steile Waldhänge auf, durchsetzt von hohen Quarzitklippen. Der Bach fließt mit großem Gefälle über blanken Fels und um mächtige Blöcke herum, bildet Schnellen und kleine Wasserfälle. Es herrscht eine urige Atmosphäre. An der Aderbachbrücke gehen wir mit »RV« geradeaus Richtung Jägerhaus, auch weiter oben bei der **Schutzhütte »Morgenbachtal« (2)**, ab hier aber mit »R« als Zeichen. Eilige können bei der Hütte links zum Schweizerhaus abkürzen (Variante).
Allmählich wird das Waldtal breiter und flacher. Nach gut einer Stunde erreichen wir gegenüber einer Hangwiese den Ausgang der **Steckeschlääferklamm (3)**.

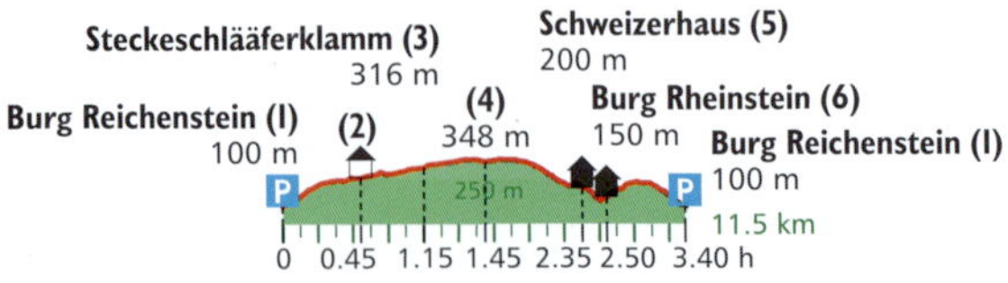

Wer mag, geht erst einmal rechts über den Bachsteg zum nahen **Forsthaus Jägerhaus**, wo man in schönem Ambiente einkehren kann.

Unsere Route schwenkt aber mit dem roten Andreaskreuz nach links in die »Klamm« (»Stromberg, Josefbrunnen«). Es geht noch einmal aufwärts, über Stege und an geschnitzten Gnomengesichtern vorbei. Oben überquert man ein Sträßchen und bewegt sich über den Parkplatz geradeaus in Richtung Bodmannstein (»N«, rotes Andreaskreuz). Es folgt eine gemächliche Wanderung durch den weitläufigen **Binger Stadtwald**. Zunächst führt uns ein breiter Weg leicht aufwärts. Wir queren ein weiteres Sträßchen und gehen mit »N« und dem Andreaskreuz wieder geradeaus bis zu einer Weggabelung bei einer **Informationstafel (4)**. Hier scharf links in Richtung **Bodmannstein**. Dort erneut über einen Parkplatz, über das Sträßchen und links vom Bodmannstein auf den breiten Waldweg zum Schweizerhaus. Der Weg schwenkt an der **Ahrenseiche** halb rechts und folgt dem Poßbachtälchen, das sich zunehmend eintieft. Der Weg senkt sich, biegt ins Rheintal um und kommt gemeinsam mit dem Rheinhöhenweg (»R«) zum **Schweizerhaus (5)**. Hier genießen wir die Einkehr und den einmaligen Blick auf den Rhein, auf die Steilhänge von Hunsrück und Taunus mit ihren Wäldern und Weinbergen.

Vom Schweizerhaus führt uns ein abenteuerlicher Pfad zur **Burg Rheinstein (6)** hinunter (Einkehr, Besichtigung), von der man über einen Pfad wieder aufsteigt. Eine Abkürzungsroute folgt dem Rheinhöhenweg 150 m schräg aufwärts und schwenkt beim Denkmal rechts auf den Eselspfad, der hier ein breiter Waldweg ist. Sie führt oberhalb des Steilhangs zum Rhein in Richtung Burg Reichenstein und trifft nach einer Weile wieder auf die aufsteigende Hauptroute. Nach etwa 1500 Metern biegt die gemeinsame Route vom Waldweg ab und steigt steil ins Morgenbachtal ab. Nun über den Hinweg zurück zum **Parkplatz (1)**.

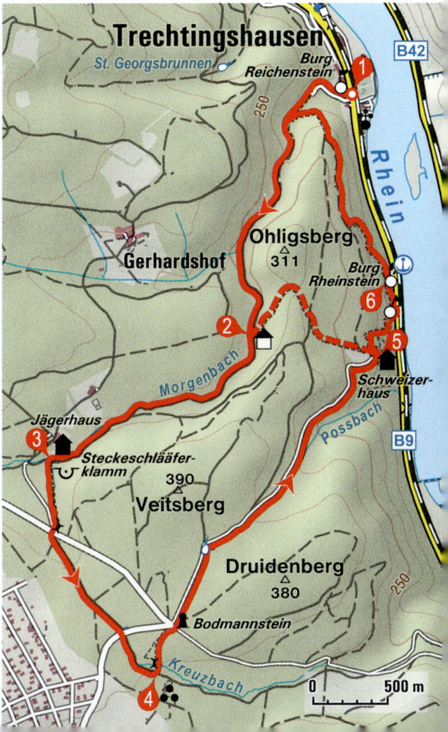

9 Auf dem Rheinburgenweg

2.30 Std.

Von Oberwesel nach St. Goar

Die Wanderung gehört zu den spektakulärsten Touren am Mittelrhein. Sie verbindet die historischen Städtchen Oberwesel und St. Goar miteinander und bietet immer wieder großartige Ausblicke auf das Rheintal. Höhepunkt ist das einzigartige Vis-à-Vis mit der weltberühmten Loreley.

Ausgangspunkt: Oberwesel (78 m), Wein- und Ausflugsstädtchen am oberen Mittelrhein. Koblenzer Straße bei der Einmündung des Königwegs (gegenüber der Heiliggasse, oberhalb vom Ochsenturm).
Anfahrt: Oberwesel liegt an der B 9 zwischen Bacharach und St. Goar und an der Bahnstrecke Mainz – Koblenz. Über die A 61 bis Ausfahrt Laudert, weiter über Landstraßen. Parken an der B 9, z.B. beim Ochsenturm.
Höhenunterschied: 300 m.
Anforderungen: Streckenwanderung, meist auf sonnigen Weinbergwegen. Steiler Aufstieg von Oberwesel.
Einkehr: Unterwegs im Günderodehaus oberhalb von Oberwesel, im Gasthaus Loreleyblick-Mariaruh, gegenüber der Loreley. Außerdem viele Gaststätten und Cafés in Oberwesel und St. Goar.
Tipp: Vom Endpunkt St. Goar (76 m) Rückkehr nach Oberwesel mit dem Zug (10 Min.) möglich.

Eindruckvoll: Blick vom Aussichtspunkt »Uhlenhorst« auf den Rhein bei St. Goar.

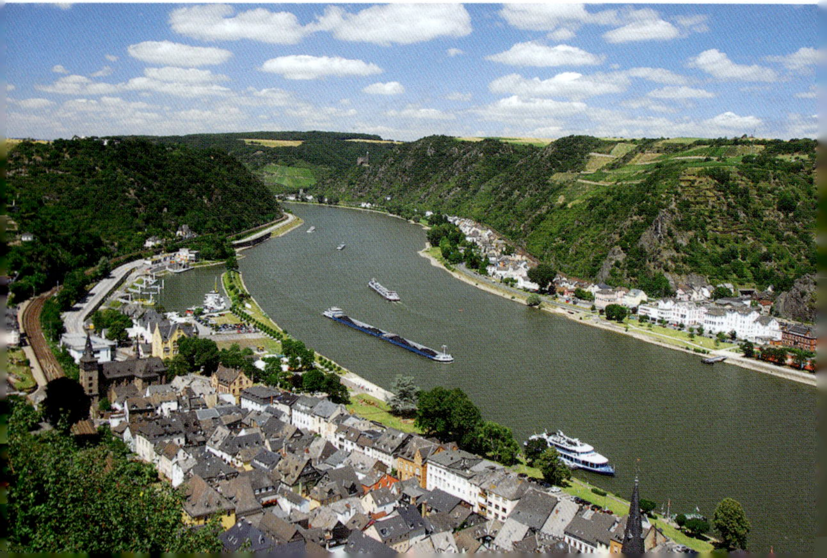

Wir starten auf der Koblenzer Straße in **Oberwesel (1)** gegenüber der Heiliggasse. Unser Wanderweg steigt gleich deutlich zwischen Trockenmauern an (WW »Günderrodehaus«) und trifft oben auf die K 93. Über sie hinweg und auf einem Teerweg weiter aufwärts. Nach 150 m geht es links auf eine Wohnstraße (»Auf Fasel«), ehe wir nach weiteren 150 m rechts unseren Aufstieg fortsetzen, zunächst durch ein Neubaugebiet, dann durch Weinbergbrachen. Tief unter uns fließt der Rhein und liegt Oberwesel mit seinen zwei Kirchen, den vielen Türmen und der über allem thronenden Schönburg. Wir gehen durch den Garten des **Günderodehauses (2)**, das für den Film »Heimat« von Edgar Reitz erbaut wurde, und stoßen oberhalb auf die K 95, die wir überqueren. Mit dem Logo des Rheinburgenwegs weiter aufwärts, später höhengleich durch Gartenbrachen, bis wir wieder die K 95 erreichen. Auf dieser nur 30 m rechts, dann links auf den **Wanderweg nach St. Goar (3)**. Es folgt eine wundervolle Wegstrecke auf abgasfreien Wegen und Pfaden über die Rheinhöhen, zunächst durch verbuschte Weinberg- und Obstwiesenbrachen.

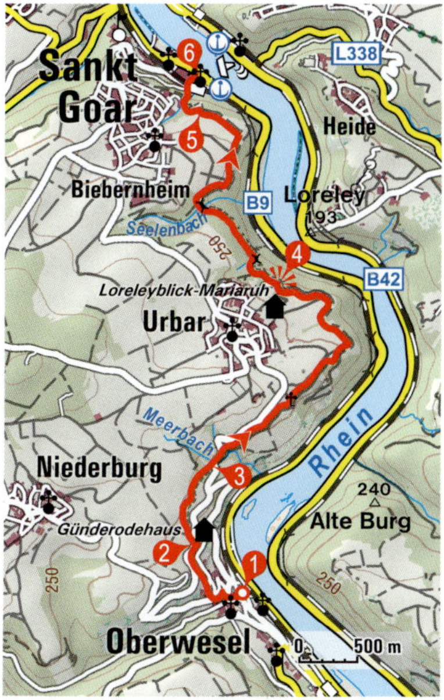

An einer Weggabelung wählen wir den oberen Weg (Logo, Muschel) und wandern oberhalb des **Skulpturenparks**, wo im Gelände verteilt über 20 Großskulpturen zeitgenössischer Künstler stehen. Oben beim Votivhäuschen nicht links aufwärts wandern, sondern geradeaus und abwärts durch die Weinberge und Brachen des Urbarer Beulsberges (»St. Goar«, »Logo«).

Wir orientieren uns jetzt an der »5«, queren einen Weg und gehen da, wo der Hauptweg scharf rechts umbiegt, geradeaus. Auch hier reiht sich Aussicht an Aussicht: auf den Rhein mit seinen Schiffen, auf den gegen-

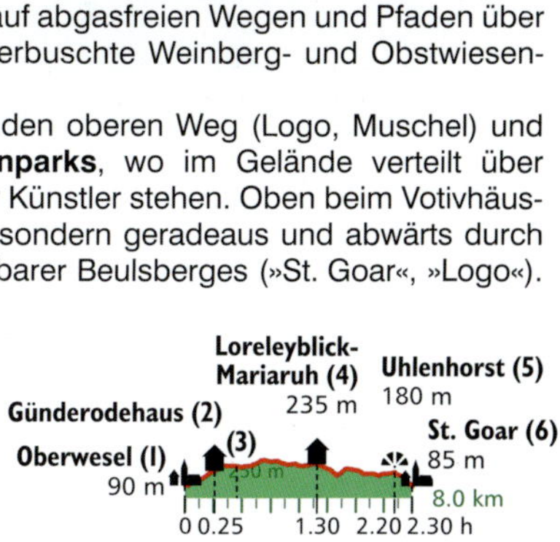

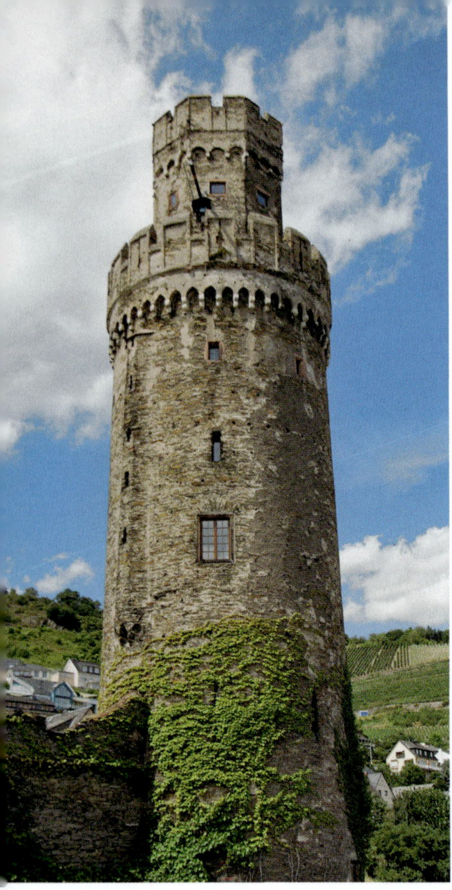

Ochsenturm in Oberwesel.

überliegenden felsigen Talhang und auf die Terrassenhochflächen der östlichen Rheinseite mit ihrem Mosaik aus Grünland, Äckern und Wald. Ein Wegweiser zeigt rechts auf ein Kerbtälchen, das wir durchqueren. Dann gelangen wir oberhalb der Hangkante zu einer Sitzbank, wo unvermittelt und fast zum Greifen nahe die Loreley vor uns liegt. Nun auf asphaltiertem Weg zum nahen Aussichtspunkt **Maria Ruh / Loreleyblick**, wieder mit unvergleichlicher Sicht auf den Felsen und den Rhein bis St. Goarshausen. Dicht oberhalb befindet sich das **Café/Restaurant »Loreleyblick-Mariaruh« (4)**.

Unterhalb des Gasthauses steigen wir ins bewaldete **Galgenbachtal** ab (»5«, »St. Goar«; vom Loreleyblick direkt dorthin über einen Trampelpfad). Tief unten geht man über den Bach, aber bald mit dem Logo des Rheinburgenwegs wieder aufwärts zu einer Sitzgruppe. Dann über einen Waldweg, ehe wir rechts mit dem Logo durch ein zweites Kerbtälchen schwenken. An der jenseitigen Hangkante wieder rechts zu weiteren schönen Aussichtspunkten, später auf markiertem Weg über die Äcker. Ein asphaltierter Querweg lenkt uns schließlich rechts zum Aussichtspunkt **Uhlenhorst (5)** mit unvergleichlichem Tiefblick auf St. Goar und St. Goarshausen. Von den Höhen grüßen Burg Rheinfels und Burg Katz.

Anschließend gehen wir am dortigen Geländer nach links (!) und steigen auf einem Serpentinenpfad ins Lohbachtälchen ab. Der Talweg führt über Treppen direkt nach **St. Goar (6)** hinunter, von wo uns der Zug in 10 Minuten zu unserem Ausgangspunkt nach **Oberwesel (1)** zurückbringt.

4.00 Std.

Hoch über dem Mittelrhein 10

Der Rhein aus der Vogelperspektive

Unvergessliche Tiefblicke ins Rheintal und die abwechslungsreiche Routenführung sind Vorzüge dieser schönen Wanderung. Mehrere, zum Teil felsige Anstiege erfordern etwas Kondition und Trittsicherheit. Die Route folgt den Markierungen der Traumschleife »Rheingold«. Zwei Abkürzungen helfen, die Wanderung an die persönliche Tagesform anzupassen.

Ausgangspunkt: Wanderparkplatz am Patelsbach (zwischen Holzfeld und Rheinbay, an der K 115).
Anfahrt: Auto: Auf der A 61 bis Ausfahrt Emmelshausen. Weiter auf der L 213 nach Karbach und Holzfeld. Kurz vor Holzfeld links auf die K 114 in Richtung Rheinbay. Bei der Einmündung der K 114 in die K 115 liegt der Wanderparkplatz. Vom Rhein: auf der B 9 bis Hirzenach. Dort abbiegen auf die K 115 und hoch zum Wanderparkplatz. Man kann die Tour auch in Hirzenach (Rhein) beginnen, dort parken (Rheinstraße) und auf einem markierten Zuweg zum Wanderweg aufsteigen. **Bahn:** Hirzenach liegt an der Bahnstrecke Köln – Mainz.
Höhenunterschied: 380 m.
Anforderungen: Mittelschwere Rundwanderung auf überwiegend naturbelassenen Wegen und Pfaden. Einige steile Anstiege erfordern Trittsicherheit. Sehr gut markierte Route.
Einkehr: Gaststätten in Hirzenach und Holzfeld.

Vom **Parkplatz (1)** am oberen **Patelsbach** durchschreiten wir das Wanderportal und gehen auf einem Pfad unterhalb der K 114 zu einem Teerweg, auf dem wir uns links halten. Wo dieser Teerweg abbiegt, auf einem Grasweg geradeaus zum Aussichtspunkt **Kalkofen**, wo sich uns ein weiter Blick über das Rheintal und den Hintertaunus auftut. Nun über einen Querweg hinweg und auf Gras ins Tempusbachtal hinunter. Unten auf dem Talweg rechts, das Tal im Bogen queren und auf einem Teersträßchen hoch nach **Holzfeld (2)**. Beim Straßenstern am Ortsrand ganz links (»Im Drum«) und schließlich ins Dorf aufsteigen. Aber schon auf der Ringstraße wieder links abwärts. Auf dem nächsten Weg rechts, dann links steil hinunter zum Waldrand **(»Leimkaul«)**. Dort wieder links auf einem schönen Grasweg zwischen Wald und Obstweiden.

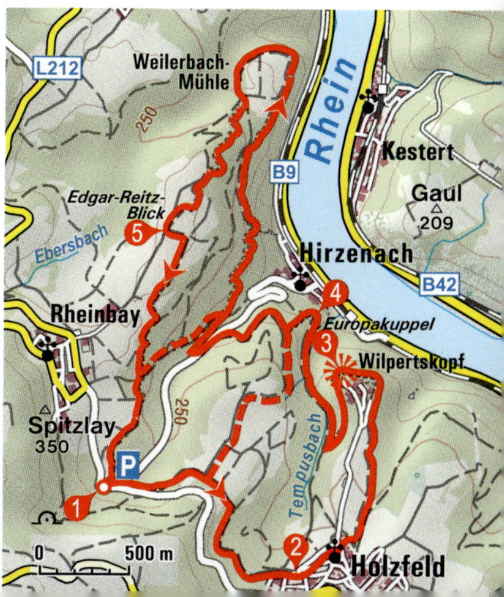

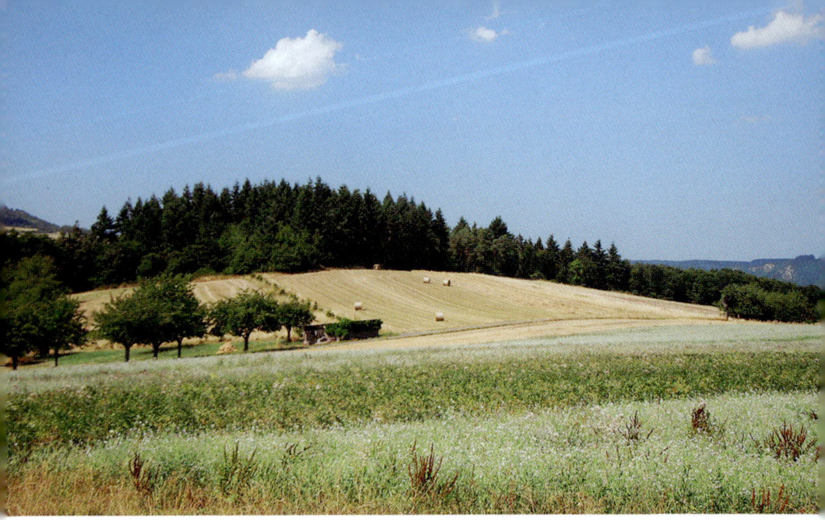

Die ebenen Flächen der Rhein-Hauptterrasse werden landwirtschaftlich genutzt.

Vor Wochenendhäusern kurz links schwenken und rechts auf einen Teerweg. Bald stehen wir am Aussichtspunkt **»Wingertsberg«** und genießen von hier oben den prachtvollen Blick auf den Rhein. Ein Stück weiter, am **»Wilpertskopf« (3)** liegt der Rhein wieder voll im Blick, flussabwärts bis zu den Burgen der »Feindlichen Brüder«. Wir biegen dann rechts, noch an einem weiteren Aussichtspunkt vorbei, und steigen ins Tempusbachtal ab. Unten geht es talwärts (Ww: »Europakuppel«), über den Bach und am Gegenhang länger aufwärts. Am Talausgang laufen wir unter alten Trockenmauern ehemaliger Weinberge und erreichen die **»Europakuppel« (4)**, wo wir den Rhein und die Schiffe auf langer Strecke überblicken können. Achtung, jetzt mit Hilfe eines Halteseils auf das Weinbergtreppchen und über Stufen und Fels steil aufwärts, bis wir oben einen Waldweg erreichen, wo zum Verschnaufen eine Sitzbank bereitsteht. (Hier kann man nach links die Tour abkürzen, siehe Variante in Karte). Der Weg führt dann ins Patelsbachtal hinab, wo es über die K 115 geht (Ww: »Ginsterstück, Keltenwall«). Nun talabwärts bis zu einem Kruzifix (Abkürzungsweg scharf links aufwärts, siehe Variante in Karte)

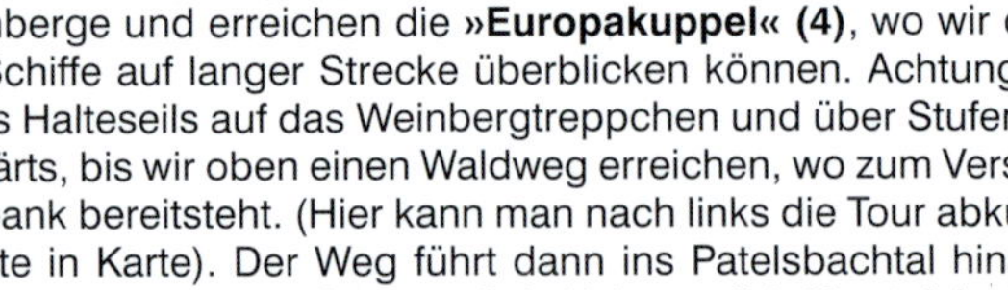

und kurz dahinter auf steilem Pfad schräg hoch durch ehemalige Weinberge und Niederwald bis zu den Wegpunkten **»Probsteiberg«** und **»Bocksberg«**, wieder mit grandiosen Ausblicken. Weiter durch den Hang, bis wir bei einer Bank auf einen breiten Waldweg stoßen. Kurz dahinter leitet das Logo rechts wieder auf einen Pfad, der noch 200 Meter durch Hangwald, dann hart an der Kante einer Wiesenterrasse (»Ginsterstück«) entlangläuft. Noch zwei Aussichtspunkte fesseln uns mit ihren traumhaften Tiefblicken, dann biegt die Route vom Rhein weg, hin zum einmündenden Weilersbachtal und steigt bald über Felsen an. Sie führt windungsreich zu zwei Sinnesbänken, über einen historischen Keltenwall, auch zum Ausblick **»Niederwald«** und schließlich aus dem Wald heraus auf eine Ackerterrasse.
Nun links am Waldrand entlang zu einer Weggabelung, dort erneut links zu einer frei stehenden Sitzbank und weiter über offene Agrarflächen zum **»Edgar-Reitz-Blick« (5)** mit filmreifer Sicht bis ins Rheintal hinunter. Danach geht es noch über Agrarflächen, ehe wir wieder in Hangwald von Bachtälern eintauchen. Geführt von den Traumschleifenlogos wandern wir über Waldwege und -pfade, passieren ein Waldkreuz, gehen auch über einen Steg, schließlich noch über eine Wiese und erreichen wieder unseren **Parkplatz (1)** an der K 115.

Filmreifer Blick ins Mittelrheintal: »Edgar-Reitz-Blick«.

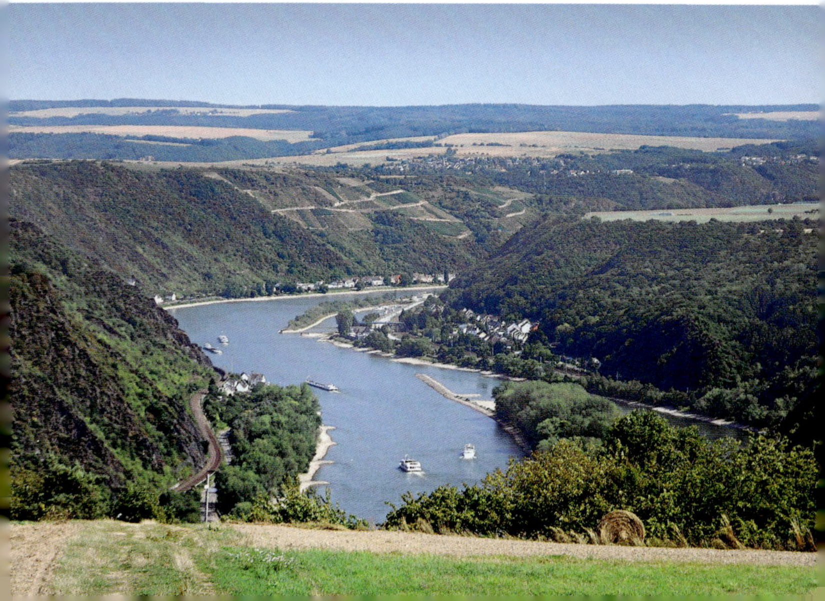

11 Von Buchholz nach Boppard

2.30 Std.

Zu Fuß hinab zum Rhein, mit der Eisenbahn zurück

Zwischen Boppard und Emmelshausen fährt noch die alte Hunsrückbahn, die im übrigen Hunsrück stillgelegt wurde. Die Teilstrecke Boppard – Buchholz, über die wir aus dem Rheintal zurückkehren, gehört zu den steilsten Strecken in Deutschland. Sie überwindet auf 5,5 km 320 Höhenmeter und fährt dabei durch fünf Tunnels und über zwei Viadukte. Die Fahrt ist ein Erlebnis, allein schon wegen der schönen Ausblicke ins Mühltal.

Ausgangspunkt: Buchholz (400 m), auf der Hunsrückhochfläche, an der A 61. Parkplatz am Bahnhof.
Anfahrt: A 61 bis Ausfahrt Boppard, Oppenhausen, Buchholz. Links auf der B 327 in Richtung Hermeskeil, nach 150 m wieder links zum Bahnhof und Parkplatz.
Höhenunterschied: 130 m im Aufstieg, 450 m im Abstieg.
Anforderungen: Leichte Streckenwanderung, überwiegend auf breitem Talweg.
Einkehr: Unterwegs keine. Zahlreiche Gasthäuser und Cafés in Boppard.
Tipp: Vom Endpunkt Boppard Rückkehr nach Buchholz mit dem Zug (10 Min.) möglich, www.hunsrueckbahn.de.

Die Tour beginnt am Bahnhof in **Buchholz (1)**. Von dort gehen wir ein paar Meter auf die Hunsrückhöhenstraße zu, aber schon vor der Leitplanke rechts auf das parallel dazu verlaufende Sträßchen (»Boppard«, »Mörderbachtal, 2«). Nach 100 m wieder rechts auf einen Weg, der zu einer **Eisenbahnbrücke** führt. Wir wandern auf dem linken Fußweg der Brücke (»2«) über die Autobahn hinweg. Dahinter links auf dem Weg »2« nach Boppard und durch Wald hinunter zur Landstraße 209. Hier kurz rechts, aber schon vor dem **Straßentunnel (2)** links ins **Mörderbachtal** hinein.
Trotz des abschreckenden Namens erwartet uns eine schöne Talwanderung. Das Waldtal wird bald eng und schluchtartig, ist aber auf breitem Weg bequem zu begehen. Zur Rechten begleitet uns der Bach mit starkem Gefälle und bildet Schnellen hinter Felsen und Schotterbänken. An den steilen Hängen ragen Felsrippen und -kanzeln auf. Farne und reichlich Mondviole zeigen das schattig-feuchte Klima an. Bei einem Seitental von links passieren wir eine Grillhütte, ehe sich das Tal zum Wiesental weitet. Noch an der »Himmelsleiter« vorbei,

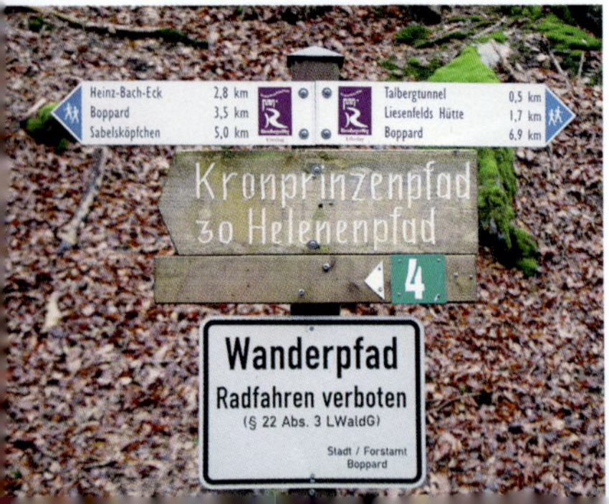

Nach dem Steg leitet uns der Kronprinzen- und Helenenpfad.

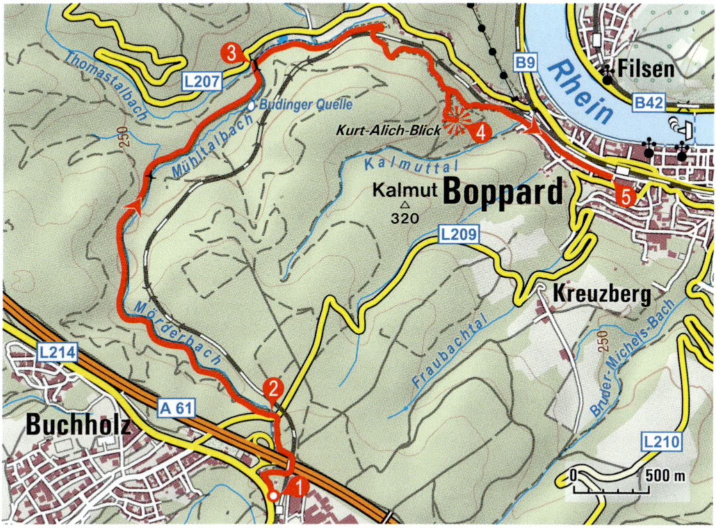

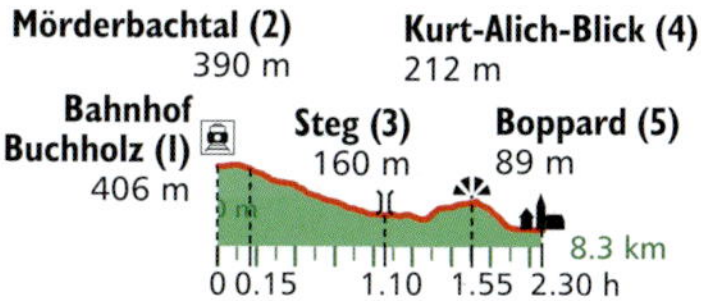

dann gegenüber dem einmündenden Thomastal rechts (!) über den **Bachsteg (3)** und sofort dahinter links auf den **Kronprinzen- und Helenenpfad** (»Boppard, Heinz-Bach-Eck«).

Wir wandern jetzt unmittelbar am Bach entlang, steigen dann durch den steilen Waldhang an. An einer Sitzbank weist ein Wegweiser den Weg zum Heinz-Bach-Eck an. Man folgt ihm halb rechts in Serpentinen aufwärts, überquert die Bahnschienen und wandert nun oberhalb der Schienen. Ein Aussichtspunkt im Wald gestattet den ersten Blick auf das Rheintal. Später gehen wir an einer Weggabelung geradeaus und steigen zu einem Forstweg auf, wo uns ein Mehrfachwegweiser zum **Kurt-Alich-Blick (4)** leitet. Dort bietet sich ein fantastischer Blick über die Bopparder Rheinschleife mit dem Bopparder Hamm. Unter uns liegt Boppard, gegenüber Filsen, in der Ferne Kamp-Bornhoven.

Zurück am Wegweiser geht es wieder abwärts zur Weggabelung, dann rechts in Serpentinen nach Boppard hinunter. Unten an den Bahnschienen entlang, über den Kalmuter Weg hinweg und noch ein gutes Stück längs der Schienen zum **Bopparder Bahnhof (5)**. Ein Zug bringt uns in 10 Min. über die abenteuerliche Strecke nach **Buchholz (1)** zurück (verkehrt täglich im Stundentakt).

12 Mittelrhein-Klettersteig

3.00 Std.

Wandern und Klettern im Bopparder Hamm

Mit ihren alpinistischen Einlagen ist diese Tour sicher eine der abenteuerlichsten Wanderungen im ganzen Hunsrück. Die Kletterpassagen sollten den Geübten vorbehalten bleiben. Sie können aber auf einem gut angelegten Pfad umgangen werden. So ist diese spannende Route auch für Normalwanderer geeignet und besticht in jedem Fall durch den beeindruckenden Tiefblick auf das herrliche Rheintal.

Ausgangspunkt: Boppard am Rhein (75 m). Parkplatz St. Remigius, Koblenzer Straße (B 9) / Mühltal (L 207).
Anfahrt: Auto: Über die B 9 oder über die A 61 bis Ausfahrt Boppard. Weiter über die L 207 bis Boppard. **Bahn:** Boppard liegt an der Bahnstrecke Koblenz – Mainz.
Höhenunterschied: 340 m.
Anforderungen: Die Wandervariante erfordert beim Abstieg auf dem felsigen Grat Trittsicherheit und festes Schuhwerk (s. Hinweis). Die Klettervariante wird mit ihren 11 Kletterstellen als mittelschwer (B) eingeordnet (Klettersteig-Set und Steinschlaghelm dringend empfohlen! Ausleihe in der Aral-Tankstelle.).
Einkehr: Unterwegs in den Restaurant-Cafés Vierseenblick und Gedeonseck.
Hinweis: Wer den Abstieg über den Felsensteig nicht gehen will, kann den Sessellift benutzen (Betriebszeiten: 1. April–31. Oktober, Preise und Öffnungszeiten siehe www.sesselbahn-boppard.de/fahrzeiten.

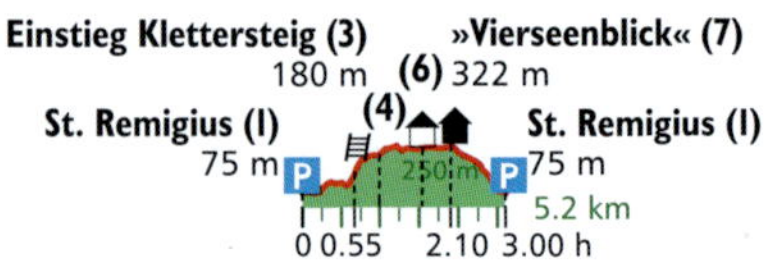

Wir starten vom **Parkplatz St. Remigius (1)** und kommen durch den kleinen Bahntunnel zum Gasthaus »Anders«. Direkt dahinter geht es auf einen Weg (Ww. »Klettersteig«) und bald auf einen Pfad, der über Felsstufen steil ansteigt. Zuerst zweigt die Wandervariante des **Klettersteigs** ab **(2)**, die auf unschwierigem Pfad den Steilhang durchzieht. Etwas höher, bei einer Sitzbank liegt der eigentliche Einstieg zum Klettersteig. Hier wartet gleich eine hohe senkrechte Leiter auf die Mutigen und führt sieben Meter nach unten. Kletter- und Wandervariante treffen sich wieder, laufen ein Stück zusammen und trennen sich vor der nächsten Kletterstelle. Das wiederholt sich mehrmals. Der Normalpfad verläuft mal höhengleich, mal im Auf und Ab und bietet herrliche Aussichten auf den Rhein. Gelegentlich wandern wir an alten Trockenmauern vorbei, die von aufgegebenen Weinbergen stammen. Eine schwierige Stelle in senkrechter Felswand wird von den Kletterern mit Hilfe von Eisenbügeln, Stiften und Halteseilen überwunden.
Schließlich zieht der Pfad ins dicht bewaldete Ewigbachtälchen hinunter, das sich in den Rheinhang eingeschnitten hat. Hier haben wir wieder freie Auswahl: Wandern oder Klettern. Der Wanderpfad steigt das Tälchen hoch.

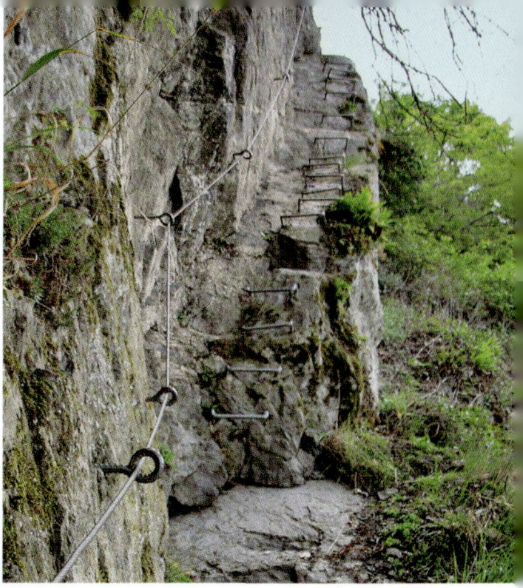

Auf Steigbügeln und am Geländerseil durch den Steilhang.

Der **Klettersteig (3)** geht die Schlüsselstelle, eine 40 Meter hohe Felsrippe, erneut mit Eisenbügeln und Halteseilen an. Oben angelangt, liegt die Kletterei hinter uns. Nur wenig höher wartet eine Rastbank und entlohnt für die Mühen mit fantastischem Rheinblick. Von dort steigt man auf steilem Waldpfad endgültig hoch bis zu einem Felsgrat.
Anschließend eben an der Hangkante des Rhein-Steilhangs entlang, noch an einem Aussichtspunkt vorbei, bis sich der Weg senkt **(4)**. Dort biegen wir links, steigen später etwas an und zweigen mit dem violetten Logo wieder links auf einen Waldweg **(5)** ab. Aber schon nach 10 Metern geht es rechts in ein Tälchen, später in ein zweites und schließlich auf Stufen hoch zu einem Fahrweg. Auf diesem erreichen wir links bald eine Schutzhütte und die uralte **Engelseiche (6)**.
Ein Wegweiser (»Vierseenblick 0,6 km«) weist uns links an der Eiche vorbei auf einen ansteigenden Pfad, der uns zur Köhlerhütte bringt. Von dort läuft ein Pfad weiter zum Restaurant **»Vierseenblick«** (**7**, Ausblick, Einkehr). Nach verdienter Rast geht es zum nahen Straßendreieck, dort links auf einen Waldpfad und schnell zum Restaurant »Gedeonseck«, wieder mit wunderbarer Aussicht auf das Rheinpanorama.
Wer nicht mit der Seilbahn ins Tal schweben will (eigener Weg zur Bergstation s. Variante), wählt beim **Funkmast (8)** links den Waldweg. Dieser mündet in einen langen, steilen Felsensteig, der Trittsicherheit verlangt und in Serpentinen oft über blanken Fels verläuft. Er führt uns direkt zum **Ausgangspunkt (1)**.

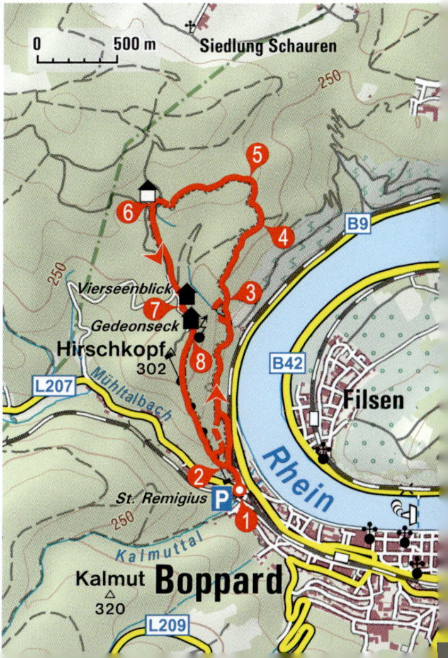

13 Beim Königsstuhl von Rhens

3.30 Std.

Von Rhens am Rhein ins Mühlental

Diese schöne Wanderung folgt der Traumschleife »Wolfsdelle«. Sie führt vom Rheintal ins idyllische Mühlental und kehrt über einen typischen Lößhohlweg, die Wolfsdelle, zurück. Unterwegs gibt es herrliche Aussichten auf das alte Krönungsstädtchen Rhens und aufs Rheintal bis hin zur Marksburg, dem Blickfang auf der anderen Talseite.

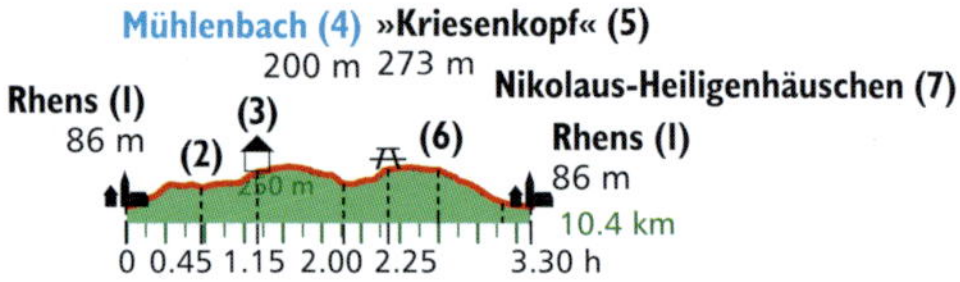

Ausgangspunkt: Marktplatz im Stadtzentrum von Rhens, Städtchen am linken Rheinufer (86 m).

Anfahrt: **Auto:** Rhens liegt an der B 9. Außerdem auf der A 61 bis Ausfahrt Waldesch, weiter über die B 327 bis Waldesch, dort abbiegen nach Rhens. Parken in der Innenstadt unter der Hochstraße (P 3). **Bahn:** Rhens liegt an der Rheinstrecke Koblenz–Mainz.

Höhenunterschied: 310 m.

Anforderungen: Mittelschwere Rundwanderung auf naturbelassenen Wegen. Steile Anstiege zum Lützelforst und zum Kriesenkopf.

Einkehr: Zahlreiche Gaststätten in Rhens. Unterwegs keine, also Rucksackverpflegung mitnehmen.

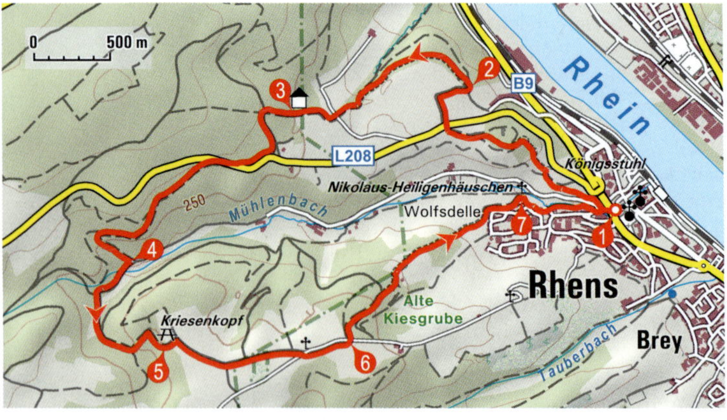

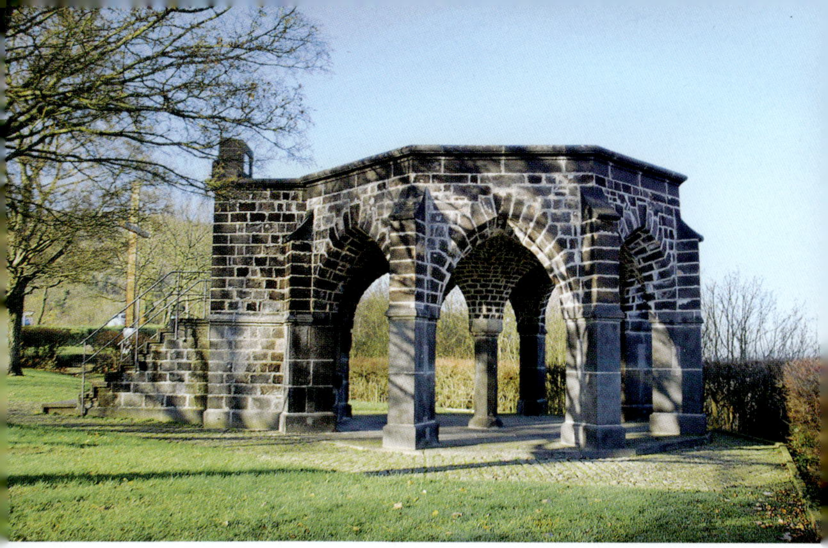

Der Königsstuhl von Rhens erinnert an die Wahl der deutschen Könige im Mittelalter.

Vom **Marktplatz (1)** auf der Straße »Am Viehtor« geht es aufwärts durch das gleichnamige Stadttor und direkt hinter der Hochstraße rechts auf die Pflasterstraße »Auf der Lay« (Ww. »Wolfsdelle«). Wir steigen steil an, wechseln dann auf einen Pfad und erreichen einen Querweg. Ein Abstecher führt rechts zum Königsstuhl. Auf ihm fanden im Mittelalter Verhandlungen zur Wahl der römisch-deutschen Könige statt. Er stand ursprünglich am Rheinufer und wurde 1929 an die jetzige Stelle verlegt. Unser Weg verläuft aber links durch die Obstwiesen, bei einer Weggabelung rechts und kurz vor der L 208 wieder links. Einen Wiesenhang durchsteigen wir in engen Serpentinen und genießen dabei die herrliche Aussicht auf Rhens, den Rhein und die Marksburg. Weiter oben halten wir uns bei einer Weggabelung links und passieren im Wald einen jüdischen Friedhof. In offener Flur überqueren wir die **L 208** und wandern über Felder wieder auf den Rheinhang zu.

Beim Wegestern am Waldrand **(2)** links auf einen Pfad (Ww. »Kriesenkopf 4,8 km«) und – nur wenige Meter vom Rand entfernt – durch hohen Buchen- und Eichenwald. Der Waldpfad biegt dann ins Kripper Bachtal, später durch ein Seitentälchen und quert im Anstieg einen Fahrweg. Wir wandern nun durch schöne Wiesen und Obstwiesen zu einer Sinnesbank am Waldrand. An diesem aufwärts zur **Schutzhütte »Rheintalblick« (3)**, wo sich ein grandioses Panorama vor uns ausbreitet. Oberhalb der Hütte beginnt unsere Waldwanderung. Zunächst geht es durch Hallenwald aufwärts, bevor uns ein breiter Waldweg wieder links zur Straße hinunterführt. Vor der L 208 nun ein Stück

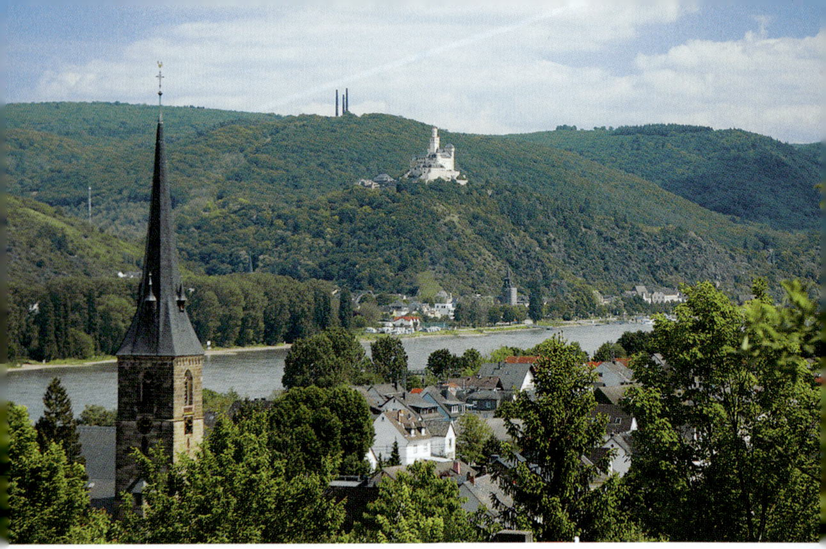

Rhens am Rhein. Auf der anderen Rheinseite thront die Marksburg.

rechts, dann über die Straße und auf breitem Forstweg ins Waldtal des Mühlenbachs hinein. Bei zwei Weggabelungen halten wir uns links, machen am Grund eines Seitentälchens eine scharfe Kehre und steigen ganz zur Aue des **Mühlenbachs (4)** ab.
Nun rechts an der idyllischen Wiesenaue entlang, bei der nächsten Gabelung links, und weiter dem Mühlenbach folgen (Ww. »Kriesenkopf, 0,9 km«). Wir biegen auf dem zweiten Hangweg nach links und steigen steil und kräftezehrend an. Oben am Waldrand, beim Rastplatz **»Kriesenkopf« (5)**, öffnet sich zur Belohnung für den steilen Aufstieg eine herrliche Sicht über das Rheintal, in den Taunus und den Westerwald. Nun in die offene Flur und rechts auf einem Querweg zu einem Kapellchen bei einem Teerweg. Auf diesem links zum nahen Waldrand, wo uns ein Wegweiser **(6)** den Weg zur Wolfdelle zeigt. Im Wald verlieren wir an Höhe, biegen unten vor einem Holzhaus nach links und betreten nochmals aussichtsreiche Ackerfluren.
Dann steigen wir durch einen typischen Lößhohlweg ab (»Wolfsdelle«), dessen mittlerer Abschnitt tief und eng ist. Unten beim **Nikolaus-Heiligenhäuschen (7)** halten wir uns geradeaus, gehen dahinter nicht über den Steg, sondern geradeaus und bei der nächsten Gabelung links. Noch ein kurzes Stück auf einem Pflasterweg, ehe wir auf einem Steg doch den Bach queren und links vom Mühlenbach durch die Aue wandern, durch Grünland und an Gärten und Wohnhäusern vorbei. Schließlich treffen wir auf die Straße »Mühltal« und kommen so zum **Ausgangspunkt (1)** zurück.

3.45 Std.

Im Koblenzer Stadtwald 14

Hoch über Rhein und Mosel

Die Wanderung führt uns in den äußersten Norden des Hunsrücks, in den Koblenzer Stadtwald. Dieser bietet nicht nur prächtige Wälder für lange Wanderungen, sondern hält unterwegs als Zugaben noch Ausgrabungen aus keltischer und römischer Zeit, außerdem zwei Tierparks mit einheimischen Tierarten und überwältigende Ausblicke auf das Rheintal bereit.

Ausgangspunkt: Parkplatz Eichenplatz (310 m) an der B 327, 3 km südlich von Koblenz, unmittelbar bei der roten Fußgängerbrücke (auf der Westseite der Straße, nahe dem Wildgehege Remstecken).
Anfahrt: Über die Hunsrückhöhenstraße (B 327) bis zur zweiten roten Fußgängerbrücke (von Süden). **Bus:** Mit Bus 620 von Koblenz (Hauptbahnhof) zur Haltestelle Remstecken.
Höhenunterschied: 300 m.
Anforderungen: Längere Rundwanderung auf schattigen Waldwegen. Einige kurze Anstiege.
Einkehr: Gaststätten Forsthaus Kühkopf und Waldhotel Forsthaus Remstecken.
Variante: Vom Schüllerhof rechts in Richtung Beckerskreuz (»R«), auf der Römerstraße erneut rechts, nach 500 m an der Straßengabelung links und mit »R« aufwärts zum Kühkopf (382 m; Ausblick!). Von dort mit »M« zurück zum Parkplatz. Insgesamt dann etwa 10 km; 3 Std. Gehzeit.

Wir starten vom **Parkplatz »Eichenplatz« (1)** an der Westseite der B 327. Zuerst geht es auf der Fußgängerbrücke über die B 327, dann auf breitem Fahrweg geradeaus. Nach 100 m biegen wir nicht nach rechts ab, sondern gehen geradeaus durch die Schranke auf einem Pfad (dicht rechts neben dem Fahrweg) zum **Forsthaus Kühkopf (2)** hinunter, einem gemütlichen Terrassen-Restaurant mit kleinem Zoo. Nun auf der Forststraße kurz halb rechts und in der Straßengabelung auf den Wanderweg, der uns zum **Waldparkplatz »Lichte Eichen« (3)** führt. Dort nehmen wir den Weg zwischen den Informationstafel in Richtung »Dommelberg« und der Laufstreckentafel. Er führt abwärts durch hohen Eichen-Buchen-Wald, überquert bald den Rheinhöhenweg und schwenkt durch ein Kerbtälchen. Bei der Weggabelung gehen wir auf den oberen (!) Hangweg, der wieder leicht ansteigt. Unser Wegzeichen ist jetzt für eine längere Strecke »R«. Wir wandern durch ein

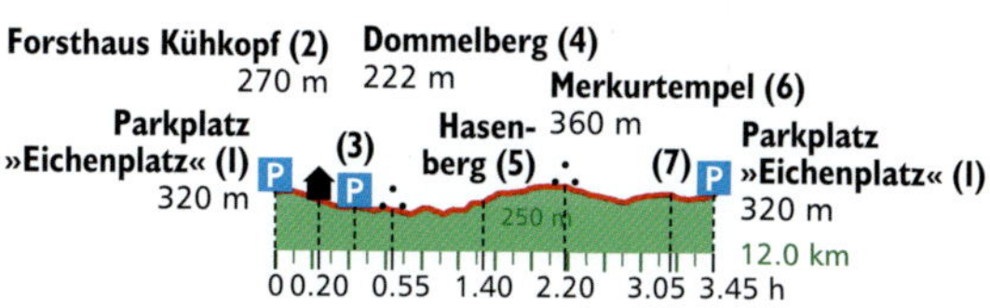

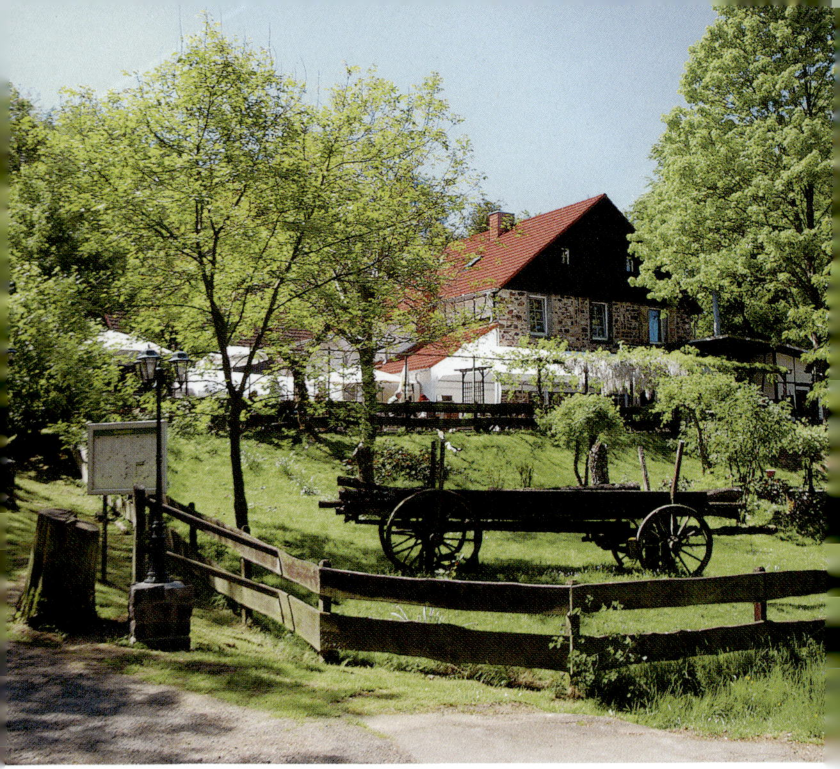

Das Restaurant Forsthaus Kühkopf liegt mitten im Wald.

Muldentälchen und überqueren ansteigend wieder einen Weg. Achtung, 30 m hinter der archäologischen Lehrtafel mit »R« scharf rechts und kurz, aber kräftig aufwärts zum **Dommelberg** (**4**, 222 m). Oben öffnet sich ein fantastischer Blick auf den Rhein.

Vom Aussichtspunkt wandern wir links mit »R« an der Kante des dicht bewaldeten Steilhangs entlang und steigen in einen Sattel ab. Wo sich der Weg teilt, halb links in Richtung »Stolzenfels, Kapellen« gehen, noch über eine Kuppe hinweg und zur zweiten Hütte mit grandiosem Ausblick. Von hier reicht der Blick flussaufwärts bis Braubach und zur Marksburg, flussabwärts bis zur Feste Ehrenbreitstein. Die Route steigt anschließend leicht an. Wir kommen zu einem Fahrweg, der einen weiten Schwenk durch das Siechhaustal macht (»R«). Dann steigt der Weg zum **Hasenberg** an und umrundet ihn. Im Sattel dahinter Obacht geben! Nicht sofort links hinunter, sondern kurz dem Hauptweg folgen, dann halb links aufwärts (»R«) **(5)**. Es geht deutlich in die Höhe, ehe wir uns auf einem Querweg links in Richtung »Schüllerhof« wenden (»R«). Wir passieren die **Augustahütte**, die oberhalb des Weges am Hang liegt (Ausblick), halten uns an einer Weggabelung halb rechts und schwenken noch durch ein Muldentälchen.

Am Wegstern Schüllerhof (Flurname) können Eilige die Tour abkürzen (siehe Variante). Der Hauptweg führt gerade über die Wegkreuzung hinweg und kommt zum **Merkurtempel (6)**, einer ehemaligen gallo-römischen Tempelanlage. Dort halten wir uns rechts und gehen zum Parkplatz Eiserne Hand hinunter. Die asphaltierte Römerstraße bringt uns dann links zur B 327, auf der wir uns knappe 50 m nach links bewegen (Vorsicht!), ehe wir rechts ins Kleinbornstal biegen. Nun talabwärts bis zur **Waldescher Hütte**, wo wir mit dem Moselhöhenweg rechts den Hang ansteigen.

Jetzt folgt man dem »M«, wandert am römischen Gutshof vorbei und stößt schließlich auf einen **Querweg (7)**. Auf diesem links ins Wildgehege Remstecken hinunter und rechts durch den Tierpark zum **Waldhotel Forsthaus Remstecken**, wo wir uns stärken können. Von dort erreichen wir auf dem Fußweg aufwärts gehend wieder unseren **Parkplatz (1)**.

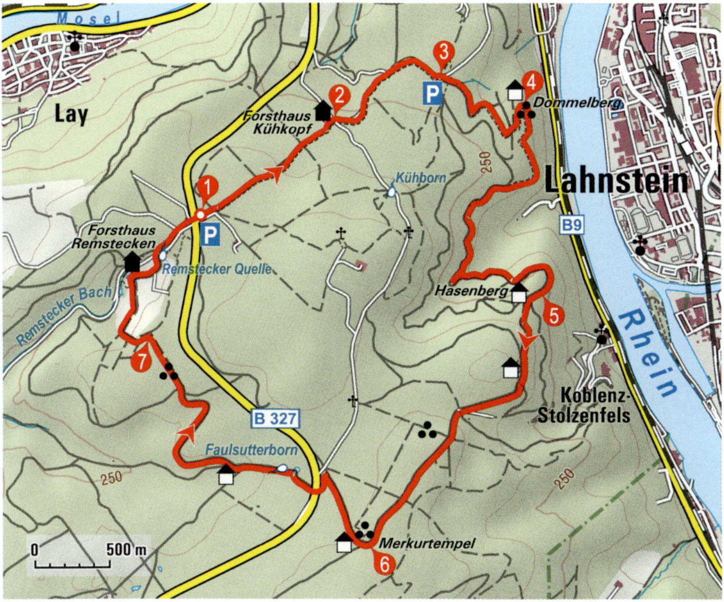

15 Im stillen Simmerbachtal

3.30 Std.

Von Ohlweiler zum »Domblick«

Im windungsreichen Simmerbachtal gibt es zwischen Simmern und Gemünden keine Talstraße. Es ist einsam und naturnah erhalten und eignet sich hervorragend für Wanderungen abseits von Lärm und Verkehr. Unsere Wanderung folgt der Traumschleife »Domblick« mit einer Abkürzung, aber in umgekehrter Richtung und hat neben dem Hunsrückdom auch den Soonwald im Blick.

Ausgangspunkt: Parkplatz am oberen Ortsende von Ohlweiler, Verbandsgemeine Simmern (320 m, an der Straße »Im Farrich«). Alternativ beim Hotel Bergschlößchen am westlichen Ortsrand von Simmern (An der Nannhausener Straße). Von dort markierter Zuweg nach Ohlweiler.
Anfahrt: Auf der B 50 bis Ausfahrt Ohlweiler, weiter über zwei Verteilerkreise und der K 18 nach Ohlweiler.
Höhenunterschied: 150 m.
Anforderungen: Einfache Rundtour auf weitgehend naturbelassenen Wegen.
Einkehr: Unterwegs keine. Hotel Restaurant Bergschlößchen in Simmern, Nannhausener Straße am westlichen Ortsrand (alternativer Ausgangspunkt der Tour.)

Wir starten beim Parkplatz in **Ohlweiler (1)**, gehen abwärts zur Hauptstraße und über (!) die Brücke. Dahinter links auf die Brühlstraße und nach 100 Metern wieder links am Rand der schönen Talaue. Nach einer Weile kommen wir in ein Hangwäldchen und wandern dann lange am Waldrand entlang.

Blick über das Simmerbachtal. In der Ferne Wimmersbacher Höfe.

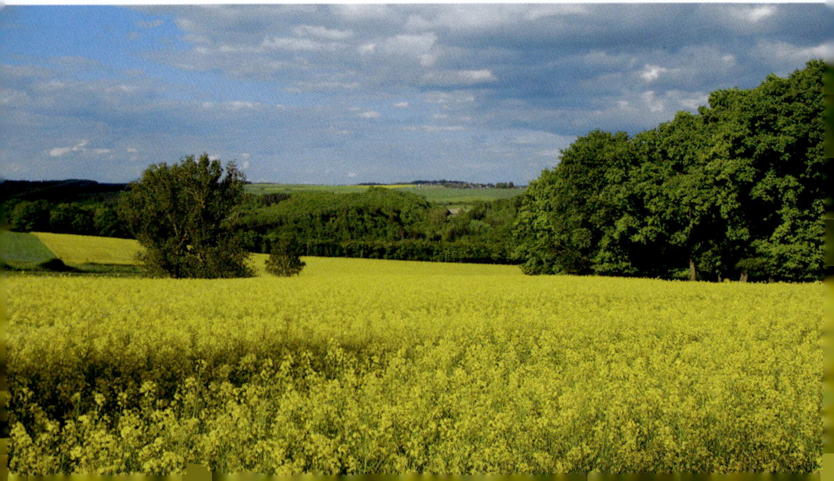

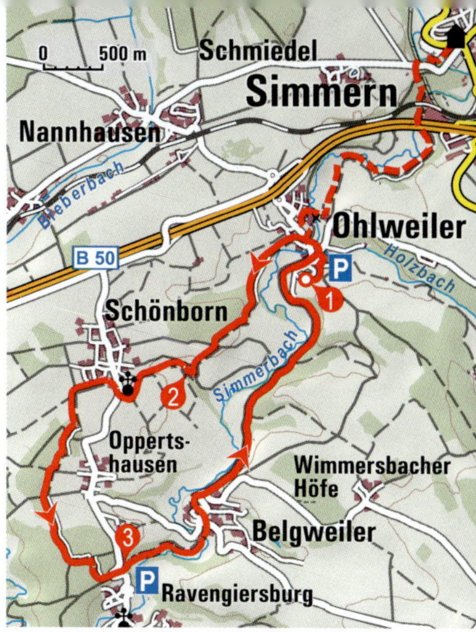

Bei einer Sitzgruppe treffen wir auf einen Teerweg, gehen kurz links, dann rechts auf ein Seitentälchen zu. Wir halten uns davor erneut links und klettern bald auf Stufen den Waldhang hinunter. Unten queren wir die schmale Aue und steigen auf der anderen Talseite an.

Achtung, hier verlassen wir den **Traumpfad (2)** und folgen dem Tälchen aufwärts auf Schönborn zu. Auf dem ersten Teerweg geht es links zum Friedhof und um diesen herum zur K 58. Nun rechts, dann am Ortsrand aufwärts zum Höhenweg, wo man die Türme von Kirchberg sieht. Wir bewegen uns nun links, zuerst durch Acker, dann am Waldrand entlang, bis wir bei einem Kruzifix und einer Sinnesbank in den Wald eintauchen. Nun leitet uns ein Wurzelweg durch Fichtenwald zum jenseitigen Waldrand, wo wir rechts entlangwandern. Die Sicht reicht hier weit über das Simmertal hinweg bis zum Soonwald.

Schließlich tauchen wir erneut für längere Zeit in Wald ein, durchqueren noch eine Windwurffläche und gelangen an einen breiten Waldweg. Auf diesem nur 40 Meter links, dann rechts weiter durch Wald, bis wir zu einem breiten Forstweg absteigen. Nun links zur K 58 und parallel dazu zum **Rastplatz »Domblick« (3)** oberhalb von **Ravengiersburg**. Dort sind wir am Wendepunkt der Tour angelangt und genießen den Blick auf den Hunsrückdom, die einzige mittelalterliche Klosteranlage im Hunsrück.

Dann steigen wir durch Wald zur Aue des Simmerbachs ab und wandern auf Belgweiler zu. Auf der K 56 geht es über den Bach ins Dorf und hinter der Kapelle links auf den Hanackerweg. Dann geradeaus über eine Wiese und im Bogen hoch zum Talweg. Nun durch den bewaldeten Talhang abwärts und am Rand der herrlichen Wiesenaue entlang. Das ganze Tal ist ursprünglich erhalten. Der Bach pendelt über die Aue und wird von Erlen begleitet. Die steileren Hänge sind bewaldet. Ab und zu münden Seitentälchen ein. Nachdem wir eine Stunde im Tal gewandert sind, nähern wir uns Ohlweiler. Im Ort biegen wir auf der Hauptstraße nach rechts und erreichen nach einer schönen Wanderung wieder unseren **Parkplatz (1)**.

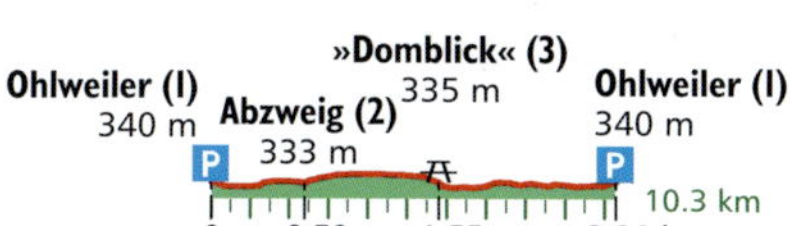

16 Von Ravengiersburg nach Womrath

4.15 Std.

Durch herrliche Tal- und Höhenlandschaften

Auf einem Felssporn über Ravengiersburg liegt der historische Hunsrückdom. Von dort wandern wir durch das idyllische, stille Simmerbachtal nach Wallenbrück, einem einsam gelegenen Weiler. Beim Aufstieg nach Womrath genießen wir die herrliche Kulisse des Soonwaldes. Die Runde beeindruckt durch ungestörte, alte Kulturlandschaft und schließt mit einer schönen Waldwanderung.

Ausgangsort: Ravengiersburg (320 m). Parkplatz beim Gemeindehaus Brunnenweg am Talhang gegenüber dem Dom.
Anfahrt: Von Simmern oder Kirchberg auf der B 50 bis zur Abzweigung nach Ravengiersburg. Dorthin dann auf der K 58 über Schönborn und Oppertshausen. Am Ortsanfang rechts zum Gemeindehaus, dort Parkplatz. Im Ort weitere Stellplätze (bei der Berufsbildungsstätte, beim Feuerwehrhaus).
Höhenunterschied: 270 m.
Anforderungen: Wirtschaftswege, kurze Abschnitte auf stillen Nebensträßchen.
Einkehr: Unterwegs keine, also Rucksackverpflegung mitnehmen.
Variante: Bei Wallenbrück kann die Tour abgekürzt werden. Man folgt dort bei der Straßengabelung links dem Teerweg und biegt vor den drei Linden (Infotafel) halbrechts auf einen asphaltierten Feldweg, der nach 200 m in einen gut begehbaren Lehmweg übergeht. Weiter oben stößt man erneut auf einen Teerweg und trifft noch vor Womrath wieder auf die Route nach Ravensgiersburg (3 ¾ Std.).

Vom Parkplatz am **Gemeindehaus** in **Ravengiersburg (1)** wandern wir zunächst in den Ort hinein und biegen dann unterhalb der Kirche rechts in die »Unterstraße« ein, die uns zum Simmerbach hinabführt. Dort rechts über den Steg und sogleich weiter auf einem Pfad durch den Waldhang. Oben stoßen wir auf den Schinderhannespfad, halten uns links und treffen bald bei einer Rodungsinsel auf einen Schotterweg, der uns ins Simmerbachtal hinabführt. Hier mündet von rechts das Kauerbachtal ein und steigert noch die romantische Atmosphäre. Wir folgen dem Simmerbachtal in Richtung Gemünden, queren den Bach und wandern am Waldrand entlang. Später geht es aufwärts, noch am Klärwerk Ravengiersburg vorbei, bis zu einer Linkskurve des **Zufahrtssträßchens (2)**. Dort auf unbefestigtem Wirtschaftsweg wieder hinab zum Simmerbach, wo wir die herrliche Talwanderung fortsetzen. Schließlich wird ein Wegweiser erreicht. Achtung, hier nicht mit dem Schinderhannespfad links, sondern auf einem Grasweg geradeaus, bis wir auf der anderen Bachseite **Wallenbrück (3)** sehen.

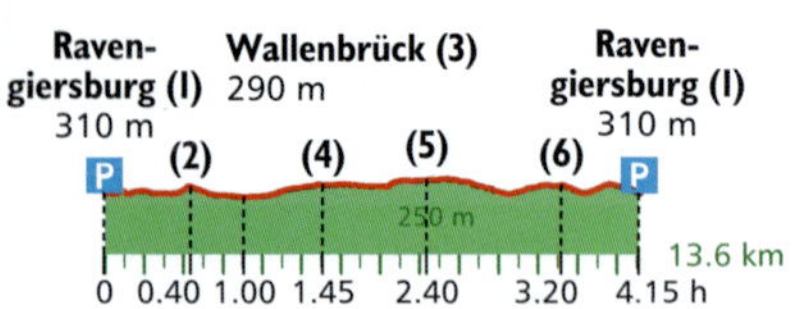

Nun auf einem Pfad schräg durch die Wiese zu einem Steg und über den Bach in den einsamen Weiler. Links vor zu den ersten Häusern,

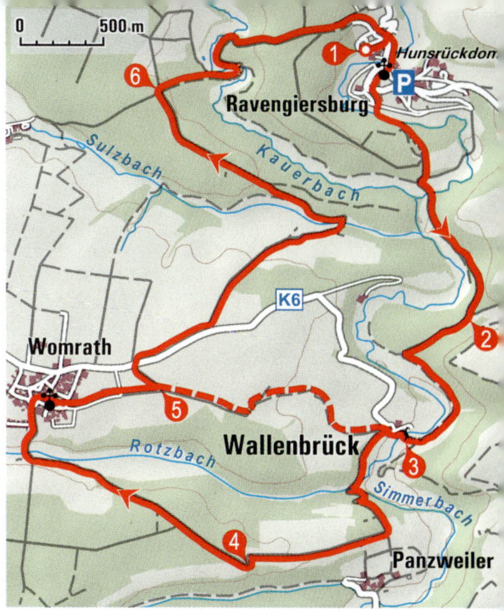

aber noch vor dem Fachwerkhaus rechts hoch zur Straßengabelung. Nun nicht nach Womrath, sondern nach 50 m links zu einer Weggabelung (Infotafel). Hier können Eilige halbrechts den aufwärts führenden Feldweg wählen und so die Tour abkürzen (s. Variante).

Die Hauptroute verläuft aber im Tal geradeaus, steigt in Kehren an und geht noch ein Stück durch Wald. Dicht hinter dem Wald biegen wir rechts ab (H 6) und gehen mit prächtiger Sicht auf den Soonwald aufwärts. Oben schwenkt unser Weg kurz links, dann wieder rechts und gabelt sich am **Waldrand (4)**. Nun geradeaus in den Wald hinein (H 6). Sobald wir diesen durchquert haben, erblicken wir vom Waldrand aus rechts oben den Ort **Womrath**, den wir in einem Rechtsbogen erreichen. Über die Straße »Am Hasenrech« hinauf zur »Oberdorfstraße«, dann rechts, an der Kirche von 1774 vorbei und auf der »Eckstraße« zum Dorfende. Noch an einem Reiterhof vorbei und erst den zweiten (!) Teerweg **(5)** links hoch zur K 6.

Auf dieser selten befahrenen Straße wandern wir zunächst rechts in Richtung Wallenbrück und biegen nach etwa 400 m links auf einen Teerweg ab (H 6), der uns ins Sülzbachtal hinunterführt. Unten über den Bach und links weiter. Der Weg steigt wieder an und zieht längere Zeit durch Wald. Bei einem Wegedreieck mit zwei auffälligen **Eichen (6)** biegen wir rechts ab (S) und wandern auf grasigem Waldweg hinab ins Kauerbachtal. Über die Brücke und links weiter am Gegenhang in Kehren hinauf auf die bewaldete Höhe. Später über einen quer laufenden Forstweg hinweg und mit der Markierung »S« auf dem schmäleren Weg (Kirchberger Pfad) hinab (rechts schöner Blick auf den Hunsrückdom) bis kurz vor die Hauptstraße, dann rechts in den »Brunnenweg« und zurück zum Parkplatz am **Gemeindehaus (1)**.

Altehrwürdig – der Hunsrückdom.

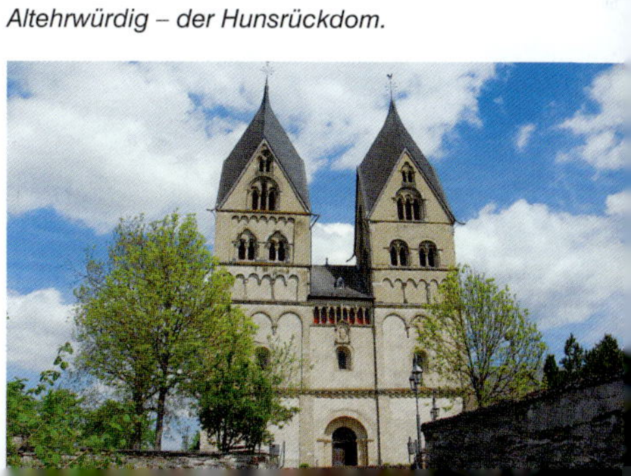

17 Baybachtal und Burg Waldeck

3.15 Std.

Über aussichtsreiche Höhen in ein wildromantisches Schluchttal

Durch den urwüchsigen mittleren Abschnitt des Baybachtals schlängelt sich ein abenteuerlicher Pfad. Hier wandert man fern vom Verkehrslärm, umgeben von purer Natur und in Tuchfühlung mit den Felsen. Hoch über dem Tal kann die Burgruine Waldeck besichtigt werden, tief im Talgrund lädt die Schmausemühle den Wanderer zur Einkehr ein.

Ausgangspunkt: Wanderparkplatz am Waldrand kurz vor Steffenshof (354 m) bei Dorweiler (Vorderhunsrück).
Anfahrt: B 327 (Hunsrückhöhenstraße) bis Gödenroth. Dort abbiegen auf die L 205 nach Beltheim, Burgen. Zwischen Beltheim und Dorweiler rechts ab nach Steffenshof.
Höhenunterschied: 200 m.

Anforderungen: Mittelschwere Rundwanderung. Im Baybachtal stetes Auf und Ab. Für die felsigen Passagen sind Trittsicherheit und festes Schuhwerk nötig.
Einkehr: Gaststätte in Steffenshof (bei Thea), Gasthof Schmausemühle (www.schmausemuehle.de) im Baybachtal.
Sehenswertes: Burg Waldeck im Baybachtal.

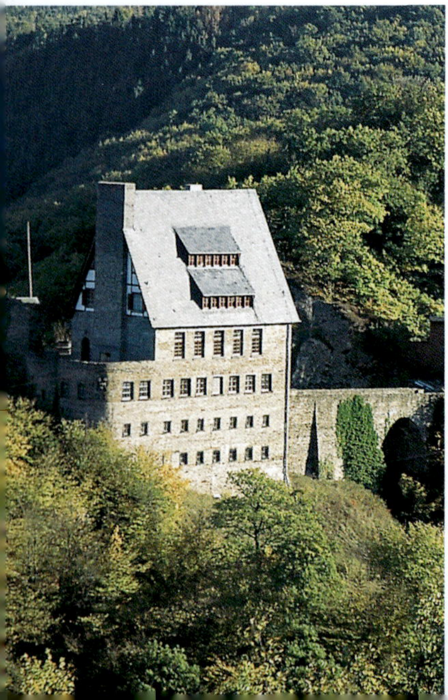

Vom **Wanderparkplatz** vor **Steffenshof (1)** gehen wir am Waldrand entlang in Richtung Burg Waldeck, Dorweiler. Der Blick schweift weit über Äcker, Wiesen und Wälder, bei klarer Sicht bis in die Eifel hinein. Bald treffen wir auf ein Teersträßchen, dem wir nach links folgen. Es führt uns durch ein bewaldetes Seitentälchen, bevor es kurz vor Dorweiler scharf rechts in Richtung Burg Waldeck abzweigt.
Mit schöner Sicht wandern wir jetzt auf das Baybachtal zu. Der Fahrweg passiert einen Parkplatz, senkt sich dann im Wald deutlich ab und kommt bei einem kleinen Waldparkplatz zu einer Schranke. Dahinter betritt man eine Freifläche mit den Seminarhäusern der »Arbeitsgemeinschaft Burg Waldeck«, weiter

Die Burg Waldeck über dem Baybachtal.

dahinter liegen der Ehrenhain der deutschen Jugendbewegung und die **Oberburg Waldeck**, stilvoll umgebaut zum Sitz des Bundes der Nerother Wandervögel. Zurück am Waldparkplatz wählen wir bei der **Schranke** den Weg »8« zur Schmausemühle **(2)**. Er führt steil ins Baybachtal hinunter, verläuft an der ersten Weggabelung geradeaus weiter, an der zweiten links (!). Durch den klippenreichen Steilhang gelangen wir zur **Niederburg**, die unterhalb der Oberburg liegt. Ihre trutzigen Mauerreste bieten uns eine herrliche Sicht in die Waldschlucht des Baybachs.

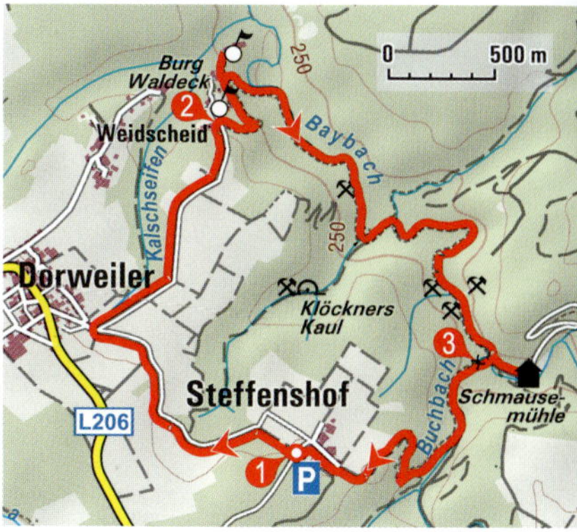

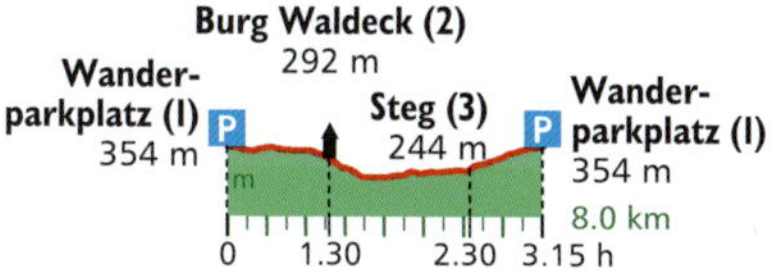

Wir verlassen die **Burgruine** durch den Torbogen und steigen nach 50 m an einer Weggabelung links weiter ins **Baybachtal** ab (»8«). Bald trifft man auf den Baybachweg (»B«) und wandert talaufwärts. Es folgt eine abenteuerliche Talwanderung in ursprünglicher Natur auf schmalem Pfad, mal im Niveau des Baches, mal höher am steilen Hang. Es geht über Wurzeln und mit Hilfe von Halteseilen über Klippen. Wer Glück hat, sieht über dem Bach die seltene Wasseramsel oder sogar den Eisvogel. Wir überqueren einen einmündenden Seitenbach und gehen später nicht über den Baybachsteg, sondern am selben Ufer weiter in Richtung Schmausemühle. Im Fels befinden sich Stolleneingänge (Rückzugsgebiet für Fledermäuse), die noch aus der Zeit des Schieferabbaus stammen. Wir wandern nun auf breiterem Weg, lassen den Pfad »H« nach Steffenshof unbeachtet, und kommen zum einmündenden Buchbachtal. Hier überqueren wir schließlich den Baybach, passieren das 25 m hohe Felsentor der Rabenley und erreichen die **Schmausemühle**, wo wir uns in idyllischer Umgebung stärken können.

Auf dem Rückweg geht man wieder durch das Felsentor, über den Baybach und auf einem Fahrweg links ins Buchbachtal hinein (»8«). Nach 100 m wechseln wir über den **Steg (3)** auf einen Pfad und erreichen bald einen Waldweg (Ww. „Steffenshof"). Auf diesem aufwärts bis zu einem Geländer. Nun rechts dem Logo „Baybachklamm" folgen und bis zur Hochfläche aufsteigen. Mit schöner Sicht gelangen wir nach Steffenshof, unserem kleinen abseits gelegenen Weiler. Auf der Dorfstraße geht es, vorbei an Kapelle und Gaststätte zum anderen Ortsende und zurück zum **Parkplatz (1)**.

TOP **18**

Zum Murscher Eselsche

4.30 Std.

Von Morshausen ins Baybachtal

Die Wanderung folgt der gleichnamigen Traumschleife und gehört zu den schönsten Touren im Hunsrück: weite Landschaftsblicke bis in die Eifel hinein, das idyllische untere Baybachtal und die gute Routenführung machen sie zu einem besonderen Erlebnis. Am richtigen Ort, nämlich in der Mitte und am Ende der Wanderung laden zwei Gasthäuser zur Einkehr ein. Übrigens, »Mursche« heißt auf Hunsrücker Platt »Morshausen« und bezeichnet einen Felsen, den wir auf der Tour erklimmen. Dieser hatte früher die Form eines Esels.

Ausgangspunkt: Dorfplatz in der Ortsmitte von Morshausen (332 m, dort Bushaltestelle, alte Dorfschule, Bürgerhalle).
Anfahrt: Über die Moselstraße (B 49) bis Brodenbach oder über die A 61 bis Ausfahrt Emmelshausen. In jedem Fall weiter über die L 206 nach Morshausen. Im Ort 200 m über die Jacob-Kneip-Straße zum Dorfplatz. Parken vor der etwas zurückliegenden Bürgerhalle. Falls Parkplatznot, kann man auch am Waldparkplatz Jakob-Kneip-Eiche, am südwestlichen Ortsrand, parken. **Bus:** Freizeitbus von Emmelshausen (Bahnhof) nach Morshausen. Am Wochenende Anrufsammeltaxi.
Höhenunterschied: 260 m.
Anforderungen: Insgesamt mittelschwere Rundwanderung. Unschwieriger Abstieg ins Baybachtal und bequeme Wege im Tal, aber steiler Anstieg zum Murscher Eselsche (gesicherter Steig).
Einkehr: Gasthaus Schmitt in Morshausen und Hotel »Forellenzucht« im Baybachtal.

Wir starten bei der alten Dorfschule in **Morshausen (1)** und wandern auf dem »Enger Weg« rechtshaltend ortsauswärts. Wegweisend ist das violette Logo des Traumpfads »Murscher Eselsche«, das uns auf der ganzen Tour begleitet. Nach 150 m geht es links auf einen Grasweg, der nochmals nach links biegt und uns einen herrlichen Blick auf das Baybachtal und seine Nebentäler präsentiert. Dann schwenkt man rechts auf den Zechenweg, den früher auch die Bergleute zur Grube Theresa benutzten. Die ehemalige Erzgrube war 1859–1886 in Betrieb. Ein Pfad führt uns kurz vom Weg ab durch ein Waldstück und kommt später wieder auf den Zechenweg zurück. Noch ca. 150 m, ehe es endgültig hangabwärts geht.
Ein Rastplatz bietet noch einmal einen ausgezeichneten Weitblick bis hinüber ins Maifeld, bevor wir länger abwärts wandern durch Wiesen und Äcker. Unten führt die schöne Route links bis zu einem Teerweg. Dort geht es nur 30 m rechts, dann wieder links durch Wiesen bis zum Waldrand und einer Ruhebank. Anschließend steigen wir durch den steilen Waldhang in Serpentinen ab (angelegter Steig), entdecken dabei die alten Stollen der

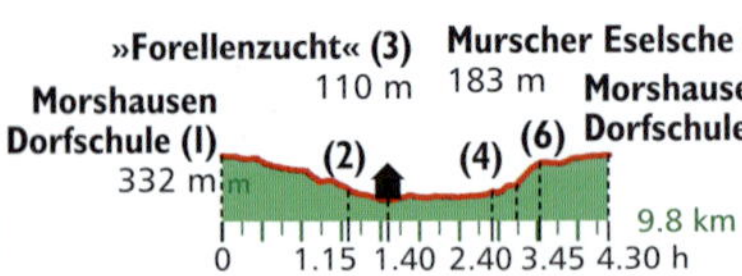

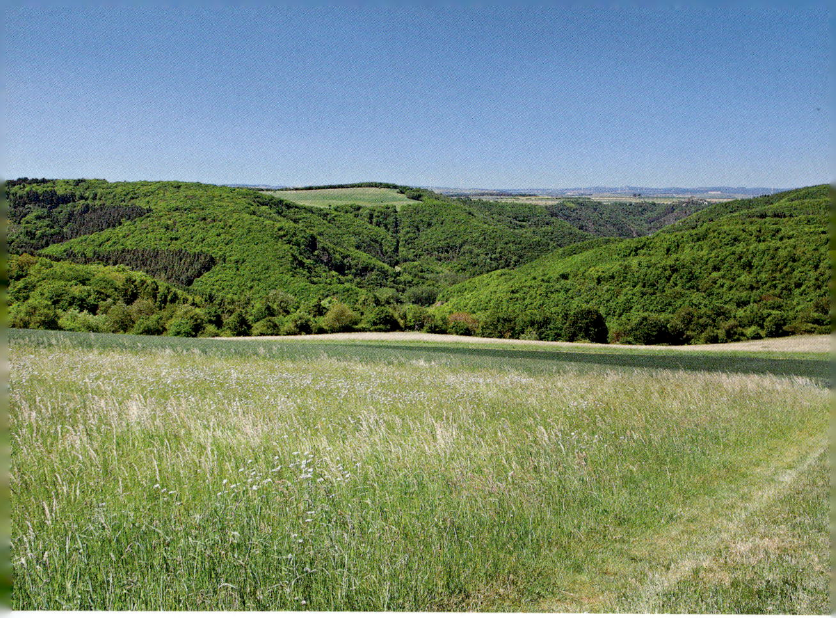

Blick von der Wurzelbank über die Waldhänge des Baybachtals.

Grube Theresa und genießen den herrlichen Tiefblick ins Baybachtal. Den Talboden erreichen wir bei einem Seitenbach, dem wir bis zu einem breiten Querweg **(2)** folgen. Auf diesem nun rechts und länger vor bis zu einer Straße, wo uns ein Pfad aufnimmt. Bald kommen wir zum Baybach und zu einem Fahrweg, der uns wieder nach links führt.

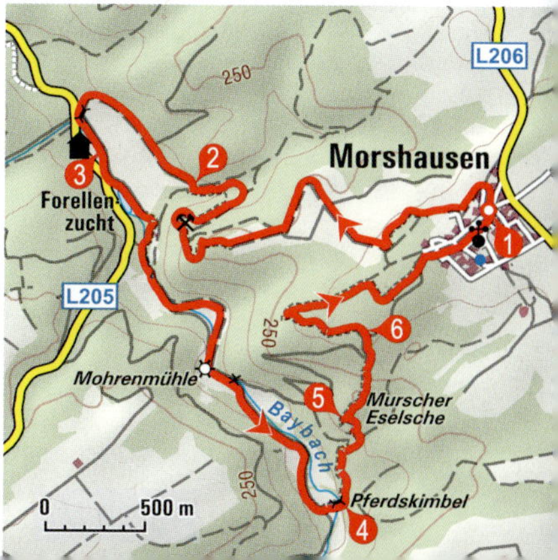

Ein Brückchen lockt gleich zu einer Rast im **Hotel »Forellenzucht« (3)**, das auf der anderen Bachseite liegt. Danach geht es flott talaufwärts durch schöne Wiesenauen, die von hohen Waldhängen eingefasst werden. Mal wandern wir direkt am Bach entlang, der von Erlen begleitet wird, mal dicht bei den Talhängen. Wir passieren die **Mohrenmühle**, ehe wir auf einem Steg die Bachseite wechseln. Dann links weiter durch das herrliche Tal, auch noch an der

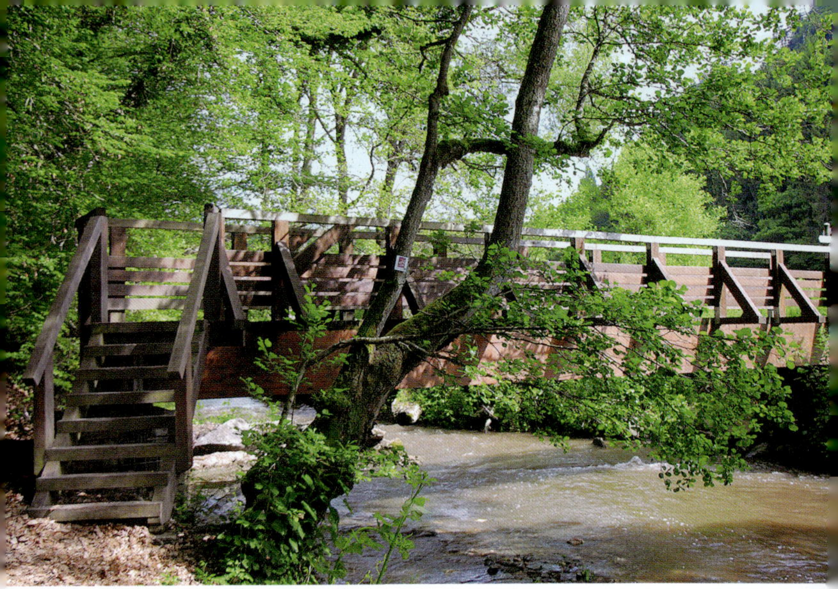

Ein Steg führt über den Baybach.

idyllischen Franzenmühle vorbei. Eine gute Strecke dahinter weist uns ein Logo quer durch die Aue und auf einem Steg erneut über den Baybach zum **Pferdskimbel (4)**, wo sich eine Sitzgruppe befindet. Eine kurze Rast bietet sich an, dann beginnt der steile Aufstieg durch den Waldhang. Etwa nach 20 Höhenmetern treffen wir auf einen langgezogenen Hangsporn, der ein Seitentälchen vom Haupttal trennt, und auf eine Ruhebank. Hier präsentiert sich – hoch über uns – das Murscher Eselsche, der Felsen, der namensgebend für diese Tour ist. Zur Linken grüßt, in Holz geschnitzt, »Hampit der Jäger«, eine Romanfigur von Jacob Kneip. Wir halten uns aber rechts (!) und wandern ohne Markierung auf einem Pfad ins Seitental hinab. Unten geht es über den Bach und auf dem Talweg wieder rechts. Nach kurzer Zeit steigen wir wieder in den Hang ein und klettern auf felsigem Serpentinenpfad, oben sogar mit Seilsicherung, zum **Murscher Eselsche (5)** hinauf.

Etwas außer Atem genießen wir vom Felsvorsprung den Tiefblick und klettern weiter bergan. Nach dem Steilanstieg folgt die Route weiter oben einem breiten Forstweg **(6)** nach links. Logos leiten uns noch an 2 Stellen von diesem Weg ab und führen uns zu wunderschönen Ausblicken. Später biegen wir rechts vom Weg ab und nach 200 m wieder links. So erreichen wir den Ortsrand bei der Jacob-Kneip-Eiche, die mehr als 500 Jahre alt sein soll, und über die Dorfstraße den **Ausgangspunkt (1)**.

3.45 Std.

Durch die wilde Ehrbachklamm

19

Wildromantische Talwanderung mit fast alpiner Einlage

Die Wanderung durch die Ehrbachklamm gehört zu den Klassikern unter den Hunsrücktouren. In kaum einem anderen Tal rücken die Talwände so eng zusammen und ist der Weg so abenteuerlich wie in der Ehrbachklamm. Die Tour vermittelt aber auch Ausblicke über die Hochfläche und bietet mehrere Einkehrmöglichkeiten in idyllisch gelegene Mühlen.

Ausgangspunkt: Oppenhausen (330 m). Parkplatz bei der Niederkirchspielhalle, 100 m vor dem Verteilerkreis.
Anfahrt: A 61 bis Ausfahrt Boppard, auf der B 327 rechts, beim Verteilerkreis auf die K 119 Richtung Oppenhausen.
Höhenunterschied: 230 m.
Anforderungen: Steiler Abstieg von Schloss Schöneck ins Ehrbachtal und steiler Wiederaufstieg nach Oppenhausen. Die Ehrbachklamm erfordert festes Schuhwerk und Trittsicherheit (ein paar Holzbrücken, Stahlseile und Trittleitern).
Einkehr: Schönecker Mühle, Daubisberger Mühle, Eckmühle sowie in Oppenhausen (Gasthaus Tenne).

Vom hinteren Ende des **Parkplatzes** an der **Niederkirchspielhalle (1)** folgen wir dem Weg nach Hübingen und **Windhausen**. Dort, wo der Weg nach Hübingen rechts abgeht, halten wir uns geradeaus. Es geht im großen Bogen durch die Flur genau auf Windhausen zu, einem hübschen Örtchen mit kleiner Wallfahrtskapelle. Der Blick schweift unterwegs weit über die wellige Hochfläche des Vorderhunsrücks mit ihrem lebhaften Muster aus Wiesen und

Die Burg Schöneck befindet sich heute in Privatbesitz.

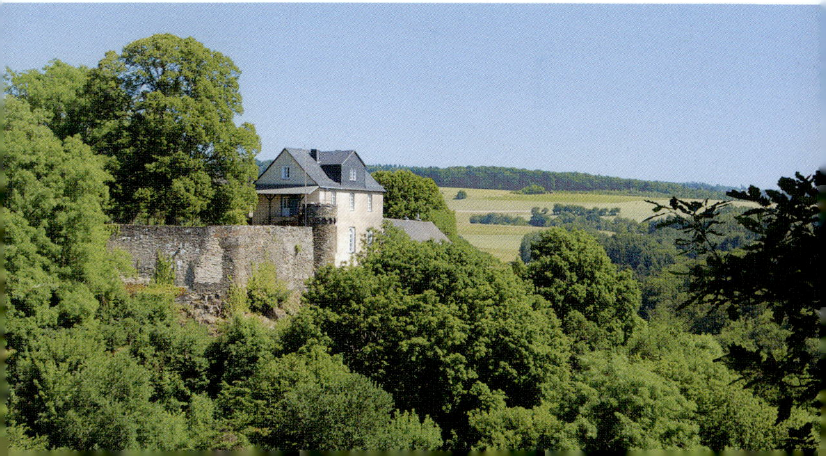

Weiden, Äckern und Waldhöhen. Wir queren die Straße nach Hübingen (K 120), gehen rechts an der Kapelle vorbei in die Schönecker Straße und folgen ihr ortsauswärts in Richtung Schloss Schöneck. Bei einem Parkplatz wechseln wir in dessen Straßen nahen Ecke auf einen Pfad, der uns direkt zur Schlossburg hinunterführt (oder wir gehen auf der Straße geradeaus). **Schloss Schöneck**, Reichsburg aus dem 12. Jahrhundert, liegt malerisch auf einem Felssporn hoch über dem Ehrbachtal. Wir gehen durch einen Torbogen um die private Burg herum und genießen den Tiefblick auf das wunderschöne Tal **(2)**.

Zurück auf der Straße, biegt man etwa 100 m vor der Burg rechts und sofort wieder rechts auf einen **Hangweg** ab. Auf diesem nur 80 m, dann halb links auf einen Pfad (WW »Ehrbachklamm«), der durch den steilen Waldhang eines Seitentälchens hinunterführt. Das Ehrbachtal betreten wir bei der **Schönecker Mühle (3)**, wo wir rechts abbiegen und auf breitem Weg talabwärts wandern (»Brodenbach«). Dicht zu unserer Linken fließt der Ehrbach. Der rechte Talhang ist mit Wald bedeckt, am linken ziehen sich Viehweiden bis hoch hinauf. An der Einmündung des Preisbaches nicht über den Steg gehen, sondern geradeaus. Auch an einer Weggabelung dahinter nicht ansteigen, sondern halb links im Tal bleiben!

In der **Daubisberger Mühle (4)**, wo sich noch das Mühlrad dreht, können wir einkehren und alte Mühlenromantik erleben. Dann gehen wir über eine kleine Brücke, steigen rechts auf dem Mühlenweg an und wandern, wo dieser zum Hang umbiegt, geradeaus wieder abwärts. Bald erscheint rechts die **Rauschenmühle**, 250 m danach wechselt der Weg über einen Steg die Bachseite. Dahinter rücken die Talhänge unvermittelt eng zusammen, so dass nur für

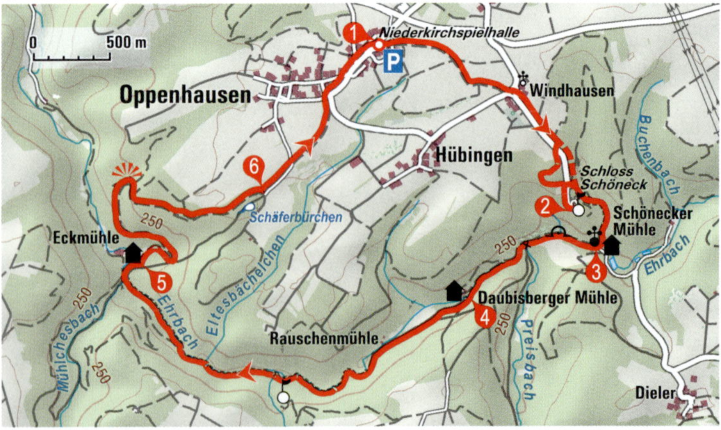

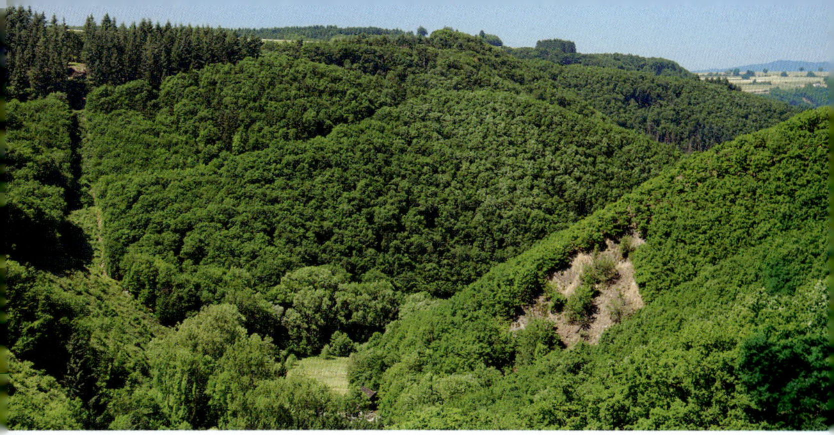

Blick ins Ehrbachtal. Tief unten befindet sich die Brandengrabenmühle.

den Bach Platz bleibt. Weiß schäumend rauscht er über Blöcke und bildet an Stufen kleine Wasserfälle. Wir sind in der **Ehrbachklamm** und wandern jetzt auf einem vom Technischen Hilfswerk gebauten Pfad. Mal klettern wir über Blöcke und steigen über in den Fels gehauene Stufen, mal passieren wir Stege und kurze Leitern. Die zahllosen Klippen sind mit Moosen und Farnen besetzt. Stellenweise gedeiht Schluchtwald mit viel Jungwuchs aus Ahorn und Bergulme. An einer besonders engen Stelle mit riesigen Blöcken mündet von links in Kaskaden der Mermuther Bach ein. Am Fels hängt eine Tafel zur Erinnerung an den Apotheker Georg Francke, der die Klamm 1909 erschlossen hat. Wir balancieren weiter über Blöcke und anstehenden Fels, bis uns die Klamm wieder freigibt und einer schmalen Aue Platz macht. An einer Steinbrücke kann man über den Bach gehen und in der nahen **Eckmühle** nochmals Einkehr halten (Abstecher).

Als Rückweg zum Parkplatz nehmen wir rechts den Mühlenweg, gehen aber nur 100 m bis zur Weggabelung, wo wir links auf die **Traumschleife (5)** biegen. Sie bringt uns hoch zum Ausguck »Beuelsley« mit wundervollem Talblick. Achtung, nach der folgenden Kehre nicht der Traumschleife folgen (!), sondern geradeaus gehen, bis wir wieder auf den Mühlenweg **(6)** treffen. Auf diesem nun links und später an der Weggabelung geradeaus in Richtung Hübingen. Dann auf der Kreisstraße links nach **Oppenhausen** hinein und rechts über die Mittelstraße zum **Parkplatz** an der **Niederkirchspielhalle (1)**.

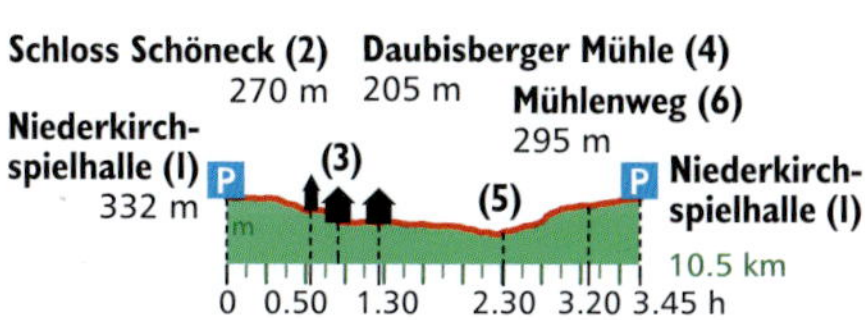

20 Auf dem Layensteig

4.30 Std.

Von Mittelstrimmig zur Pulgersmühle

Die Traumschleife »Layensteig Strimmiger Berg« gehört zu den Klassikern unter den Wanderwegen im Hunsrück. Wegen der Windräder überqueren wir die kurze Hochflächen-Passage im Uhrzeigersinn und durchstreifen dann auf einsamen Wegen die herrlichen Täler um den Strimmiger Berg. Für sportliche Wanderer sind drei Klettersteige eingebaut, die man aber umgehen kann.

Ausgangspunkt: Portal Mittelstrimmig (350 m), an der Straße nach Blankenrath, dort Parkplatz (markierter Zuweg vom Dorfplatz und Parkplatz bei der Kirche über die Straße »Auf der Fenn«). Alternative Ausgangspunkte: Altstrimmig und Liesenich.
Anfahrt: Auf der L 98 an der Mosel entlang, bei Beilstein nach Liesenich, bei Fankel nach Mittelstrimmig abbiegen. Oder von Treis-Karden auf der L 202 nach Mittelstrimmig. Alternativ: B 421 bis L 202, dann über Blankenrath nach Mittelstrimmig.
Höhenunterschied: 300 m.
Anforderungen: Mittelschwere bis schwere Rundwanderung auf meist naturbelassenen Wegen. Eingebaut sind drei Klettersteige (Klettersteig-Set und Steinschlaghelm dringend empfohlen!), die aber umgangen werden können.
Einkehr: Gasthaus Pulgersmühle (es wird nur für Gruppen ab 15 Personen geöffnet, Tel. +49/2672/2052); außerdem Gasthäuser in Mittelstrimmig und Liesenich.

Vom **Dorfplatz** bei der Kirche in **Mittelstrimmig** gehen wir über die Hauptstraße und die Straße »Auf der Fenn« zum **Portal (1)** am oberen Ortsrand. Wir wandern im Uhrzeigersinn und bewegen uns deshalb unterhalb vom Solarfeld in Richtung Liesenich (Ww. »Portal Liesenich«). Nach 400 Metern auf geradem Weg und grandioser Fernsicht bis in die Eifel tauchen wir ins Fäbelbachtal ein. Die Route führt alsbald auf die linke Talseite und steigt zum **Portal Liesenich** auf, wo die erste Sinnesbank wartet. Achtung, jetzt scharf rechts hinter der Böschung ins Tal hinunter, an einem Kruzifix vorbei, auch an einer Viehweide entlang und die K 43 überqueren. Dann passiert man einen Teich und wandert auf schmalem Pfad durch urigen Hangwald. Am Weg liegen Stollen und sogenannte Spalthütten, Zeugen alten Schieferbergbaus. Schließlich queren wir auf einem Steg den Bach und steigen zum **»Höhlenschlucht-Klettersteig«** auf. Man kann den Steig auch auf dem Hangweg

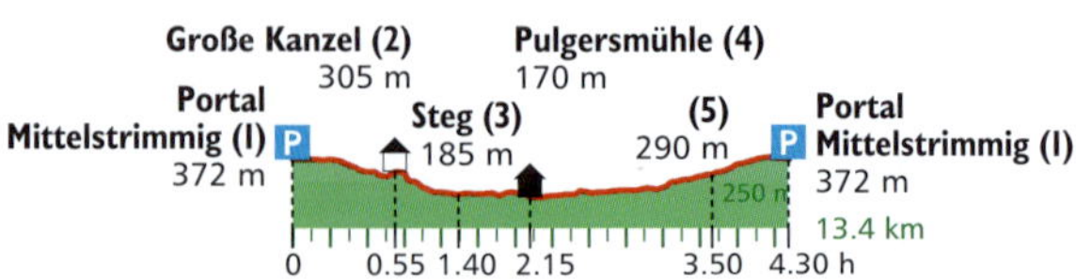

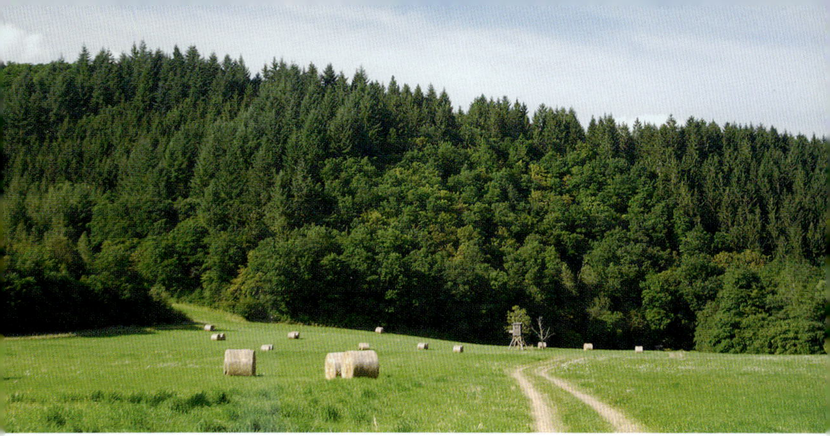

Eine breite Wiesenaue begleitet den Flaumbach.

umgehen. Wir trauen uns aber und klettern im alten Steinbruch auf zwei Leitern, dann am Halteseil in die Höhe. Nun auf schmalem Pfad durch den Waldhang und auf Bügeln und Stiften über eine weitere Klippe. Schließlich treffen wir bei einer **Schutzhütte (2)** wieder auf den Hangweg.
Unterhalb liegt die **Große Kanzel**, ein Platz zum Verweilen mit Sitzbänken und herrlicher Aussicht. Doch es geht weiter auf dem breiten Hangweg, aber schon bald links auf einen Pfad, der zu einem tieferen Hangweg und zum Einstieg in den **»Schinnkaul-Klettersteig«** führt. Wer nicht klettern möchte, läuft auch hier einfach auf dem Forstweg weiter. Kletterfreudige steigen aber durch die anstehende Felsklippe ab, über Bügel, Stifte und mit Seilsicherung. Treffpunkt ist beim Waldkreuz weiter unten. Nur 50 Meter tiefer lenkt die Wanderroute rechts auf einen Pfad, der uns schnell (unterhalb der Weißmühle) ins Flaumbachtal bringt.
Wir queren noch den Bach über die **Schafbrücke** und wandern talabwärts. Kurz darauf kommen wir zum **»Burgberg-Klettersteig«**, wo wir uns entscheiden: Klettern oder Wandern. Wer nicht klettert, geht auf dem Talweg weiter. Gipfelstürmer erklimmen aber die steilen Stufen und genießen von oben den tollen Talblick. Ein Stück geht es oben noch über den felsigen Grat, dann auf Bügeln und am Halteseil wieder runter zur Talaue. Nur 100 Meter dahinter wechselt man über einen **Steg (3)** die Talseite und balanziert auf schmalem Pfad zwischen Fels und Bach. Ab einer Furt wandern wir dann auf breitem Weg lange am Talrand entlang und freuen uns über das einsame, stille Wiesental, über den naturnahen Bach und die malerischen Waldhänge. Die Route passiert noch eine Sitzgruppe und steigt später an. Vor der Pulgermühle biegen wir vom Weg auf einen Pfad, queren die L 202 und steigen ins **Mörsdorfer Bachtal** ab. Zur Einkehr lädt am Wendepunkt der

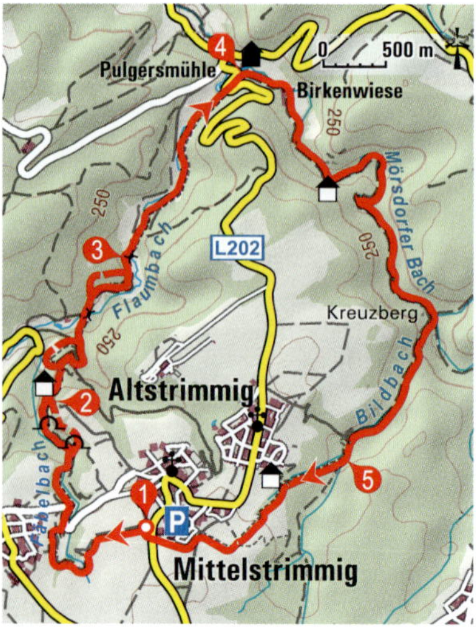

Klettersteig am Burgberg.

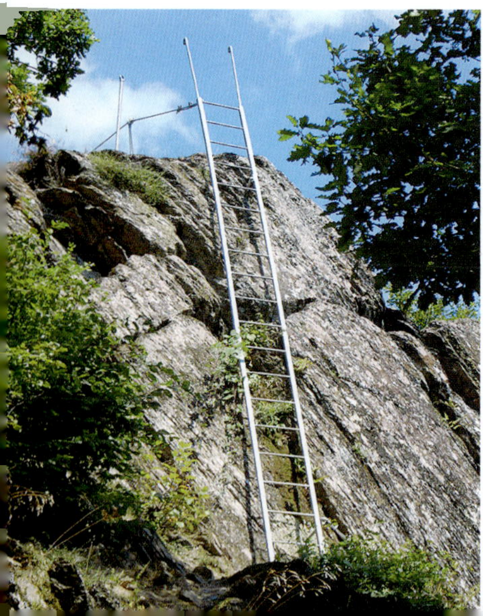

Tour die **Pulgersmühle** (**4**, Gasthaus) ein. Der Weiterweg führt nun ins Mörsdorfer Bachtal hinein und wieder an einer idyllischen Wiesenaue entlang. Bei der Birkmühle bleiben wir rechts auf dem Talweg und wandern talaufwärts. Das Tal bildet Mäander aus, z. T. rücken die Felsen eng zusammen und lassen für Weg und Bach kaum Platz. Wir passieren eine kleine Schutzhütte und kommen im enger werdenden Tal zu einem Wegweiser. Hier biegen wir rechts ins **Bildbachtal** ein.

Der Talweg gewinnt dann stärker an Höhe, schwenkt bei einer Gabelung rechts und beschreibt später eine S-förmige Kurve. Ein Wegweiser schickt uns in ein Kerbtälchen (**5**, »Portal Altstrimmig, 0,5 km«). In diesem über Stufen und einen schmalen Hangpfad talaufwärts, wobei wir mehrmals die Bachseite wechseln. Schließlich erreichen wir das **Portal Altstrimmig** und eine Schutzhütte. Nun erneut über den Bach und noch ein Stück im Talhang, bis wir Grünland betreten. Zunächst geht es an der Hangkante entlang, dann kurz links, danach rechts auf einen Feldweg in offene Flur. Mit dem Logo links hoch, aber auf dem ersten Querweg rechts zu einem Teersträßchen. Auf diesem an den Häusern vorbei zur L 202. Diese wird noch überquert, dann rechts zurück zum **Portal Mittelstrimmig (1)**.

4.10 Std.

Auf dem Masdascher Burgherrenweg

21

Durch wildromantische Bachtäler zum Schloss Balduinseck

Tiefe schluchtartige Täler durchziehen die Hunsrückhochfläche bei Mastershausen nahe Kastellaun. Sie zeichnen sich durch naturnahe Bäche, schroffe Felsen und dichte Hangwälder aus und beeindrucken durch Stille und ursprüngliche Natur. Alte Stollen, ehemalige Wassermühlen und der hoch aufragende Wohnturm von Schloss Balduinseck künden von vergangenen Zeiten. Diese Welt erschließt der Masdascher Burgherrenweg, einer der schönsten Wanderwege im Hunsrück.

Ausgangspunkt: Ortsmitte Mastershausen (379 m), Verbandsgemeinde Kastellaun, Bushaltestelle Deutsches Eck.
Anfahrt: Auf der Hunsrückhöhenstraße (B 327) nach Kastellaun, weiter über die K 29 bis Buch und die L 203 nach Mastershausen. Parken in Ortsmitte. Regionalbus ab Kastellaun (nur wochentags).
Höhenunterschied: 270 m.
Anforderungen: Mittelschwere Rundwanderung mit hohem Pfadanteil. Der Abstieg vom Burgberg erfordert Trittsicherheit, steiler Anstieg aus dem Sosberger Bachtal.
Einkehr: Unterwegs keine. In Mastershausen: Pfälzer Stube, Masterhausener Hof und Pizzeria »Zum Toni«.
Variante: Die Wanderung folgt der Traumschleife »Masdascher Burgherrenweg«. Wanderer, die die Windräder auf der Hochfläche meiden wollen, können die Route ab dem Rastplatz »Am Todtenberg« abkürzen.

Startpunkt ist die Bushaltestelle in der Ortsmitte von **Mastershausen (1)**. Von dort über die Wohnstraßen »Im Eck« und »Zum Mautzbach« abwärts. Am unteren Ortsende geht es links auf einen Schotterweg bis zum Waldrand. Nun auf einem Teerweg kurz rechts, dann links zum Masdascher Hallgarten. Beim Piratenschiff des Spielplatzes liegt der Einstieg zur eigentlichen Wanderung. Hier nehmen wir halblinks den Grasweg (Ww. »Burg Balduinseck«) und wandern ebenen Fußes durch Hangwiesen. Nach etwa 300 Metern biegt man hangaufwärts und marschiert über die Ackerhöhe zum gegenüberliegenden Waldrand. Dort links am Wald entlang zum Rastplatz **»Zu Fuchslöchern« (2)**. Dicht dahinter zweigt ein Pfad ab und bringt uns durch Wald ins Masterhausener Bachtal, das offen unter uns liegt. Nun halbrechts auf dem Hangweg abwärts, dann auf einem Pfad links hinunter zu einem tieferen Hangweg (Windwurfflächen). Auf diesem erneut links an mächtigen Quarzblöcken vorbei zur Sinnesbank »Im Drolsberg«. Etwa 50 Meter dahinter weiter abwärts zum unteren Talweg, dem wir dann talabwärts folgen. Später wechselt

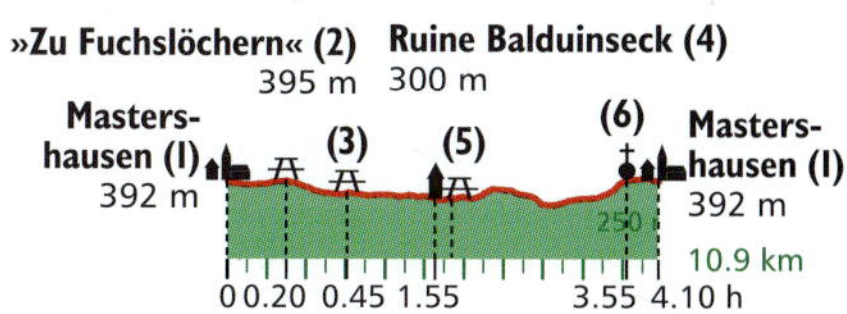

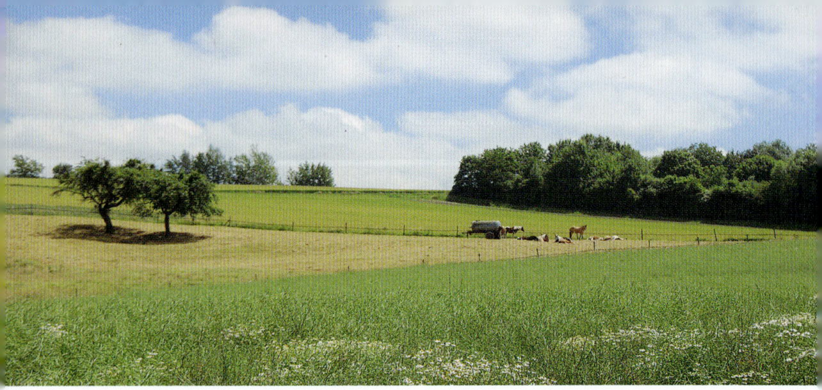

Offene Landschaft bei Herges Garten.

die Route über einen Steg die Bachseite, läuft links und quert den Wohnrother Bach auf einem Steg zum Rastplatz **»Am Katzenloch« (3)**.

Wir sind jetzt im Wohnrother Bachtal und wenden uns nach links, wechseln wieder die Bachseite und gehen ufernah bachabwärts. Hohe Felsen und dichter Schluchtwald schaffen im engen, dunklen Tal eine urige Atmosphäre. Zwei verfallene Mühlen werden noch passiert, bevor wir beim Wendelinuskreuz wieder über den Bach gehen. Nun rechts vom Bach, begleitet von Felsen und turmhohen Douglasien. Ein Stück wandern wir auch durch die Aue, dann wieder auf dem höher liegenden, bequemen Talweg. Wir entdecken noch die Schweitzer- und die Weienmühle, bis unvermittelt die mächtige **Burg Balduinseck (4)** vor uns auftaucht. Diese alte Burg mit 18 m hohem Wohnturm mit 4 Etagen, wurde um 1330 vom Trierer Erzbischof Balduin erbaut und ist noch gut erhalten. Nach einer Besichtigung folgen wir dem unscheinbaren Weg zwischen Burg und Straße zum Bach hinunter, halten uns unten rechts und gehen mit dem Bach durch einen Straßentunnel. Anschließend führt uns ein Pfad dicht am Bach entlang, bis wir auf den rechten Talweg steigen. Nun 150 Meter bachabwärts, dann über den Bach und bei einer mächtigen Felsrippe an einem Geländerseil hoch zum **Rastplatz »In der Au« (5)**.

Auf breitem Weg passieren wir darauf die Kaspersmühle und biegen nach etwa 200 Metern auf einen Hangweg ab. Nun steigen wir in einem Seitentälchen steil nach oben, wo wir schließlich auf einem Querweg rechts gehen. Vorbei an einem Wegekreuz mit schönem Talblick gelangen wir zum Rastplatz »Herges Garten«. Nun auf einem Feldweg über die offene Höhe zu einem Teersträßchen, auf diesem 50 Meter rechts, dann auf einen Grasweg wechseln. Am Ackerrand biegt unsere Route rechts, läuft zwischen Hecken, dann am Waldrand entlang, bis sie in den Talhang hinunterzieht. Wir queren noch einen Weg und wandern durch den dicht bewaldeten Talhang direkt zum Rastplatz »Burgberg«, einem exponierten Felsplateau, auf dem schon Kelten und

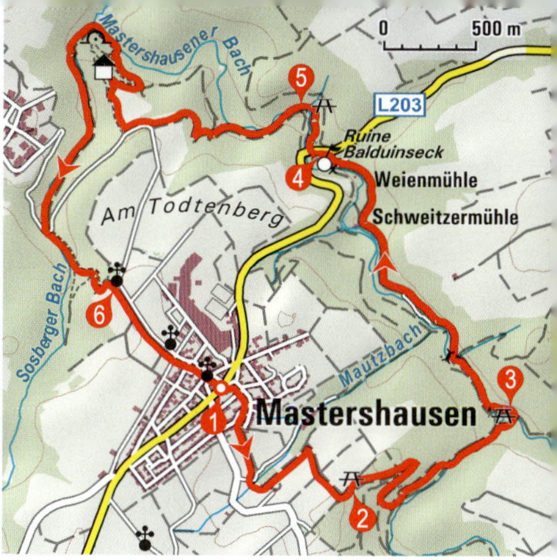

Römer siedelten. Heute steht hier eine Schutzhütte zur Rast für den steilen Abstieg, der jetzt bevorsteht. Direkt neben der Hütte beginnt der Steig, der uns in engen Serpentinen und über Stufen abwärtsführt. Hohe Felsklippen durchsetzen den Steilhang, auf schmalen Vorsprüngen stehen Buchen und Eichen. Wir entdecken noch einen römischen Brunnen und kommen am Grund der Talschlucht auf Trittsteinen bachabwärts zum nahen Rastplatz »Herzenauer Hannes«.

Nun links ins Sosberger Bachtal einbiegen und bequem bachaufwärts wandern. Schließlich erreichen wir ein einsames Teersträßchen und zugleich den Rastplatz »Am Todtenberg«. Hier tut eine Pause gut, denn anschließend geht es länger und steil bergan. Achtung, 50 Meter nach dem weißen Kreuz nicht rechts der Traumschleife folgen, sondern ohne Markierung weiter ansteigen. Nach etwa 150 Metern links auf einen Pfad, dann auf einen Feldweg, bis man oben bei einer **Marienverehrungsstätte (6)** auf ein Sträßchen trifft. Auf diesem rechts zurück nach **Mastershausen (1)**.

Die Burgruine Balduinseck fällt durch ihren hohen Wohnturm auf.

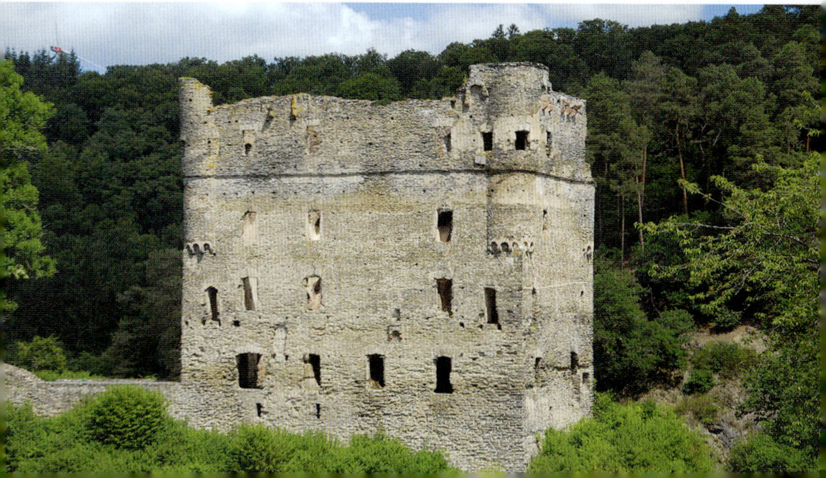

22 *Über die Geierlaybrücke*

2.30 Std.

Auf schwankender Seilbrücke über das Mörsdorfer Bachtal

Hauptattraktion der Wanderung ist seit 2015 die neue Hängeseilbrücke bei Mörsdorf. Sie ist mit 360 m eine der längsten Seilbrücken Europas und die zweitlängste in Deutschland – sie überspannt das Mörsdorfer Bachtal in 100 m Höhe. Mit ihrer filigranen Bauweise erinnert sie an Seilbrücken in Nepal und fügt sich gut in die Landschaft ein. Ein Besuch lohnt sich, auch weil er ausgezeichnet mit einer Wanderung durch das Mörsdorfer Bachtal verbunden werden kann.

Ausgangspunkt: Parkplatz (gebührenpflichtig) beim Besucherzentrum auf der Kastellauner Straße in Mörsdorf (340 m) auf der Hunsrück-Hochfläche, Verbandsgemeinde Kastellaun. Im Ort überall Parkverbot.
Anfahrt: Auf der Hunsrückhöhenstraße bis südlich Kastellaun, dort abbiegen auf die L 204 nach Mörsdorf. Oder von Treis/Karden auf der L 202 bis zur Pulgersmühle, weiter auf der L 204 nach Mörsdorf. Oder von Bruttig/Fankel auf der K 36 zur Pulgersmühle und weiter nach Mörsdorf.
Höhenunterschied: 150 m.
Anforderungen: Leichte Rundwanderung. Bei Nässe sind die Pfade im Seitental des Mörsdorfer Bachtals rutschig. Der Gang über die Brücke erfordert Schwindelfreiheit (www.geierlay.de).
Einkehr: In Mörsdorf, z. B. im Besucherzentrum.

Wir starten beim Besucherzentrum in **Mörsdorf (1)** und gehen auf der Durchgangsstraße (Kastellauner Straße) rechts (Ww. »Fußweg zur Hängeseilbrücke«). Achtung, nicht bald links in den Bucher Weg einbiegen, sondern geradeaus gehen bis zur Rechtsbiegung der Durchgangsstraße. Dort links in die Pohlstraße (Ww. »S/H-Steig«), später rechts in die Straße »Auf der Lex«. Nach 60 Meter mit dem Zuweg-Logo des S/H-Steigs halblinks auf einen Teerweg abwärts und in dessen Kurve geradeaus auf einen Grasweg **(2)**. Ein schmaler Pfad führt uns am Hang eines Waldtälchens abwärts. Nach etwa 20 Minuten erreichen wir den Grund des Mörsdorfer Bachtals. Nun auf einem Steg über den Bach, dann im romantischen Tal quer über die Wiesenaue und ein Stück talaufwärts. Schließlich steigen wir zu einem Wegestern **(3)** mit drei Sitzbänken auf, wo wir auf den Saar-Hunsrück-Steig stoßen. Mit Wegzeichen geht es ins Nochelsbachtal hinunter, unten über einen Steg und auf der anderen Talseite das Seitental hoch.
Wir steigen bald steil an, über einen Querweg hinweg, und schwenken beim nächsten einmündenden Weg scharf links (Ww. »Geierlay«). Beim Aussichtspunkt »Kellerlay« sind wir wieder im Mörsdorfer Bachtal und wandern rechts talaufwärts. Bald unterqueren wir die schlanke **Hängebrücke** und erreichen im Rechtsbogen die Hochfläche und den **Sosberger Brückenkopf (4)**.
Mit etwas mulmigem Gefühl vertrauen wir uns der zierlichen Seilbrücke an,

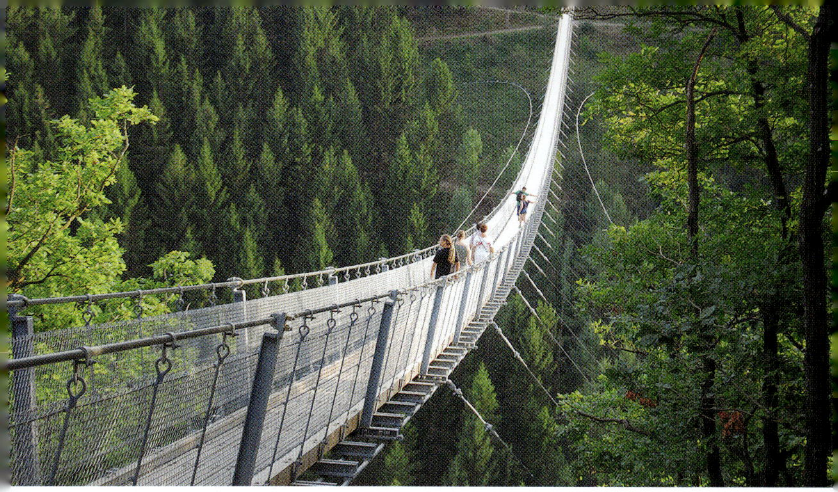

Die Geierlaybrücke zieht tausende Besucher an.

die hoch und lang das Tal überspannt. Wir bemerken bald ein Schwanken, das sich verstärkt, je mehr wir uns der Brückenmitte nähern. Aber das tolle Erlebnis, in luftiger Höhe das Tal zu überqueren, und der herrliche Blick hinunter ins Tal entschädigen für alles.

Am **Mörsdorfer Brückenkopf** steigen wir zu einem Fahrweg auf und gehen da, wo er rechts abbiegt, geradeaus auf einen Waldweg **(5)**. Nun folgt eine schöne Waldwanderung im Hang des Seitentälchens, das wir schon kennen. Bei der Kläranlage folgen wir dem Teerweg, treffen auf den Hinweg und kommen so zum **Besucherzentrum (1)** zurück.

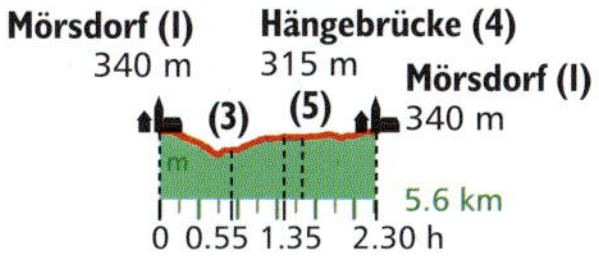

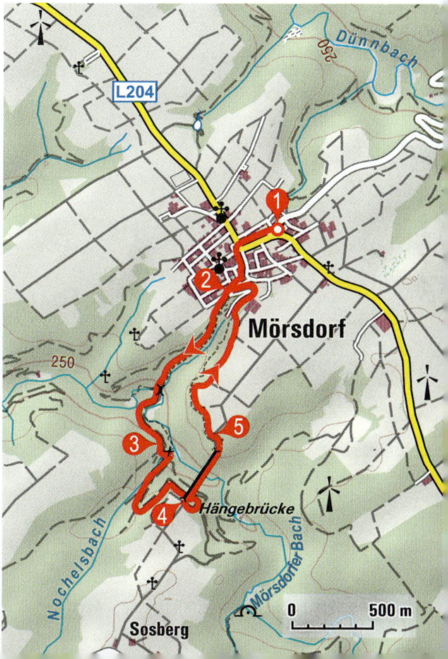

23 Im Binger Wald

1.45 Std.

Kleine Runde bei der Lauschhütte

Dieser Waldspaziergang führt über die höchsten Höhen des Binger Waldes, in der Nähe des bekannten Ausflugziels Lauschhütte. Der Höhepunkt der Wanderung liegt gleich am Anfang: der Ausblick vom Turm des Salzkopfes, von dem man einen einzigartigen Rundblick über die umliegenden Mittelgebirge und ins Rheintal hat.

Ausgangspunkt: Forsthaus Lauschhütte (580 m) im Zentrum des Binger Waldes mit großem Parkplatz.
Anfahrt: A 61 bis Ausfahrt Stromberg. Auf der L 214 in Richtung Waldalgesheim. Schon nach 100 Metern links in Richtung Daxweiler, Warmsroth. Vor Daxweiler rechts ab zur Lauschhütte. Dort großer Wanderparkplatz.
Höhenunterschied: 130 m.
Anforderungen: Leichte Rundwanderung auf unbefestigten Waldwegen.
Einkehr: Restaurant und Hotel Forsthaus Lauschhütte.

Von der **Lauschhütte (1)** wandern wir zunächst zum oberhalb verlaufenden Fahrweg (»Soonwaldsteig«), dort nach rechts (Ww. »Salzkopf 0,8 km«). In der Rechtskurve des Fahrwegs gehen wir geradeaus und durch Fichtenwald leicht aufwärts. Nach einer Weile öffnet sich uns durch eine Lücke im Wald eine weite Sicht ins Mittelrheintal. Etwas höher, beim Zuweg zum **Salzkopf** (626 m) machen wir einen Abstecher zum **Aussichtsturm (2)** und genießen von oben noch einmal den Blick ins Mittelrheintal und den herrlichen Rundblick vom Soonwald über Eifel, Taunus, Odenwald bis zum Donnersberg.
Zurück auf dem Hauptweg betreten wir beim Wegweiser (»Soonwaldsteig«) einen Wurzelpfad, der uns durch Fichtenwald abwärts führt. Bei einer Sitzgruppe (Buchenrondell) queren wir den Hauptweg und folgen einem Waldweg in Richtung »Franzosenkopf«. Achtung, etwa 600 Meter nach der Sitzgruppe mündet in einer Linkskurve rechts ein unscheinbarer Waldweg ein (**3**, Ww. »Fliegerkreuz«). Er leitet uns zu einem einsamen Fliegerkreuz, das an den Absturz eines Jagdfliegers der Luftwaffe erinnert (1964). Etwas später kommen wir bei einer Weg-

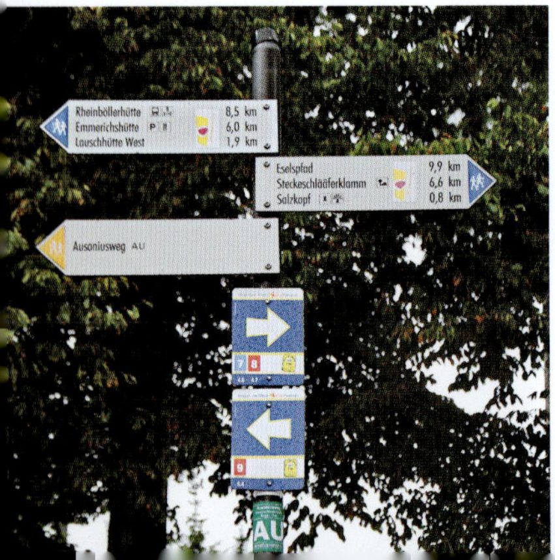

Der Wegweiser zeigt uns den Weg zum Salzkopf.

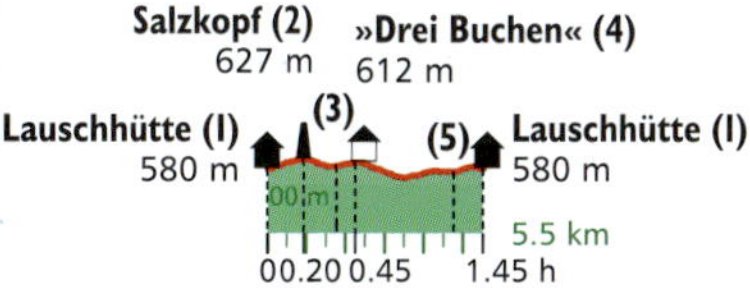

kreuzung zur **Schutzhütte »Drei Buchen«** (4).

Hier links und auf breitem Forstweg unter hohen Fichten abwärts. Bei einer großen Wegkreuzung schwenken wir rechts und folgen dem breiten Weg, der eine scharfe Linksbiegung macht, ganz hinunter. Wir sind hier am Wendepunkt der Tour. Auf den Hängen stehen alte Buchen, dazwischen liegen viele Quarzitblöcke. Der breite Weg senkt sich noch leicht und steigt erst später wieder an. Bei einer Weggabelung **(5)** halten wir uns links und genießen in einer Waldlücke noch einmal den Ausblick auf den Rhein-Hunsrück und den Hintertaunus.

Oben treffen wir wieder auf den Soonwaldsteig und kehren links zur **Lauschhütte (1)** zurück.

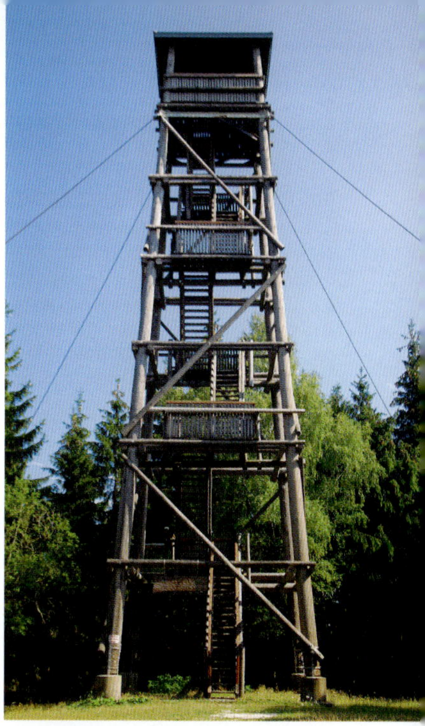

Vom Aussichtsturm auf dem Salzkopf hat man einen herrlichen Rundblick.

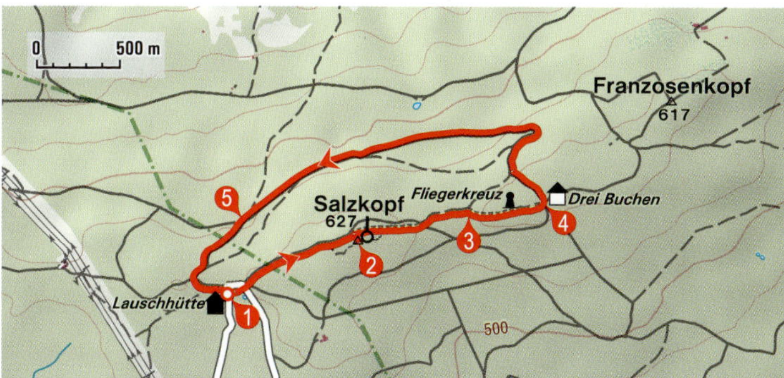

24 Zur Eremitage Maria Reizenborn

2.15 Std.

Vom Waldsee in die Einsamkeit des Soonwaldes

Vom idyllischen Waldsee bei Argenthal ist die Kammhöhe des Soonwalds schnell zu erreichen. Dort erleben wir Stille und Einsamkeit und erfreuen uns an schönen Waldbildern. Auf dem Rückweg besuchen wir die abgelegene Eremitage Maria Reizenborn, eine ehemalige Einsiedelei aus dem frühen 18. Jahrhundert, ab 1775 mit einer Wallfahrtskirche, 1796 zerstört. Ab 1983 ausgegraben und restauriert. Übrigens, im heißen Sommer kann man im Waldsee vergnüglich baden und sich im Restaurant/Café Waldsee stärken.

Ausgangspunkt: Argenthal, Verbandsgemeinde Rheinböllen, Parkplatz am Waldsee (490 m).
Anfahrt: Auf der B 50 bis Ausfahrt Argenthal, dann auf der K 49 in den Ort hinein. Nach dem Ortsende auf der L 242 in Richtung Dörrebach und bald beim Wegweiser rechts ab zum Waldsee (1,5 km).
Höhenunterschied: 240 m.
Anforderungen: Kurze Waldwanderung mit längerem Anstieg.
Einkehr: Am Ausgangspunkt Restaurant/Café Waldsee im Argenthaler Wald.

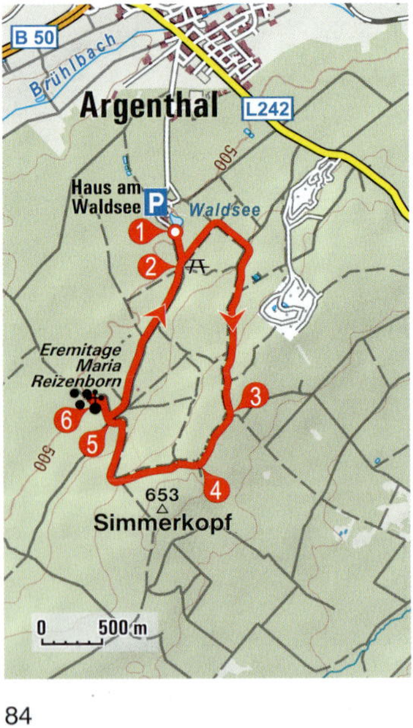

Vom Parkplatz am **Waldsee (1)** wandern wir auf breitem Schotterweg aufwärts, zunächst zwischen Gebäuden, dann am Zaun der Liegewiese entlang. Wir orientieren uns an den violetten Logos der »Schanzerkopf-Tour« und erreichen bald eine Wegkreuzung mit **Rastplatz (2)**. Hier links und auf ebenem Fuß über einen breiten Waldweg bis zur nächsten Kreuzung, wo wir rechts aufwärts laufen. Oben stoßen wir auf einen Querweg, auf dem es wiederum rechts schräg aufwärts geht. Bei zwei Weggabelungen wandern wir geradeaus, halten uns aber nach einem steileren Anstieg rechts und erreichen schließlich die Kammhöhe. Hier umgibt uns urige Waldatmosphäre mit hohen Buchen und Fichten. Es ist still und einsam. Ein **Wegweiser (3)** zeigt uns die Richtung zur Eremitage an. Wir ver-

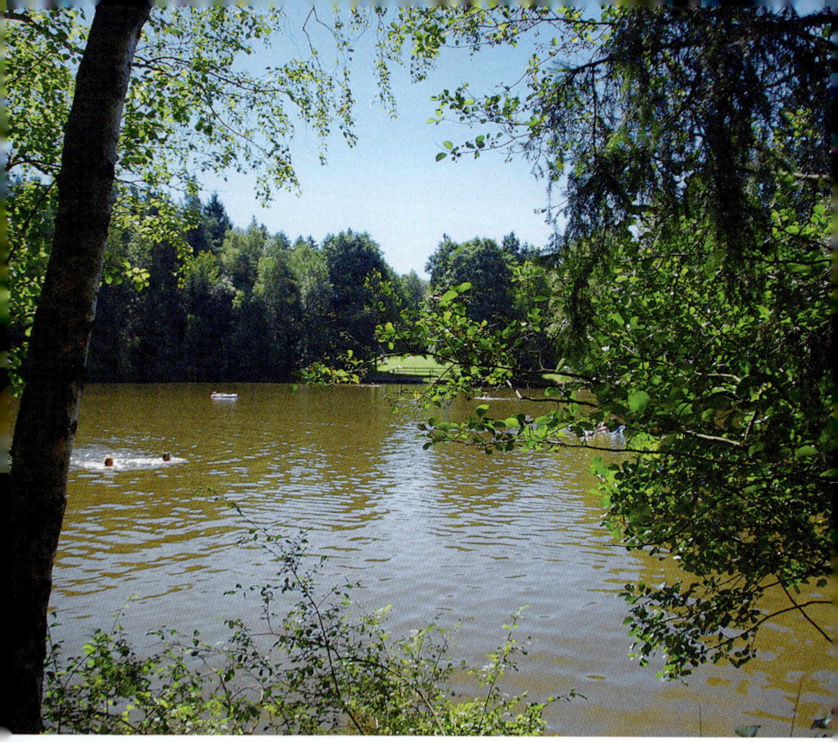

Der Waldsee bietet im Sommer herrliches Badevergnügen.

lassen die Schanzerkopf-Route nach rechts und wandern durch geschlossenen Wald über den Kammweg. Dabei orientieren wir uns an den Zuweg-Logos des Soonwaldsteigs. Schließlich treffen wir auf einen Querweg **(4)** und steigen rechts zu einem Wegestern ab. Dort kurz links aufwärts, dann weiter absteigen bis auf ein Forststräßchen (Wegweiser). Auf diesem weiter talwärts bis zu einem Wegestern **(5)**. Zur nahen **Eremitage (6)** steigen wir über einen Pfad ab, der in den Querweg zur Linken einmündet (oder auf dem Sträßchen weiter abwärts).

Zur Rückkehr zum Ausgangspunkt benutzen wir ab dem Wegestern **(5)** den Schinderhannesweg. Er mündet direkt in den Hinweg **(2)** und führt so zurück zum **Waldsee (1)**.

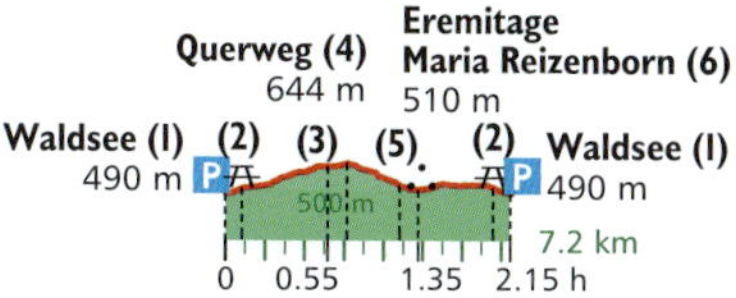

25 In den Wäldern des Großen Soon

6.00 Std.

Vom Argenthaler Waldsee zum Ellerspring

Die riesigen Wälder des Großen Soon, ehemals Revier des »Schinderhannes« und des »Jägers aus Kurpfalz«, sind Ziel dieser Tour. Wegen der Länge ist sie jedoch nur für Wanderer mit Kondition und Ausdauer geeignet. Am Ausgangspunkt liegen ein Gasthaus und der Argenthaler Waldsee, der im Sommer herrlichen Badespaß bietet.

Ausgangspunkt: Argenthal, Verbandsgemeinde Rheinböllen, Parkplatz am Waldsee (490 m).
Anfahrt: Auf der B 50 bis Ausfahrt Argenthal, dann in den Ort hinein. Nach dem Ortsende in Richtung Dörrebach und bald beim Wegweiser rechts ab zum Waldsee (1,5 km).

Höhenunterschied: 440 m.
Anforderungen: Kondition und Ausdauer erforderlich, da sehr lange Rundwanderung durch die endlosen Wälder des Großen Soon.
Einkehr: Restaurant/Café Waldsee am Start und Ziel. Unterwegs keine, also unbedingt Rucksackverpflegung mitnehmen!

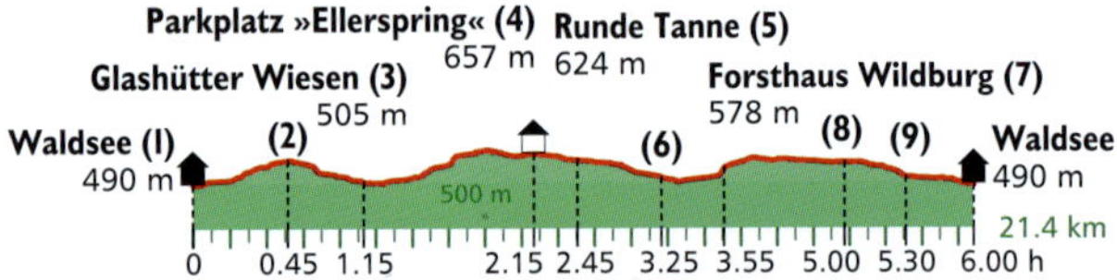

Wir richten uns zunächst nach den Logos der »Schanzerkopf-Tour« und wandern vom Parkplatz am **Waldsee (1)** hoch zu einer Wegkreuzung. Dort biegen wir links und gehen auf einem Forstweg zur nächsten Wegkreuzung, wo wir rechts zu einem Querweg aufsteigen. Auf diesem rechts weiter bergan, wobei wir auf dem Hauptweg bleiben (Logos). So gelangen wir beim Ginsterkopf (632 m) auf die **Kammhöhe** des nördlichen Soonwaldkamms, wo sich eine Weggabelung mit Wegweiser befindet (**2**, »Eremitage Reizenborn«).
Wir folgen aber weiter den Logos der Schanzerkopf-Tour, steigen vom Kamm nach Süden hinunter und kürzen unten über eine Finnenbahn ab. Am Fuß des Kamms geht es auf breitem Forstweg nach links, wobei der Weg später nach rechts schwenkt und an Höhe verliert. Dann verlässt uns die Schanzerkopf-Route nach links, während wir geradeaus weiter abwärts gehen (Zuweg-Logo). Wir sind von geschlossenen, einsamen Wäldern umgeben, fern von allem Verkehrslärm. Schöne Waldbilder wechseln sich ab, mal dominieren Buchen, mal Eichen oder Fichten. Unser Weg zieht geradeaus, noch über zwei Kreuzungen hinweg, bevor wir auf den Soonwaldsteig treffen, dem wir nun folgen. Kurz vor den **Glashütter Wiesen (3)** biegt der Steig

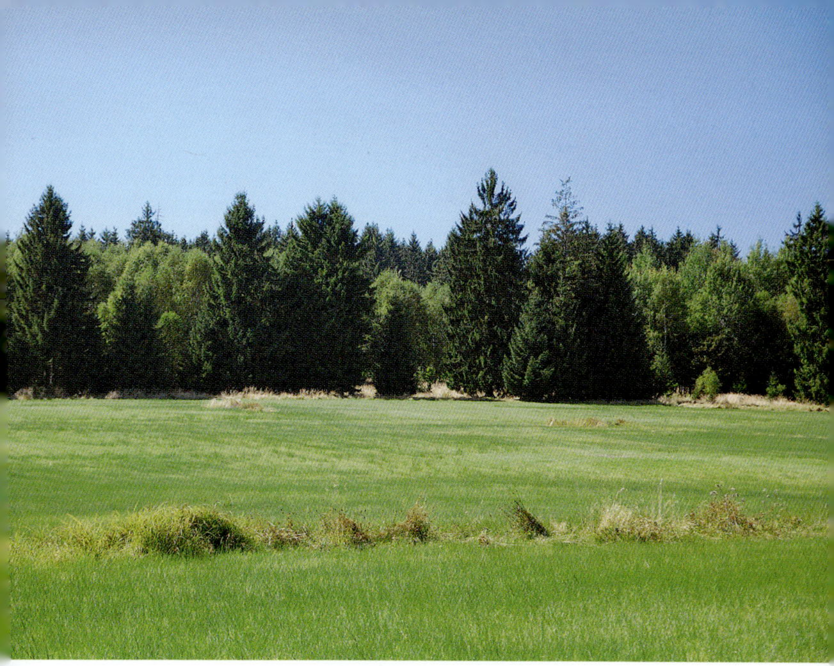

Die Glashütter Wiesen stehen unter Naturschutz.

halbrechts und läuft direkt an den Wiesen entlang, die wie eine große grüne Insel im Wald liegen. Früher erhob sich hier eine Glashütte, heute stehen die Wiesen mit seltenen Pflanzen- und Tierarten unter Naturschutz. Wir bewundern noch die uralte Albert-Eiche, treffen auf einen Querweg und wandern rechts eine idyllische Strecke am Gräfenbach entlang.

Nach einer Weile quert der Soonwaldsteig den Bach und steigt auf geradem Weg lange und deutlich an. Es geht noch über zwei Fahrwege hinweg, dann wird der Weg zum Pfad und schlängelt sich kurvenreich durch hohen Buchenwald. Dabei gewinnt er ständig an Höhe und erreicht schließlich die Kammhöhe des mittleren Soonwaldkamms und den Ellerspring (658 m), seine höchste Erhebung. Auf schwierigem Blockpfad passiert man einen Sendemast und kommt – geleitet von Logos – auf Pfaden, auch auf Wegen schließlich zum **Parkplatz »Ellerspring« (4)**, wo sich eine Schutzhütte befindet.

Wir folgen dann dem Soonwaldsteig über die L 108 und weiter auf kurvigem Pfad zur **Runden Tanne (5)**, die auf dem Rennweg steht. Auf dessen anderen Seite setzt sich der Steig fort, abwechslungsreich und gut markiert, unter Fichten und hohen Buchen. Schließlich trifft man wieder auf den Rennweg

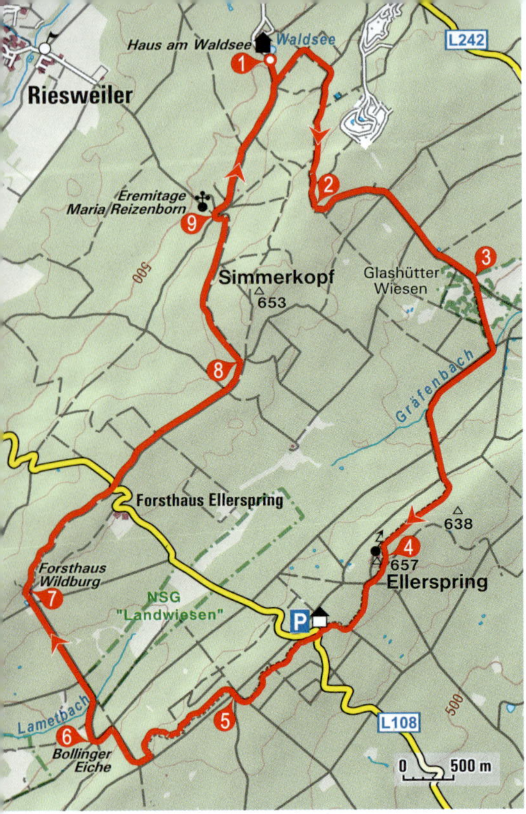

und kurz danach auf eine Wegekreuzung. Achtung, hier wird der Soonwaldsteig verlassen, und wir gehen auf dem Forstweg rechts hinunter (Ww. »Bollinger Eiche, 0,8 km«). Unten auf dem quer führenden Landrichtweg links zur nahen **Bollinger Eiche (6)**, ein Naturdenkmal von 250–300 Jahren.

Auf dem Schrägweg vor der Eiche wandern wir rechts abwärts und queren später den Lametbach (S, Zuweg-Logo). Nun geht es auf schnurgeradem Forstweg lange aufwärts, auch über einen Querweg hinweg, bis wir auf das einsame **Forsthaus Wildburg (7)** stoßen, das malerisch inmitten von Waldwiesen liegt. Wir wandern links am Forsthaus vorbei, biegen dahinter rechts, aber schon nach 20 Metern links auf einen untergeordneten Weg, der schräg den Hang hinaufzieht (Zuweg-Logo). Auf der Kammhöhe rechts zunächst einem Pfad, dann einem Weg folgen und nach etwa 1 km die **L 108** queren.

Weiter auf breitem Forstweg und bei der nahen Gabelung links (Zuweg-Logo). Achtung, wo das Zuweg-Logo nach links zeigt, geradeaus gehen (W1), noch mehrere Wege queren, bis wir einen Wegestern mit Sitzbank erreichen. Nun auf geteertem Forstweg im Linksbogen bis zum nächsten Wegestern mit Sitzbank **(8)**. Jetzt erst auf dem Forstweg ganz links biegen und von der Kammhöhe des Soonwaldes absteigen. Später passieren wir noch einen Wegweiser (»Eremitage Reizenborn«) und kommen weiter unten zu einem weiteren Wegestern **(9)**. Hier biegen wir rechts auf den Schinderhannesweg ab. Er bringt uns nach der langen Wanderung zurück zum **Waldsee (1)**.

3.30 Std.

Zum Koppenstein 26

Von Gemünden zur Burgruine Koppenstein

Die Wanderung führt durch den Nordabfall des Soonwaldes. Ausgangspunkt der Tour ist der Fachwerkort Gemünden, das Ziel ist der Koppenstein, wo wir vom Turm einen herrlichen Panoramablick genießen. Der Abstieg läuft über den blockreichen Soonwaldsteig ins Simmerbachtal. Zurück geht es über Gehlweiler, bekannt aus dem Film »Die andere Heimat« von Edgar Reitz.

Ausgangspunkt: Gemünden (287 m), Parkplatz in der Raiffeisenstraße.
Anfahrt: Von Norden: B 50 bis Ausfahrt Simmern Ost bzw. Kirchberg, weiter über die L 162 bzw. B 421 nach Gemünden. **Von Süden:** B 41 bis Simmerthal, dort auf die B 421 Richtung Gemünden. Parken in der Raiffeisenstraße beim Bürgerhaus.
Höhenunterschied: 340 m.
Anforderungen: Einfache Rundwanderung, aber beim Abstieg auf dem Soonwaldsteig ist Trittsicherheit erforderlich.
Einkehr: Gaststätten in Gemünden und Gehlweiler.

Vom **Parkplatz (1)** gehen wir zur Hauptstraße und über den Simmerbach zur nahen Kreuznacher Straße. Dort aufwärts und gleich rechts in die Peter-Meyer-Straße. Nach 300 Metern bei einer Sitzgruppe links in ein Kerbtälchen (!) und auf schönem Waldlehrpfad weiter aufwärts. Hinter dem zweiten Steg links und schließlich halbrechts aus dem Tälchen heraus. Nun beim **Sportplatz** über eine Kreuzung und geradeaus auf einen Weg, der markiert ist und leicht ansteigt. Über eine Wegkreuzung hinweg und aufwärts bis zu einem Querweg, auf dem wir kurz links gehen. Vor der L 229 rechts auf einen

Hoch über Gemünden erhebt sich das Schloss.

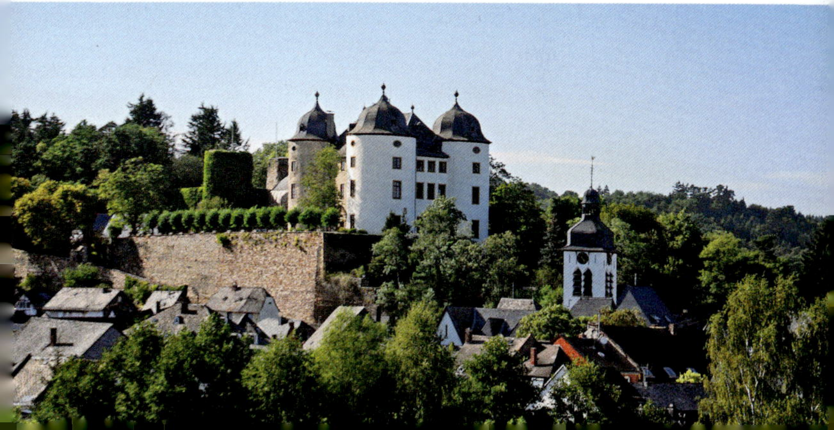

Splittweg bis zur K 61. Auf der Kreisstraße nur 100 Meter links, dann rechts **(2)** auf einen breiten Waldweg (»Schinderhannesweg«), der von hohen Douglasien gesäumt wird. Nach etwa 400 Metern kommen wir zum Soonwaldsteig und steigen auf Stufen und in Kehren zu einem höheren Waldweg auf. Nun kurz rechts (Ww. Koppenstein, 0,7 km), dann auf einem Pfad im Linksbogen weiter aufwärts. Auf der Höhe erwarten uns urige Quarzitfelsen und Reste von Mauern und der tiefe Graben der untergegangenen **Burg Koppenstein (3)**. Vom hohen Bergfried schaut man weit ins Land, bis in die Eifel und zum Donnersberg.

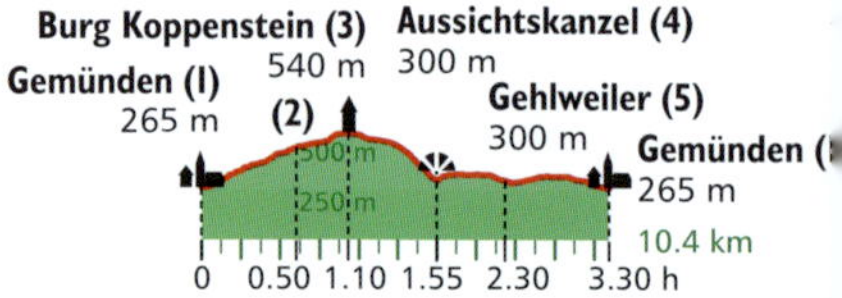

Nun auf dem Soonwaldsteig zurück zum unteren querlaufenden Waldweg. Dort aber nach links (!) und durch schönen Wald nun länger leicht ansteigen. Schließlich schwenkt der Steig vor einem Steinbruch rechts auf einen Blockpfad und passiert eine Sitzbank, von der wir einen herrlichen Talblick haben. Unser Blockpfad fällt dann deutlich ins Kellenbachtal ab und verlangt gute Trittsicherheit. Es geht länger durch Niederwald, vorbei an Felsrippen und Blockhalden, bis wir weiter unten auf einen Querweg stoßen. Auf diesem können wir rechts abkürzen (s. Variante in Karte). Die Hauptroute führt aber noch weiter abwärts bis zu einem tieferen Querweg, wo sich eine **Aussichtskanzel (4)** befindet (Blick auf den Langenstein).

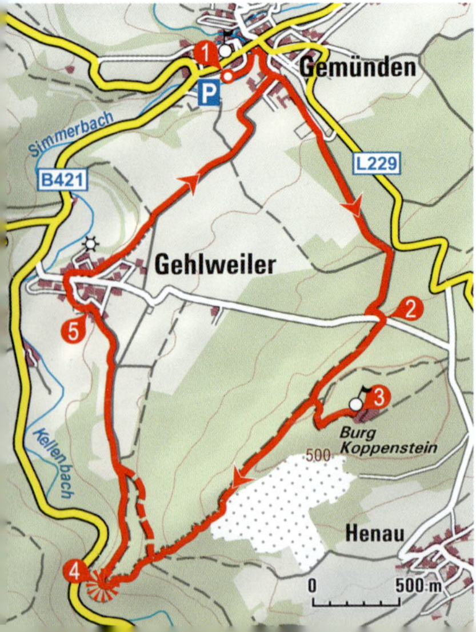

Auf diesem Querweg nun rechts in Richtung Gehlweiler. Nach einer Weile treffen wir auf den Abkürzungsweg, verlassen den Wald und genießen die schöne Sicht über die Hunsrücklandschaft. Bei einer Wegkreuzung geht es halblinks (!) abwärts und auf der Straße »In der Hohl« nach **Gehlweiler (5)** hinein. Auf der Hauptstraße gehen wir rechts aufwärts an der alten Schmiede und dem »Haus des Bürgermeisters« vorbei, Kulissen aus dem Film »Die andere Heimat« von Edgar Reitz. Nach 100 Metern links auf den Gemündener Weg und später aufwärts zu einem Teerweg. Auf diesem wandern wir durch die Fluren nach Gemünden zurück und erreichen so wieder unseren **Parkplatz (1)**.

2.15 Std.

Von Bad Kreuznach auf den Rotenfels

Zur höchsten außeralpinen Felswand Deutschlands

Bad Kreuznach ist das älteste Radon-Solbad der Welt mit schönen Kuranlagen und kilometerlangen Gradierwerken im Salinental an der Nahe. Ziel unserer Wanderung ist der mächtige Rotenfels bei Bad Münster am Stein, die höchste und längste außeralpine Felswand Deutschlands. Der Rotenfels ist Naturschutzgebiet, daher bitte auf den Wegen bleiben!

Ausgangspunkt: Bad Kreuznach (110 m), sehenswerte Kreisstadt und Kurort an der Nahe. Schwimmbad-Parkplatz »Brauwerk« im Salinental (»An der Karlshalle«) an der südlichen Nahebrücke (B 48 nach Münster am Stein).
Anfahrt: **Auto:** A 61 bis Ausfahrt Idar-Oberstein, Bad Kreuznach. Die Stadt liegt am Schnittpunkt der B 41 mit der B 48. **Bahn:** Bad Kreuznach ist Bahnstation an der Linie Mainz – Saarbrücken.
Höhenunterschied: 290 m.
Anforderungen: Kurze Rundwanderung mit steilem Anstieg auf schmalen Waldpfaden. Auf der Höhe überwiegend bequeme Wege.
Einkehr: Gasthaus »Zur Bastei« auf der Rotenfels-Höhe.

Beeindruckend: der Rotenfels bei Münster am Stein.

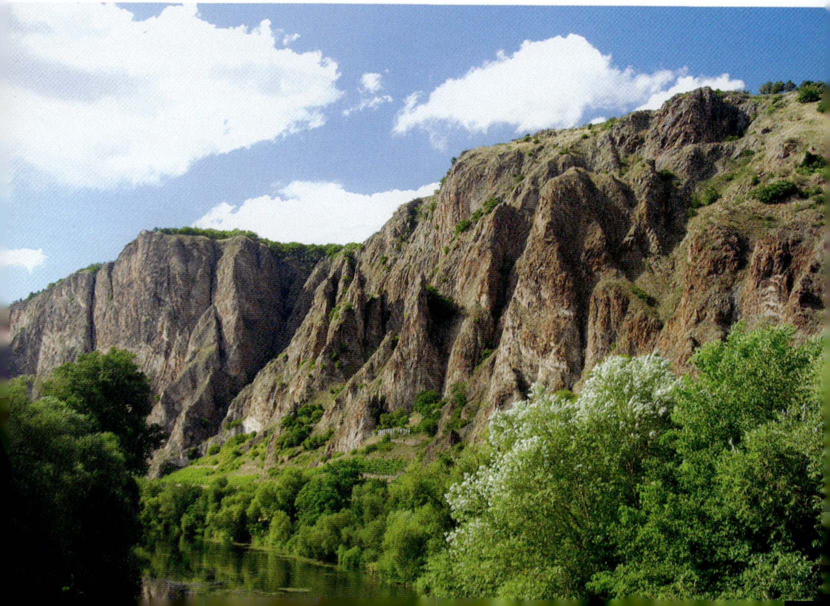

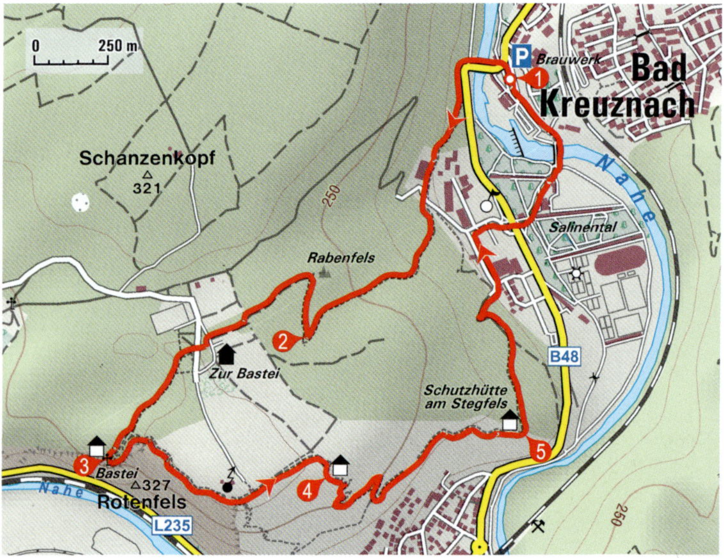

Wir starten am **Parkplatz »Brauwerk« (1)** im Salinental und wandern auf der Straßenbrücke über die Nahe. Am anderen Ufer nur 100 m links, dann rechts auf den Stegfelsweg (»KH 6«). Es geht steil bergan, über eine Hangstraße hinweg, dann weiter aufwärts (»KH 6«). Um uns stehen Eichen und Hainbuchen, dazwischen viele Esskastanien. An einer Weggabelung halten wir uns halb rechts, an einer zweiten wieder halb rechts und steigen in einem Seitentälchen weiter aufwärts. Kurz vor Erreichen der Höhe führt uns ein Pfad (»KH 6«) erneut nach rechts (!) zu einer ausgeschilderten Wegkreuzung. 50 m rechts davon liegt der **Rabenfels (2)** mit herrlicher Sicht auf Bad Kreuznach und das Alzeyer Hügelland. Von der Felskanzel zurück, gehen wir über die Wegkreuzung gerade hinweg und treffen bald auf einen Fahrweg. Auf diesem nur 15 m links, dann rechts auf dem Rotenfelsweg am Restaurant »Bastei« (Einkehr) vorbei bis zu einem Querweg. Dort nur 20 m links und wieder rechts zu einem Sträßchen. Über dieses hinweg, bis wir nach 100 m eine Weggabelung erreichen. Nun führt uns der Rotenfelsweg nach links direkt zur **Bastei (3)**, wo der Rotenfels senkrecht 180 m zur Nahe abstürzt. Was für ein Tiefblick! Unter uns das

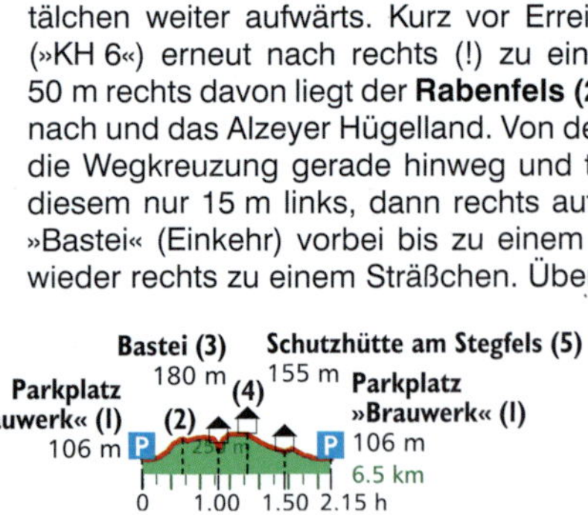

Nahe- und das einmündende Alsenztal mit Bad Münster am Stein-Ebernburg. Auf der anderen Seite des Talkessels der jäh aufsteigende Fels des Rheingrafensteins, dahinter das Glan-Alsenz-Berg- und -Hügelland.
Anschließend wandern wir auf Weg »10« an einer Schutzhütte vorbei und an der geländergesicherten Felswand entlang bis zu einem Punkt, wo der **Rotenfels** seine größte Fallhöhe mit 216 m erreicht. An den im Sommer sonnendurchglühten Felsen wachsen Felsenahorn, Felsenbirne, Steinweichsel und andere Pflanzen südeuropäischer Herkunft. Auch seltene, Wärme liebende Tierarten wie der Segelfalter, die Smaragdeidechse und die Zippammer kommen vor.
Unser Weg hält dann Abstand von der Hangkante und läuft bei einer Wegabzweigung geradeaus (»Bad Münster«). An der nächsten Wegkreuzung schwenken wir rechts zu einer **Schutzhütte (4)**. Hier entdecken wir einen spannenden Hangpfad, auf dem wir zunächst in Serpentinen absteigen. Dann müssen wir bei einer Sitzbank scharf links auf den Weg zum Stegfels biegen (Weg »10«). Dieser verläuft eben, auch durch einen kleinen Tunnel hindurch, dann mit prachtvoller Sicht auf Bad Münster am Stein bis zur **Schutzhütte am Stegfels (5)**.
Hier links auf dem breiten, leicht abwärts führenden Waldweg zum Salinental hinunter (»Kur 1«). An der nahen Weggabelung geradeaus gehen, auch später bei einer Sitzbank geradeaus. Wir schwenken noch in ein Seitentälchen, wandern abwärts und folgen bei den ersten Häusern links dem Teerweg in Richtung Salinental. Beim Auftreffen auf die Hangstraße halten wir uns rechts und überqueren die B 48. Wir umrunden das Restaurant, wandern links am altehrwürdigen Pumprad vorbei und gehen noch unter einem Gradierwerk hindurch. Dahinter rechts über den Nahesteg und zurück zum Parkplatz in **Bad Kreuznach (1)**.

Die Gradierwerke dienten früher zur Salzgewinnung, heute zu therapeutischen Zwecken.

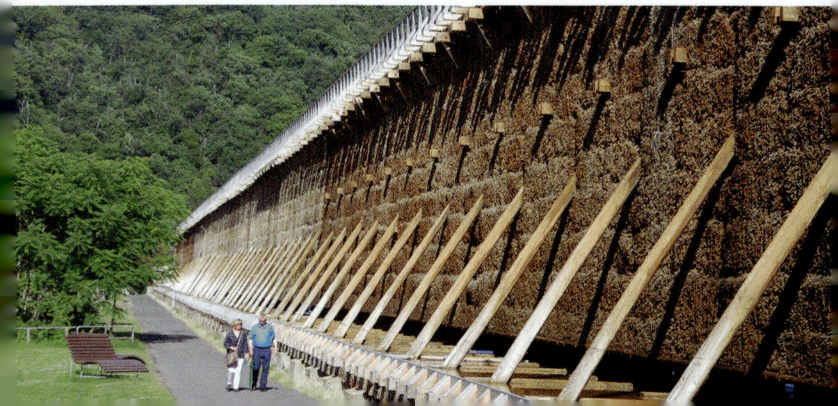

28 Auf dem Kuckucksweg

2.30 Std.

Durch die Weinberge bei Hergenfeld

Der alte Weinort Hergenfeld liegt südlich des Soonwalds. Weinberge dringen hier weit nach Norden vor, schaffen zusammen mit Wiesen, Äckern und Feldgehölzen eine große landschaftliche Vielfalt und erlauben weite Sicht – beste Voraussetzungen für eine schöne Wanderung.

Ausgangspunkt: Hergenfeld (317 m), Verbandsgemeinde Rüdesheim. Sportplatz am Waldrand nördlich vom Ort.
Anfahrt: A 61 bis Ausfahrt Waldlaubersheim/Wallhausen, weiter auf der L 236 bis Windesheim, dann über die K 49 und K 47 nach Hergenfeld. Parken beim Sportplatz, erreichbar von der »Soonwaldstraße« über die Straße »Zum Sportfeld«.
Höhenunterschied: 140 m.
Anforderungen: Leichte Rundwanderung auf naturbelassenen Wegen.
Einkehr: Unterwegs keine, also Proviant mitnehmen. Hofladen in Hergenfeld.

Auf dem **Sportplatz** von **Hergenfeld (1)** gehen wir am Vereinsgebäude vorbei und um den Platz herum zu einem breiten Weg. Auf diesem wandern wir links mit schöner Sicht am Waldrand entlang. Unter uns liegt ein bildschönes Muldental, aus der Ferne grüßen Naheberge und Donnersberg. Vor einer **Baumhecke (2)** steigen wir ab und gehen im Talgrund nach links. Auf dem

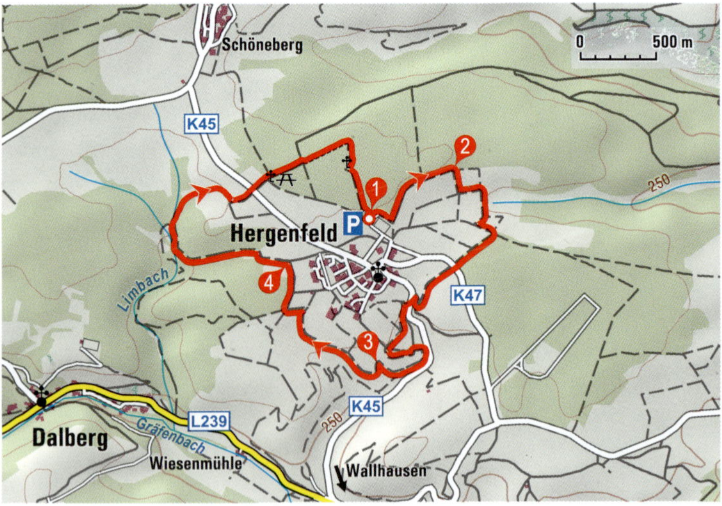

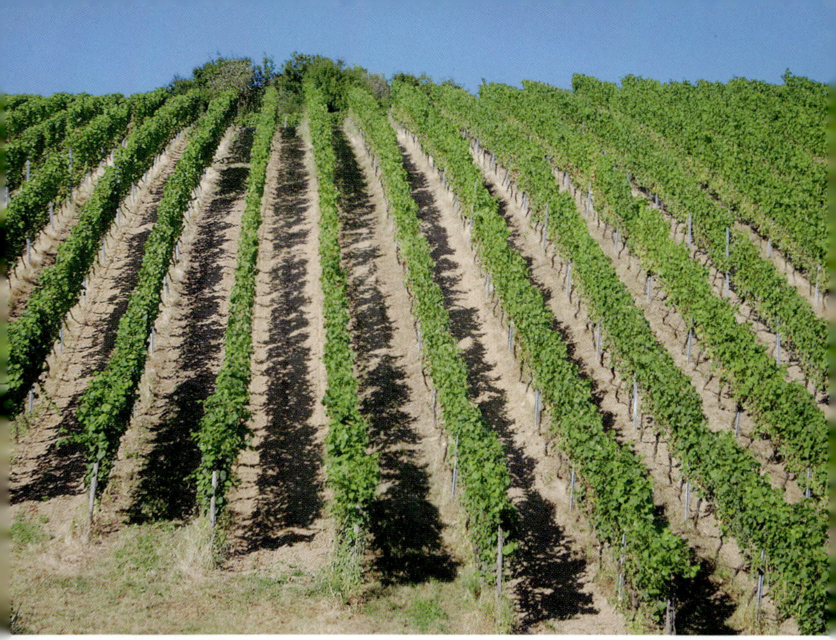

Weinberg bei Hergenfeld.

ersten Querweg nach rechts und unter mehrfachem Richtungswechsel wieder hoch zum gegenüberliegenden Waldrand. Nun an diesem entlang, mit schönem Blick auf Hergenfeld. Wir überqueren die K 47, dann führt uns ein Grasweg schnurstracks in ein Tal hinunter, vorbei am ersten Weinberg. Schließlich biegen wir mit einer Spitzkehre auf einen Teerweg, der uns hinunter zur **K 45** bringt.
Wir sind nun unten im Raubachtal und folgen der Straße nur 30 Meter nach links, bevor wir rechts mit dem Wiederaufstieg beginnen. Schon auf dem ersten Weg schwenken wir links und wandern auf weichen Graswegen zwischen Böschungshang und Weinbergen zu einer Kreuzung, später über einen Teerweg und im Bogen wieder ganz hinunter ins Raubachtal. Unten treffen wir auf die Vitaltour »Stein, Wein und Farbe« und gehen ein Stück gemeinsam talabwärts. Unser Kuckucksweg zieht aber bald wieder in den Hang hinein bis zu einer Weggabelung, wo wir uns vor einer hohen Böschung links

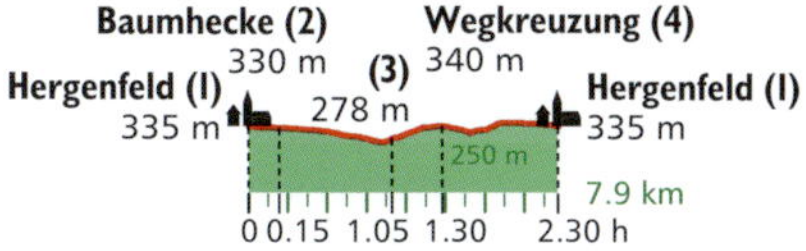

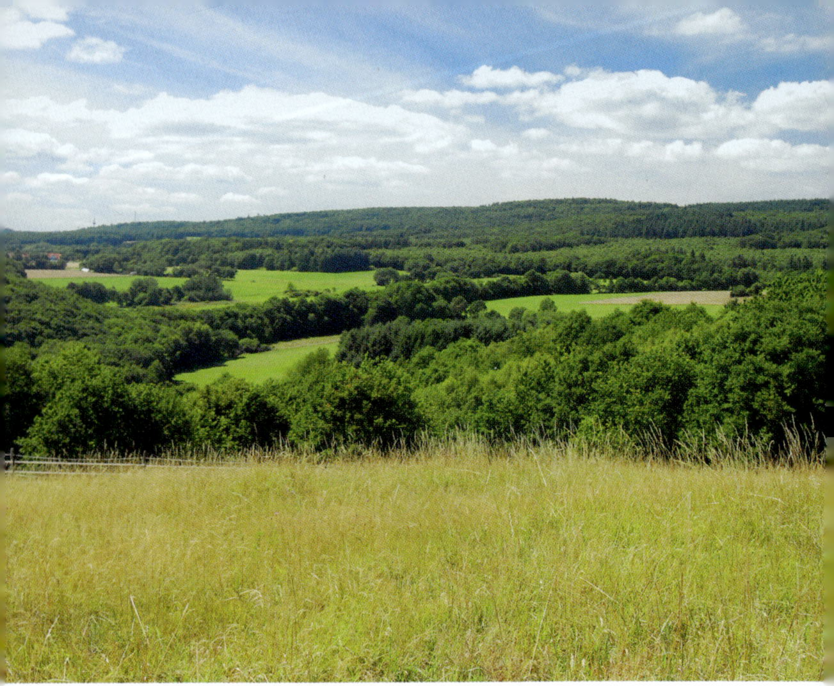

Blick vom Kuckucksweg nach Nordwesten zum Soonwald.

halten **(3)**. Zwischen Weinbergen und Weinbergbrachen geht es weiter aufwärts, mit herrlichem Blick auf Täler und Höhen. Schon in Dorfnähe biegen wir links zum Wald ab und gehen rechts am Waldrand entlang bis zu einer **Wegkreuzung (4)**.

Hier weist uns das Logo wieder nach links. Wir wandern ins Limbachtal hinunter, wechseln bald an den rechten Talrand und tauchen weiter unten in Wald ein. Ein Pfad führt uns dicht am malerischen Limbach entlang und leitet uns wieder hoch zum Hangweg. Wir verlassen den Wald und steigen durch ein schönes Wiesentälchen, zuletzt rechtshaltend, auf die Hochfläche hinauf.

Nun über die K 45 zum Waldrand, wo wir von einer Sitzgruppe nochmal die herrliche Aussicht genießen. Dann auf breitem Waldweg zu einer Wegkreuzung. Dort beginnt ein markierter Pfad, der uns kurvenreich durch den Fichtenwald bringt. Auf einem Querweg gehen wir schließlich rechts und wieder rechts zu einem einsamen Heiligenhäuschen. Zurück auf dem Querweg wandern wir weiter, bis wir auf einem Pfad wieder zum **Sportplatz (1)** gelangen.

6.15 Std.

Im Nahebergland

29 TOP

Auf dem Willigisweg von Seesbach nach Auen

Der Willigisweg erschließt das südliche Vorland des Großen Soons. Die Landschaft ist hier durch bewaldete Bergrücken und tief eingeschnittene Täler sowie durch ein Mosaik von Äckern, Wiesen und Feldgehölzen reich gegliedert, ungestört und wunderschön. Diese Wanderung, die zu den Vitaltouren gehört, wird sehr beworben, ist aber wegen ihrer Länge nur für ausdauernde Wanderer geeignet. Bei Langenthal kann sie aber um etwa 5 km verkürzt werden.

Ausgangsort: Seesbach am Südrand des Großen Soon (Verbandsgemeinde Sobernheim). Parkplatz am Waldrand oberhalb von Seesbach beim Solarfeld und Sportplatz.
Anfahrt: **Von Norden:** Auf der B 50 bis Ausfahrt Kirchberg. Weiter auf der L 421 über Gemünden nach Kellenbach. Von dort nach Seesbach. **Von Süden:** Auf der B 41 bis Simmertal oder Monzingen. Weiter über Landstraßen nach Seesbach.
Parken auf dem Wanderparkplatz am Waldrand oberhalb von Seesbach.

Höhenunterschied: 500 m.
Anforderungen: Lange Rundwanderung mit Anstiegen, überwiegend auf Naturwegen und -pfaden. Gute Orientierung durch das Vitaltour-Logo und Wegweiser.
Einkehr: Gaststätten in Auen. Besser Verpflegung aus dem Rucksack.
Variante: Schöne Abkürzung der Tour durch das Seitental des Gaulsbachtales nach Langenthal möglich.
Hinweis: Die Tour kann auch am Kneipp-Tretbecken bei Auen begonnen werden (dort Parkplatz).

Wir starten vom **Wanderparkplatz (1)** nördlich Seesbach in Richtung Trifthütte. Zunächst am Waldrand entlang mit weitem Blick ins Land, dann im Waldwinkel links in den Wald hinein bis zu einer Rodungsinsel. Vorbei am Waldjugendheim, dann rechts auf weißem Kiesweg nach Waldfriede, über die L 230 hinweg und auf schönem Waldweg leicht abwärts durch hohen Eichen- und Buchenwald. Wir queren die K 17 und folgen einem Waldpfad, auch an Waldwiesen vorbei, zur **Schinderhanneshöhle (2)** am Kieselbach. Dort über einen Steg und dicht am naturnahen Bach entlang. Der Weg biegt ins Hoxbachtal ab (am Gegenhang verläuft die K 17) und kommt zu einem Teich. Hier nicht über den Steg, sondern links auf einem Pfad den Hang steil aufwärts und wieder links in ein Seitentälchen hinein. Wir überqueren nach längerem Aufstieg die L 229. Etwas rechts versetzt geht es weiter hoch bis zu einem Teerweg, auf

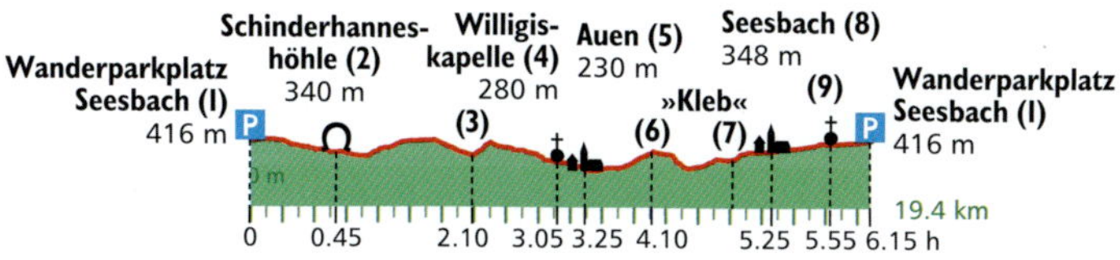

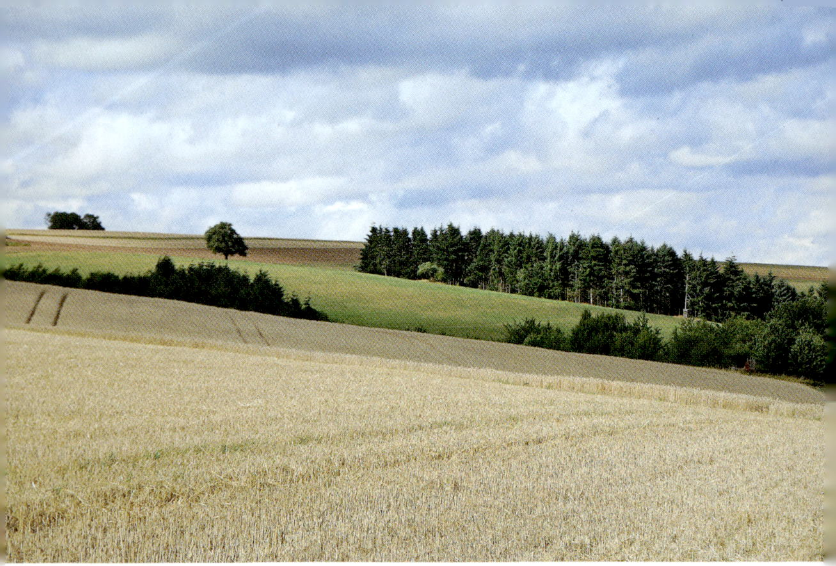

Wir wandern durch schön gegliederte Landschaft.

dem wir uns erneut rechts halten. Nach 300 Metern biegen wir links und genießen den herrlichen Weitblick über die offene Hochfläche (Logos!). Beim **Fuchshof** links auf einen Schotterweg, dann auf einem Grasweg leicht abwärts zu einer Sitzgruppe mit schönem Talblick. Zwischen Hecken und Niederwald weiter hinunter in ein idyllisches Grünlandtal. Unten auf dem Talweg nur 30 Meter rechts zu einem Wegweiser **(3)**. Hier kann man geradeaus nach Langenthal gehen und so die Tour deutlich verkürzen. Die Hauptroute biegt aber links, quert die Aue und steigt durch den Waldhang steil an. Oben über die offene Flur hinunter zum Waldrand, dort links und im Rechtsbogen durch wunderschöne Landschaft ganz hinunter zur Freizeitanlage im Aubachtal.
Nun auf einem Grasweg zwischen Grillhütte und Wassertretbecken um einen Teich herum, über die K 22 und hoch zur **Willigiskapelle (4)**. Der Weiterweg verläuft unterhalb der Kapelle und zieht auf Waldwegen parallel zum Aubach nach **Auen (5)**. Auf der Waldstraße und Hauptstraße durch den hübschen Ort, am Gemeindehaus vorbei und rechts auf der Straße » Am Römerstich« aufwärts zum oberen Ortsrand. Auf einem Grasweg weiter bis zu einem Weinbergsweg ansteigen. Auf diesem links leicht abwärts, auch über einen Teerweg hinweg, und lange an Trockenmauern (Weinbergsbrachen) entlang in ein Seitentälchen hinein. Unter kurvenreichem Verlauf folgen wir dann der markierten Route aufwärts bis zu einer **alten Eiche (6)** am oberen Waldrand. Dort links über den bewaldeten Kamm des NSG Rabenkopf, bis wir im Wald auf

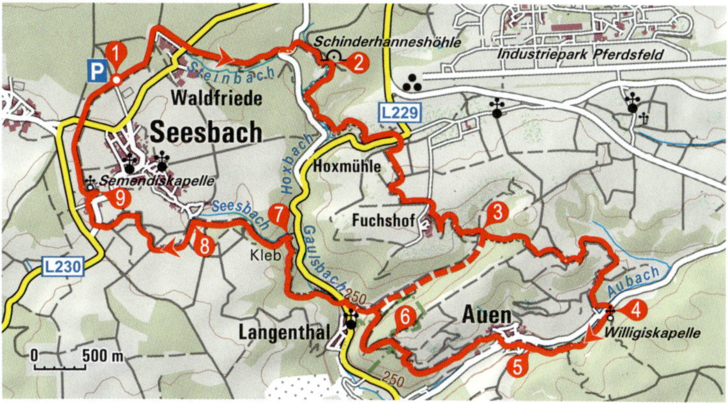

einen Querweg stoßen. Nun rechts und länger abwärts, zuletzt recht steil. Danach links in ein traumhaftes Grünlandtal hinunter, wo wir unten auf den Abkürzungsweg treffen.

Auf dem Talweg links und kurz hinter einem Einzelhaus rechts hangaufwärts (»Semendiskapelle, Seesbach«). Später wieder absteigen, über die L 229 und am Gaulsbach entlang talaufwärts. Bei einem Querweg über den Bach und auf steilem Pfad in den Waldhang. Oben führt uns ein Forstweg im Hang rechts zu einer Weggabelung, wo wir hangaufwärts gehen. Achtung, in der nächsten Wegkehre rechts hinunter zur **»Kleb« (7)**, einem schluchtartigen Kerbtälchen mit Felsen und Wasserfällen. Ein Pfad führt uns dicht an der Talkante aufwärts. Oben folgen wir einem Grünlandtal am Waldrand entlang bis zum unteren Ortsrand von **Seesbach (8)**. Hier halten wir uns links, gehen in der Weggabelung geradeaus und lassen uns von den Logos über die Äcker und Wiesen zur **Semendiskapelle (9)** leiten. Oberhalb der Kapelle folgen wir den Wegweisern entlang von Baumhecken und kehren so zum **Ausgangspunkt (1)** zurück.

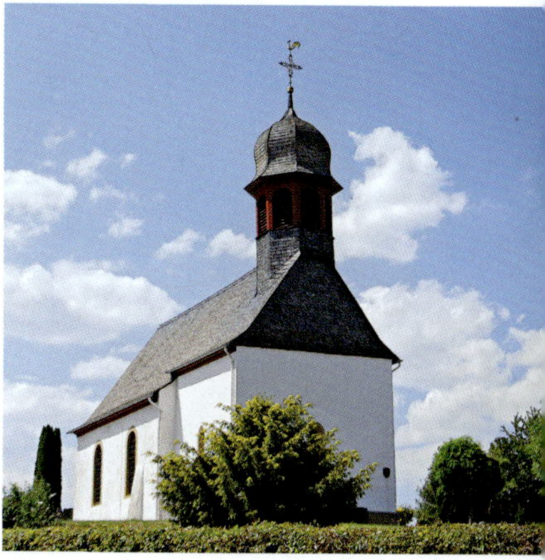

Semendiskapelle bei Seesbach.

TOP

30 Im Hahnenbachtal

3.00 Std.

Zur Ruine Schmidtburg und zur Keltensiedlung Altburg

Weitschwingende Mäander, eine idyllische Grünlandau, steile Waldhänge und der naturnahe Bach mit seinem Erlensaum machen das mittlere Hahnenbachtal zu einem idealen Wanderrevier, frei von Verkehrslärm. Hier verläuft der Premiumweg »Hahnenbachtal«, der im Jahr 2012 zum schönsten Wanderweg Deutschlands gewählt wurde. Wir wandern ihn gegen den Uhrzeigersinn, wobei uns die violetten Logos der Traumpfade leiten.

Ausgangspunkt: Parkplatz beim Forellenhof (Reinhardsmühle, 255 m) im Hahnenbachtal nördlich Rudolfhaus bei Kirn (oder Parkplätze des Besucherbergwerks, erreichbar über Bundenbach).
Anfahrt: Über die B 50 bis Ausfahrt Kirchheim. Weiter auf der B 421 nach Dickenschied und der L 182 über Bruschied nach Rudolfhaus im Hahnenbachtal. Von da zum Forellenhof. Oder über die B 50 bis Sohren und weiter über Laufersweiler, Rhaunen, Bundenbach nach Rudolfhaus. Auch von Kirn über Hahnenbach und Rudolfhaus zum Forellenhof.
Höhenunterschied: 290 m.
Anforderungen: Leichte bis mittelschwere Rundtour, überwiegend auf Naturwegen und Pfaden. Zwei Anstiege: zur Hellkirch und nach Bundenbach. Die Route ist gut markiert.
Einkehr: Hotel-Restaurant Reinhardsmühle (Forellenhof), unterwegs in der Bergmannschänke beim Besucherbergwerk Herrenberg.

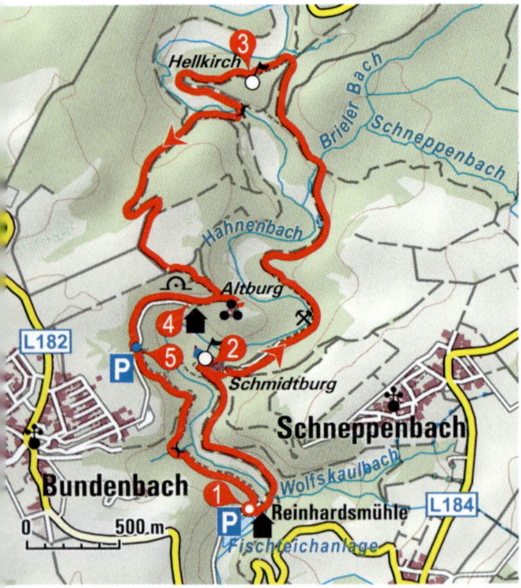

Ausgangsort ist die **Reinhardsmühle (1, Forellenhof)**. Oberhalb davon überqueren wir den Bach und gehen anschließend talaufwärts (Schmidtburg, 1 km). Links begleitet uns die Wiesenaue, auf beiden Talseiten sind die Waldhänge von schroffen Felsen durchsetzt, örtlich entdecken wir Schieferhalden, die auf alten Bergbau hinweisen.
Unterhalb der **Schmidtburg (2)** nehmen wir den ersten oder nach 200 m den zweiten Weg und steigen recht steil zur Burg an. Nach Besichtigung der mächtigen Ruine, einer der ältesten und wehrhaftesten Burganlagen im Hunsrück, die übrigens dem Räuber »Schinderhannes« und seiner Bande als Unterschlupf gedient hat,

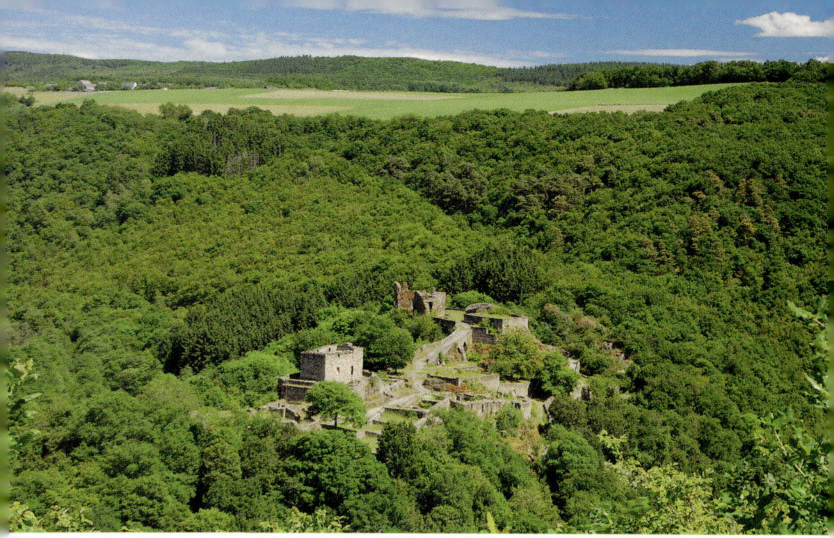

Ruine Schmidtburg im Hahnenbachtal.

führt unsere Route über die steinerne Zugangsbrücke der Burg und folgt dem Weg hinunter in Richtung Hellkirch. Wir gehen aber unterhalb der Campingwiese nicht links weiter abwärts zur Altburg, sondern wieder schräg aufwärts (!) und erreichen bald den Talweg (hier verläuft auch der »Soonwaldsteig«), der dicht über dem Bach und an mächtigen Felsen vorbei durch den bewaldeten Prallhang läuft. Der Waldweg überquert noch einen Seitenbach, kürzt später über einen Talriedel ab und senkt sich dahinter. Erneut marschieren wir durch einen steilen Prallhang. Hier ist auch die schmale Talsohle von Wald bedeckt. Dann weitet sich die Aue und erfreut uns durch Wiesen und Gebüsche. Wir entdecken Teiche, den Mühlgraben und schließlich auch Mauerreste der ehemaligen Achatschleifmühle Götzenau. Hier wurde auch ein neuer Wassererlebnispfad ausgeschildert.

Der Weg steigt später an, doch wir gehen bald links davon ab und überqueren auf Blöcken einen Seitenbach. Dann steigen auch wir leicht an, bis wir nach einer Weile einen Wegestern erreichen. Jetzt scharf links und steil hoch zur **Ruine Hellkirch (3)**, die mitten im Tal auf einem hohen Umlaufberg liegt. Oben erwartet uns außer dem von Legenden umrankten Kirchlein eine Sitzbank mit herrlichem Blick ins Tal. Nach der verdienten Rast geht es auf einem

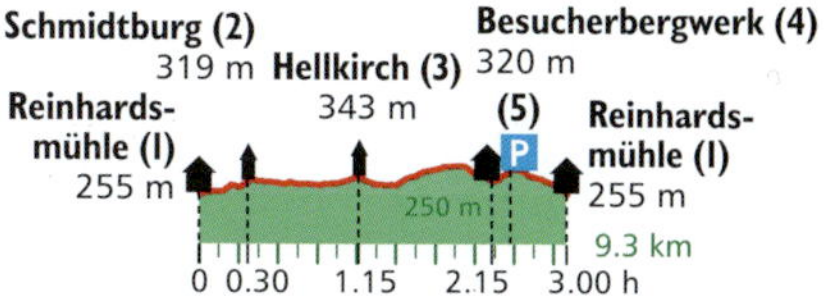

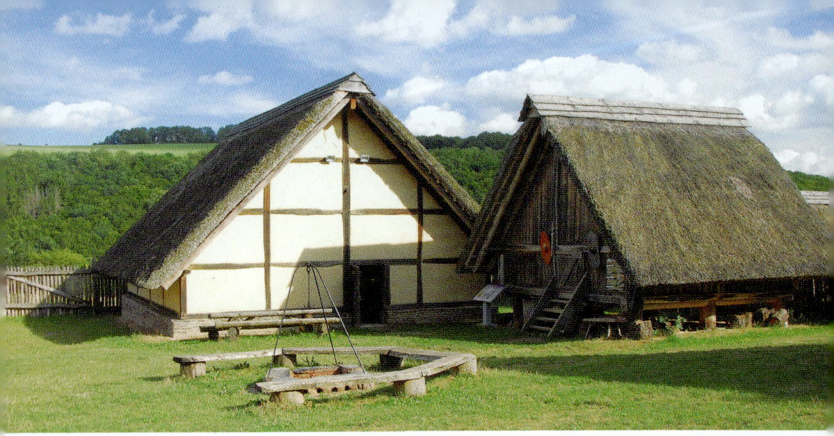

Die rekonstruierte Keltensiedlung Altburg, hoch über dem Hahnenbachtal.

Waldpfad in die Grünlandaue hinunter (Logo), wo wir uns sofort links halten. Nun folgt eine besonders schöne Strecke am Wiesenrand entlang, bis wir auf einem massiven Holzsteg den Bach überqueren und zu einem Weg ansteigen. Auf diesem aufwärts und in der zweiten Kehre rechts auf einen Pfad, der durch den steilen Waldhang hoch zu einer Schieferhalde führt. Hier öffnet sich wieder ein herrlicher Blick ins Tal. Anschließend gewinnt die Route in einem Seitental beträchtlich an Höhe und erreicht nach einer Kehre die offene Feldflur von Bundenbach. Sie bietet uns einen weiten Landblick über das Hahnenbachtal hinweg bis zum Lützelsoon. Logos leiten uns hier oben zweimal nach links, bevor es am Waldrand rechts zu einer großen Weggabelung hinuntergeht. Holzfiguren und Wegweiser zeigen uns den Weg zur nahen **Keltensiedlung Altburg** aus dem 2. bis 1. Jahrhundert vor Christus, die auf einem Riedel liegt.

Zurück an der Weggabelung wandern wir auf dem Fahrweg abwärts, schwenken aber schon nach 30 m links auf einen Pfad, der uns zum **Besucherbergwerk Herrenberg (4)** bringt. Nach eventueller Besichtigung mit Besuch im Fossilienmuseum oder auch Rast in der Bergmannsschänke geht es die Teerstraße kurz hoch zu einem Parkplatz. Dort wechseln wir links auf den Hangweg, folgen ihm zuerst abwärts, dann aber wieder aufwärts bis zur Straße, wo sich ein **zweiter Parkplatz (5)** befindet. Hier leitet uns die Ausschilderung »Forellenhof« erneut in den Hang hinein. Wir wandern schräg hinab und umrunden noch eine Felsklippe mit unvergleichlichem Blick auf die gegenüberliegende Schmidtburg. Wir orientieren uns immer an den Wegmarkierungen, kommen später noch durch ein Seitentälchen, durchqueren auch zwei kurze Tunnels und gelangen schließlich zu einem breiten Weg, der uns wieder hinab ins Hahnenbachtal zum **Forellenhof (1)** bringt.

3.00 Std.

Auf dem »Mittelalterpfad« 31 TOP

Vom mittelalterlichen Herrstein zu aussichtsreichen Höhen

Der schöne »Mittelalterpfad« verbindet den historischen Tal- und Burgort Herrstein mit den offenen Hunsrückhöhen, die sich zwischen dem Soon- und Idarwald erstrecken und zu herrlichen Landblicken einladen. Der »Mittelalterpfad« ist ein Premiumweg und war bester Wanderweg Deutschlands im Jahr 2010.

Ausgangspunkt: Herrstein (320 m, im Fischbachtal nördlich Fischbach). Hauptstraße/Bachweg (dort Einstieg beim Wanderportal).
Anfahrt: Über die B 50 bis Ausfahrt Sohren, weiter über Laufersweiler, Rhaunen nach Herrstein. Aus dem Nahetal fährt man von Fischbach über die L 175 bis Herrstein. Parkplätze an Hauptstraße, Bachweg, Brühlstraße und Lindenplatz.
Bus: Verbindung mit Idar-Oberstein.
Höhenunterschied: 240 m.
Anforderungen: Leichte Rundtour, überwiegend auf Naturwegen und -pfaden.
Einkehr: Herrstein: Restaurant/Café Zehntscheune, Café Uhrturm, Turnhallengaststätte.
Tipp: Herrstein hat einen wunderschönen mittelalterlichen Ortskern mit Stadtmauer, Stadttor, Türmen, historischen Fachwerkhäusern, engen Gassen, kleinen Plätzen und Brunnen. Besonders sehenswert: Rathausplatz mit Schinderhannesturm und die hoch über allem aufragende Schlosskirche mit Stumm-Orgel und Glockenturm.

Erlebnishungrig starten wir auf der Hauptstraße in **Herrstein (1)** und orientieren uns an den lila Logos der Traumpfade. Auf einem Pflasterweg nähern wir uns der Stadtmauer und wenden uns davor nach rechts. Eine Pforte in der Mauer lässt uns ins historische Herrstein hinein, da wo der Hankelbrunnen steht. Von dort bringt uns ein Durchgang zum Uhrturm, wo wir links zwischen stilvollen Fachwerkhäusern zum Schloßweg hochgehen. Nun rechts weiter hoch zum Rathausplatz, dem malerischen Ortskern, der uns mit seiner mittelalterlichen Atmosphäre bezaubert. Dann steigen wir links weiter an und am Pranger vorbei bis zu einer hohen Treppe, die zur **Schlosskirche** hinaufführt.

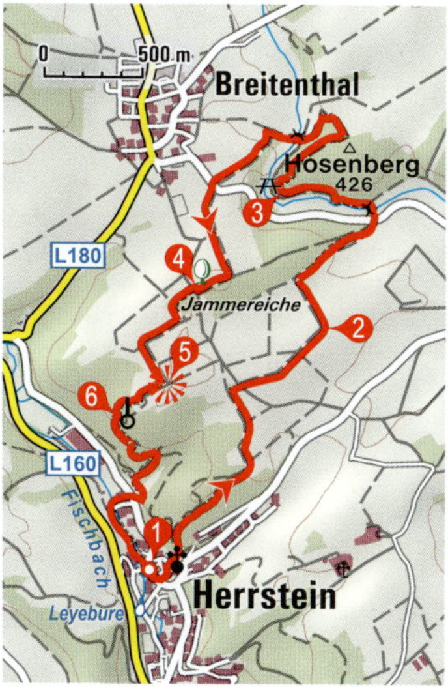

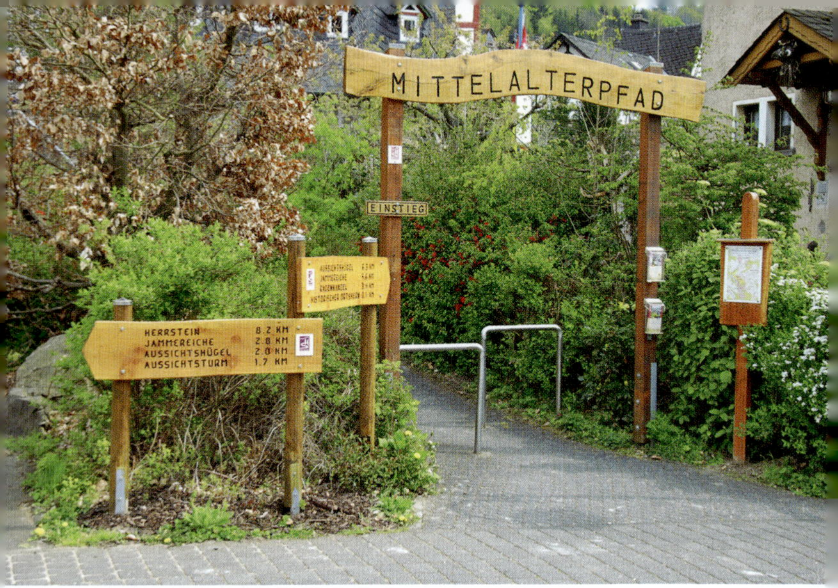

Wanderportal in Herrstein.

Oben genießen wir den Ausblick über die Schieferdächer von Herrstein und über das Fischbachtal. Anschließend verlassen wir den Ort durch einen Mauerdurchlass und steigen über den nahen Treppenweg zu einem quer laufenden Waldweg auf. Nun gehen wir links und bei der nahen Weggabelung halbrechts, ehe wir weiter oben wieder auf einen Querweg stoßen. Über diesen gerade hinweg und durch dichten Wald weiter aufwärts, bis wir den Waldrand erreichen und freien Blick über die Hunsrücklandschaft haben. Bald geht es links durch eine flache Talmulde und am Waldrand entlang zu einem Teerweg. Auf diesem nur 30 m links, dann rechts durch die Felder mit weitem Panoramablick über die schöne Landschaft. Bei einer Wegkreuzung **(2)** steigen wir links in ein Grünlandtälchen ab und wandern am Waldrand entlang talwärts, aber nur kurz, da uns bald ein Pfad in den Wald hineinführt, den wir bis zur K 29 durchwandern. Jetzt über die Straße und hinunter zum Hosenbach, den wir auf einem Steg queren. Unmittelbar neben dem Bach führt uns ein Wiesenpfad idyllisch bachaufwärts, bis wir auf den Talweg wechseln und weiter talaufwärts gehen.

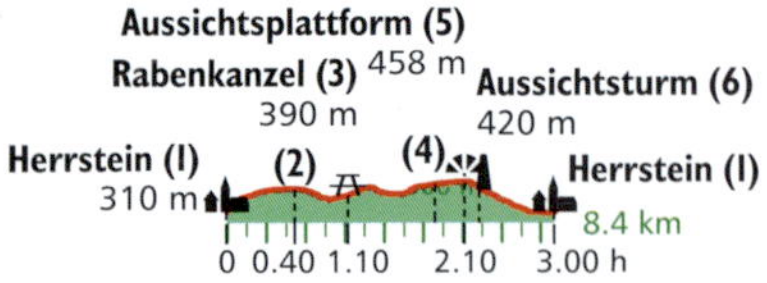

Schließlich biegt die Route in den Wald hinein und steigt zur Sitzgruppe unterhalb der **Rabenkanzel (3)** auf. Noch ein paar steile Meter höher und wir stehen auf dem gleichnamigen Quarzitfelsen. Von hier läuft die Route länger durch Wald, ehe sie bei der Flur »Am Galgen« den Waldrand erreicht. Jetzt links abwärts in ein bildschönes Muldentälchen, wo eine Ruhebank steht. Bald darauf sind wir wieder im Hosenbachtal, queren den Bach und steigen zur K 29 auf, die wir etwas versetzt überschreiten.
Nun aufwärts durch die Feldflur, mit Blick rechts auf den Ort Breitenthal. In einem Feldgehölz entdecken wir die **Jammereiche (4)**, deren tragische Geschichte uns eine Infotafel erzählt. Auf dem nahen Teerweg kurz rechts und mit zweimaligem Linksschwenk am Waldrand entlang. Anschließend geht es durch die offene Feldflur zum höchsten Punkt der Tour (**5**, 456 m) mit fantastischer Fernsicht. Beeindruckt von der weiten, ungestörten Landschaft biegen wir dahinter nach rechts und gelangen bald zum Waldhang des Fischbachtales. Ein Pfad bringt uns zur Schutzhütte und zum **Aussichtsturm (6)**, von dem wir den herrlichen Talblick genießen.
In Serpentinen geht es mit den violetten Logos weiter abwärts. Unten im Tal überqueren wir die Fahrstraße zum Mühlenweg, biegen kurz vor dem Fischbach links und gelangen durch die Gärten am Ortsrand von Herrstein zurück zum **Ausgangspunkt (1)**.

Marktplatz von Herrstein mit Schinderhannesturm.

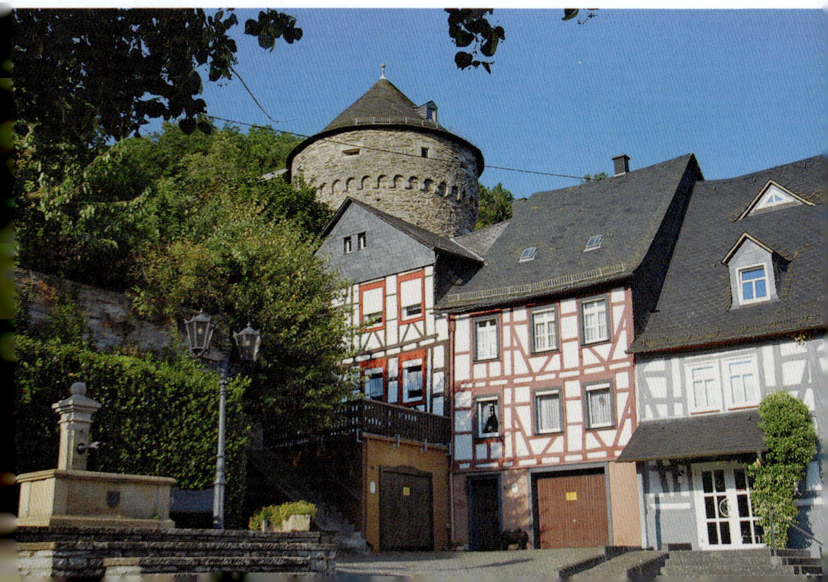

TOP **32** *Auf dem »Kupfer-Jaspis-Pfad«*

6.00 Std.

Über aussichtsreiche Höhen und durch einsame Seitentäler

Diese abwechslungsreiche Traumschleife verläuft überwiegend auf Naturwegen und Pfaden. Die Streckenführung ist der herrlichen, hier noch ungestörten Landschaft ausgezeichnet angepasst. (Der riesige Steinbruch im Fischbachtal ist nicht sichtbar). Wegen ihrer Länge und der zahlreichen Steigungen erfordert die Runde aber viel Kondition und Ausdauer. Sie zählt zu den Premiumwegen und wurde 2013 zum zweitschönsten Wanderweg Deutschlands gewählt.

Ausgangspunkt: Niederwörresbach (290 m) im Fischbachtal, unmittelbar südlich von Herrstein. Parkplatz an der Mehrzweckhalle (Mühlenweg) in Niederwörresbach, links vor der Fischbachbrücke oder bei der Kirche auf der Hauptstraße. Parkplatz auch bei der Pulverloch-Schänke in Niedertiefenbach (Hauptstraße) oder am Kupferbergwerk bei Fischbach.
Anfahrt: Von Norden: Über die B 50 bis Ausfahrt Sohren. Weiter über Laufersweiler, Rhaunen nach Herrstein, von dort über die L 160 nach Niederwörresbach. Aus dem Nahetal: Über die B 41 kommt man über die L 160 nach Niederwörresbach. **Bus:** Buslinie 346 von Idar-Oberstein.
Höhenunterschied: 740 m.
Anforderungen: Lange und anstrengende Rundtour überwiegend auf Naturwegen und -pfaden. Viele Auf- und Abstiege, die Kondition und Ausdauer erfordern.
Einkehr: Pizzeria in der Mehrzweckhalle in Niederwörresbach, unterwegs im Café-Restaurant Pulverloch in Hintertiefenbach.
Variante: Die Tour kann über den Höhenweg zwischen Fischbach- und Hosenbachtal abgekürzt werden.
Tipp: Historisches Kupferbergwerk im Hosenbachtal bei Fischbach (Nahe, Besichtigung Tel. +49/6784/2304). Steinbruch Juchem an der L 160 im Fischbachtal bei Niederwörresbach; ein Eldorado für Mineraliensammler (Besichtigung Tel. +49/6785/999 616). Vom Bergwerk Fischbach führt ein 3,5 km langer Bergbaurundweg mit 17 Stationen in das Hosenbachtal.

Der Ausgangspunkt dieser Tour befindet sich an der Mehrzweckhalle in **Niederwörresbach (1)**. Dort durchschreiten wir beim Parkplatz ein Wanderportal, überqueren den Fischbach und steigen schräg die Waldböschung hoch. Oben auf der Hauptstraße halten wir uns links und gehen nach 200 m rechts auf die Grünehofstraße, die schräg aufwärts führt. Dann links in die Atzenbacher Straße und dieser bis zu ihrem Ende folgen. Beim dortigen Wanderportal

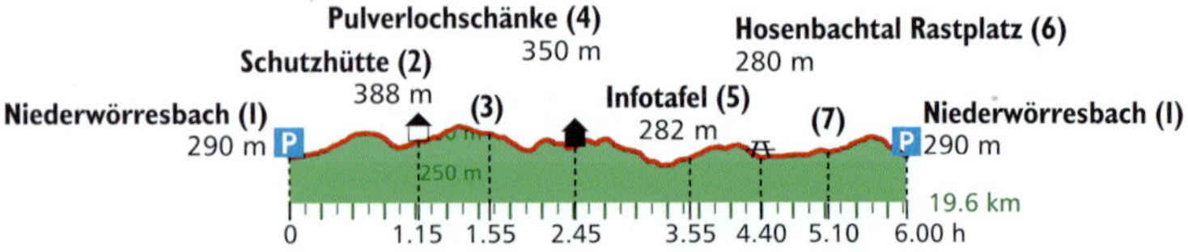

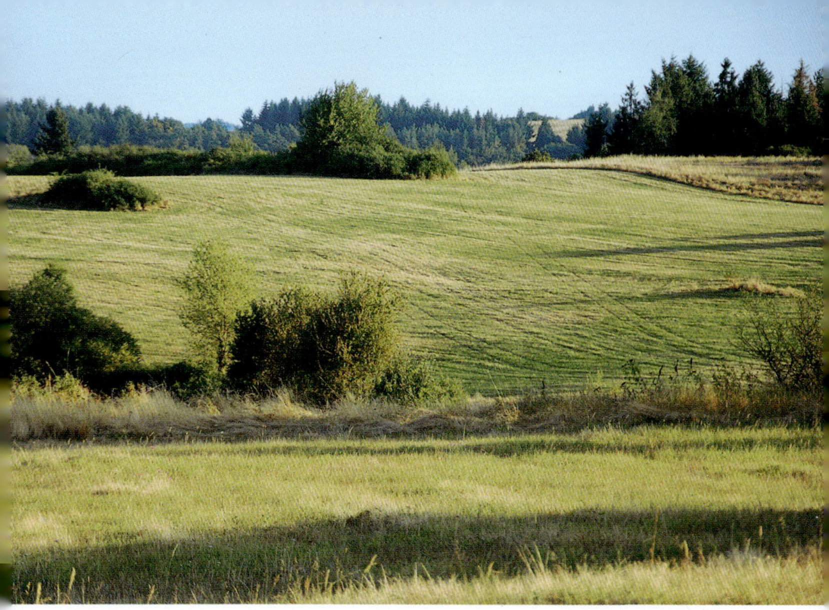

Wiesen und Feldgehölze prägen die Höhe zwischen Hosen- und Fischbachtal.

betreten wir den eigentlichen Traumpfad. Er führt uns zunächst in dunklen Fichtenforst, auch am Rand einer Talwiese entlang, dann durch Hangwald. Später queren wir den Atzenbach und steigen im Gegenhang an, anfangs steil, nach Rechtsbiegung flacher. Schließlich nach Linksbiegung wieder steiler, noch an einer Wiese vorbei, bevor wir oben einen breiten Weg erreichen. Auf diesem links und zwischen Wiesen, Äckern und Feldgehölzen über die Höhe. Sitzbänke laden zur Rast und wir genießen wunderschöne Aussichten. Ein Pfad führt uns dann ins dunkle Tal des **Wahlenbachs** hinab, den wir auf einem Steg zwischen Erlen überqueren. Nun in ein uriges Seitental und lange bachaufwärts. Bei der **Schutzhütte (2)** mit kleinem Teich die Talseite wechseln und dann wieder aufwärts. Weiter oben queren wir den Talgrund, gehen in ein Seitentälchen hinein und schwenken in einer Wegkehre scharf links. Schließlich steigen wir im Talschluss durch Grünland an, überqueren die **K 34** und wandern wieder auf der Höhe.
Erneut umgibt uns reich strukturierte Landschaft, von Sitzbänken öffnen sich weite Blicke ins Land. Mit Logos markierte Wege und Pfade führen über Wiesen, Äcker und durch kleine Wälder, bis wir einen Teerweg **(3)** erreichen, wo wir rechts abwärts gehen. Nach 200 Metern in einer Wegbiegung links, kurz darauf rechts auf einen Feldweg und weiter durch reich gekammerte Fluren.

Eine Infotafel erläutert das Vorkommen von seltenen Orchideen, ein breiter Weg bringt uns zu einer Sinnesbank mit herrlichem Blick ins Fischbachtal. Kurz davor zweigt unsere Route ab und führt durch steilen Hang ins **Edemisbachtal** hinunter. Unten über den Bach und auf Stufen und in Kehren am Gegenhang hoch. Auf der Höhe wartet noch einmal eine Sinnesbank auf uns. Dann geht es über Wiesen abwärts und nach einem Rechtsknick durch den Hang ins Oberdorf von Hintertiefenbach. Dort linksbiegend über einen großen Stellplatz auf die Bergstraße, halblinks auf die Straße »Auf dem Hölzing« und nach einem Rechtsknick erneut durch Hang ins Unterdorf von **Hintertiefenbach**, wo wir bis zur Hauptstraße durchgehen.
Auf dieser rechts an der **Pulverlochschänke** (**4**, Einkehr!) vorbei zum dritten Wanderportal, das kurz dahinter steht. Nun über den Tiefenbach und auf Stufen in den steilen Waldhang. Weiter oben mit freier Sicht um eine Hangmulde herum und auf einem Pfad zu einer großen Weggabelung. Diese nach rechts versetzt überqueren und abwärts zu einem breiten Waldweg, wo sich 50 Meter links eine Schutzhütte befindet. Wir halten uns aber rechts, queren ein Wiesentälchen und steigen dahinter etwas versetzt wieder an. Nun durch den Waldhang schräg aufwärts zu einem Höhenweg mit Rastplatz. Rechts davon beginnt der Abstieg ins Seitzenbachtal. Wir wandern am linken Talhang, bis wir ab einem Wegweiser über viele Stufen und in Serpentinen steil zum Talgrund absteigen. Dann am Bach entlang zur L 160.
Dort nur 40 Meter rechts und über die Straße (Vorsicht!). Ein Weg führt uns anschließend nach rechts und später am Fischbach entlang zur Brücke, die wir überqueren. 40 Meter dahinter bei einem Wegweiser links auf einem Grasweg durch die Bachaue, ehe wir rechts in den Waldhang abbiegen. Nun auf Stufen steil aufwärts bis zu einem Querweg mit zwei Sitzbänken zum Verschnaufen. Ab da auf ebenem Pfad durch den Hang, noch an den obersten Häusern von **Fischbach** vorbei, bis wir oben bei einer **Infotafel (5)** links biegend Grünland erreichen. Nun leicht ansteigend auf einem Grasweg, der anfangs parallel zum Fahrweg verläuft, aber abbiegend auch kleine Feldgehölze durchstreift. Im offenen Wiesenland freuen wir uns über die

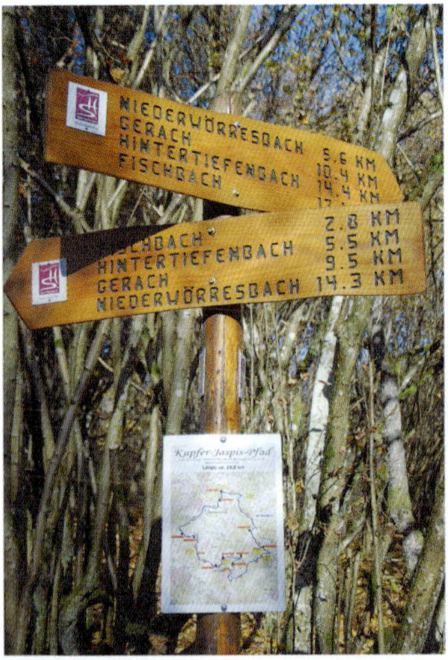

Der Wanderweg ist gut ausgeschildert.

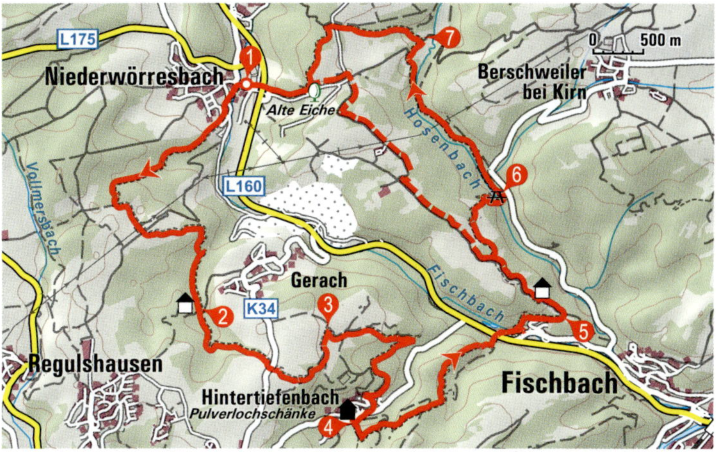

weite Sicht und stoßen am Hauptweg auf eine Sinnesbank (und eine Schutzhütte) mit Blick zum Hosenbachtal. Achtung, 100 Meter weiter rechts vom Hauptweg abbiegen (Abkürzung geradeaus möglich!) und zum sogenannten Turnierplatz (Picknickplatz) absteigen, einem Stolleneinbruch, der Zeuge des historischen Kupferbergbaus ist. Dahinter einem Waldpfad wieder aufwärts folgen und auf einem Grasweg durch malerische Wiesenlandschaft. Wir steigen dann unter Richtungswechseln – noch an einer Sinnesbank vorbei – ganz hinab zum Hosenbach, der sich schon durch starkes Rauschen ankündigt. Zum Ausruhen gibt es einen **Rastplatz (6)**.

Hier mündet auch mit einem Portal der Zuweg vom Kupferbergwerk ein. Wir halten uns links, gegen die Laufrichtung des Baches und befinden uns im steilen Waldhang. Felsen, alte Bäume und der rauschende Bach schaffen eine urige Atmosphäre. Es geht noch an einer verfallenen Achatschleife vorbei und lange an deren Obergraben entlang. Schließlich wird das Tal breiter, Wiesen und Wiesenbrachen bedecken die Aue.

Die Route verlässt nun das Hosenbachtal und zieht in ein **Seitental (7)** hinein. Wir folgen einem Pfad, queren einen Steg und kommen zu einem Forstweg. Auf diesem länger aufwärts, oben durch pittoreske Agrarlandschaft, bis wir auf der Höhe eine **Wegkreuzung** erreichen. Dort geradeaus zum Waldrand und links umbiegen. Die Route verläuft nun abwechselnd am Waldrand entlang oder durch Waldparzellen hindurch, passiert noch eine Sinnesbank und steigt schließlich zu einer Straßenserpentine ab, wo eine uralte Eiche steht. Hier rechts auf bequemem Weg hinunter ins Fischbachtal und unter die L 160 hindurch zum **Parkplatz** in **Niederwörresbach (1)**.

33 Von Morbach in den Idarwald

2.15 Std.

Vom Erholungsgebiet Ortelsbruch auf den Kamm des Idarwaldes

Der Idarwald gehört zu den Waldrücken im Süden des Hunsrücks. Er ist von dichten Wäldern bedeckt und frei von Siedlungen. Auf seiner Nordseite befinden sich streng geschützte Quellmoore. Neben Erlen- und Birkenbeständen gibt es dort seltene Torfmoose, Seggen- und Binsenarten, aber auch den seltenen Königsfarn und Rundblättrigen Sonnentau. Zu den bedeutendsten Quellmooren gehören das Ortelsbruch, etwa 400 m unterhalb des Wanderparkplatzes.

Ausgangspunkt: Wanderparkplatz Ortelsbruch (540 m) mit Grillhütte, Kinderspielplatz und WC oberhalb von Morbach (421 m) an der Hunsrückhöhenstraße (B 327).
Anfahrt: Auf der B 327 bis Morbach. Von der Ortsmitte (Wegweiser bei der Kirche) in Richtung Bruchweiler bis zum Ortsende, dann über die Bahnlinie, nach insgesamt 2 km rechts in den Wald hinein und 300 m weiter bis zum Wanderparkplatz.
Höhenunterschied: 190 m.
Anforderungen: Leichte Wanderung, v.a. auf Forstwegen, sonst Bergwanderwege.
Einkehr: Kiosk am Ortelsbruch an den Wochenenden. Gasthaus Zur Post in Morbach.
Tipp: Historische Ölmühle und Holzmuseum in Morbach. Der Ortelsbruch – unterhalb des Parkplatzes – ist mit Knüppeldämmen als Lehrbiotop zugänglich.

Vom **Wanderparkplatz Ortelsbruch (1)** folgen wir zunächst dem geteerten Forstweg leicht aufwärts (Markierungen »X« und »8«), bis nach 400 m ein Wegweiser nach links zeigt: »Langweiler, Wildenburg« (»X«). Wir betreten einen Pfad, überqueren bald einen Waldweg und steigen noch ca. 20 m an, bevor wir rechts biegen und nach 30 m auf einen Querweg treffen. Jetzt mit »8« und »X« länger durch Nadelwald aufwärts bis zu einem weiteren Waldweg. Dort nur 30 m rechts, dann wieder links an einer Lichtung entlang höher bis zu einem breiten Forstweg.

Auf diesem nur 20 m links, dann rechts mit dem Logo des Saar-Hunsrücksteigs auf einem Wurzelsteig weiter bergan. Man quert noch einen Forstweg und erreicht einen Grasweg. Nun mit dem Logo rechts bis zu einem großen **Wegestern (2)**. Nach verdienter Rast dort auf der Sitzgruppe, wählen wir auf dem Wegestern den Weg ganz links, der keine Markierung hat. Nach 40 m biegen wir nicht rechts ab, sondern wandern schnurgerade zwischen hohen Fichten auf den Kamm des Idarwaldes hinauf. Oben passieren wir eine idyllische Waldlichtung und wandern länger auf ebenem Fuß über den

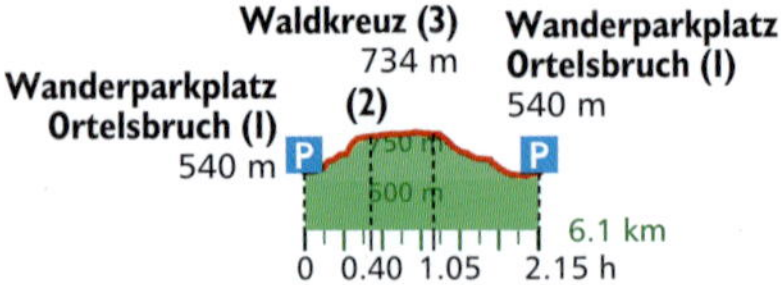

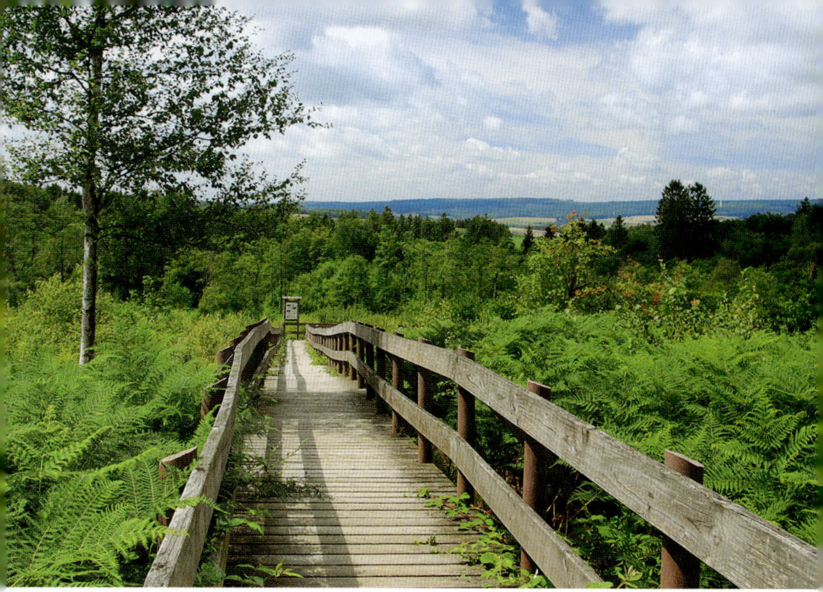

Das Ortelsbruch ist über einen langen Holzsteg zugänglich.

einsamen Waldrücken **(Sensweiler Höhe)** hinweg, bis wir zu einer Wegekreuzung kommen, wo sich ein **Kreuz (3)** befindet. Hier wenden wir uns links in Richtung »Morbach« und wandern auf einem Grasweg bald bergab (»8«). Der Weg biegt nach links und gibt eine schöne Aussicht auf das Vorland frei. Noch über zwei Querwege hinweg, dann trifft man auf die Straße Morbach/Bruchweiler. Nun auf dieser 50 m rechts und links weiter hangabwärts (Morbach, »8«). Noch 200 m links auf einem Forstweg, dann wieder abwärts (»8«). Schließlich kommen wir zu einer geteerten Forststraße und wandern links zur Straße nach Morbach. Dort 200 m aufwärts und auf der Zufahrtstraße zum **Parkplatz Ortelsbruch (1)**.

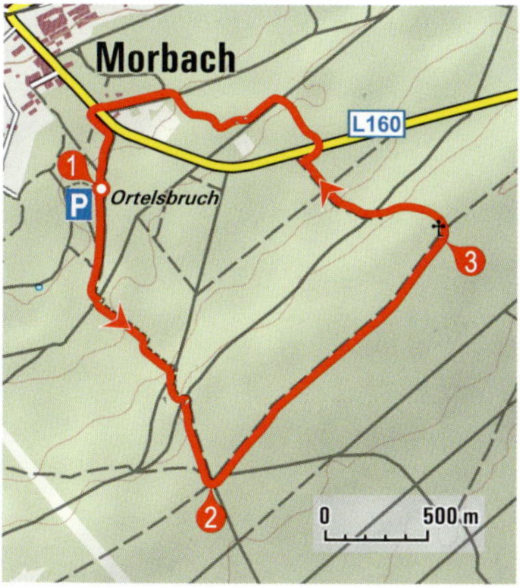

34 Auf dem Köhlerpfad

4.00 Std.

Rund um die Steinbach-Talsperre

Schön ist die Landschaft zwischen Idarwald und Wildenburg-Rücken. Hier findet man sanft geschwungene Wiesen und Äcker, die von flachen Bachtälern durchzogen werden. Den Rahmen bilden die steil aufsteigenden Wälder der Quarzitrücken. Mitten in diesem Gebiet, fast unsichtbar, liegt die Steinbach-Talsperre. Um sie herum verläuft die Traumschleife »Köhlerpfad am Steinbach«, die diese Landschaft in ausgezeichneter Weise erschließt.

Ausgangspunkt: Großer Parkplatz am Wanderportal beim Wasserwerk Katzenloch.

Anfahrt: **Von Norden:** Auf der B 50 bis Morbach, weiter Richtung Bruchweiler, abbiegen nach Langweiler, Sensweiler, Katzenloch. Auf der B 422 nach Katzenloch hinein, dort links abbiegen nach Kempfeld. Nach 800 Metern links hinunter zum Portal beim Wasserwerk Katzenloch. **Von Süden:** Von Idar-Oberstein auf der B 422 bis Katzenloch. Dort rechts abbiegen nach Kempfeld und nach 800 Metern links zum Einstieg in die Tour.

Höhenunterschied: 210 m.

Anforderungen: Mittelschwere Rundtour auf naturbelassenen Wegen und Pfaden.

Einkehr: Gaststätten in Langweiler, Bruchweiler und Katzenloch. Klosterhotel »Marienhöh« in Langweiler, Gasthaus-Pension »Burgkeller« in Bruchweiler.

Blick von Langweiler über die Steinbachtalsperre zum Wildenburgrücken.

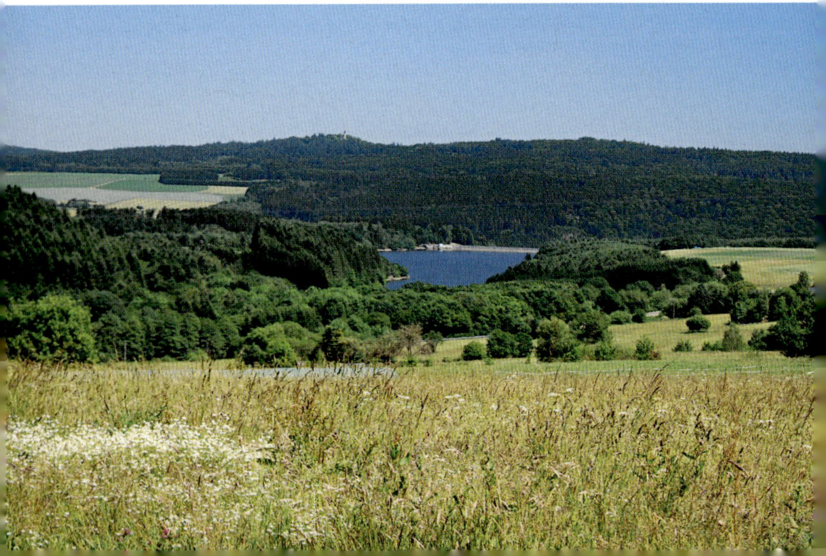

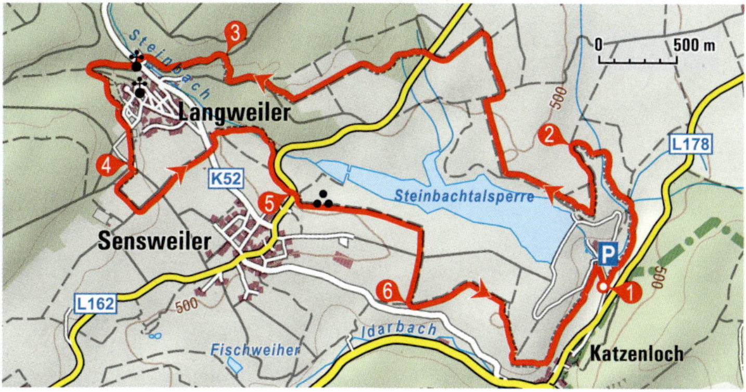

Wir starten an der Zufahrt zum **Wasserwerk**, durchschreiten das Portal des Köhlerpfades **(1)** und wandern auf weichem Wurzelpfad durch Fichtenwald. Auf einem Steg überqueren wir den Flachsbach und gelangen zwischen Bach und Wiese zu einem Waldweg. Auf diesem wieder über den Bach und weiter auf idyllischem Pfad am Bach entlang. Später queren wir bei einem Rastplatz erneut den Bach und wandern an der Hangböschung entlang, rechts mit schönem Blick über die malerisch ansteigenden Wiesen. Schließlich ersteigen wir die Böschung und biegen oben auf einem Feldweg nach links **(2)**. Zunächst geht es am Waldrand entlang, dann durch dichten Wald. Auf einem Querweg zeigt ein Schild nach links zu einem Aussichtspunkt mit Blick auf die Staumauer. Unsere Route quert aber den Weg rechts versetzt und läuft auf einem Pfad zum Waldrand, wo sich eine Sinnesbank befindet. Dann am Waldrand entlang zu einer weiteren Sinnesbank. Dort wenden wir uns nach Norden und orientieren uns wieder am Waldrand. Später geht es auch über die angrenzenden offenen Fluren mit herrlichem Blick zur Wildenburg. Am Querweg schickt uns ein Wegweiser nach links (»Köhlerbuche, 2,1 Km«), wir gehen noch einen Waldwinkel aus und überqueren die **L 162**.
Anschließend durch Fichtenwald zu einer großen Viehweide, die malerisch von Wald umgeben ist. Kurz rechts und die Weide überqueren. Jenseits tauchen wir wieder in Wald ein. Ein Weg bringt uns rechts zu einem breiten Fahrweg und zu den ersten Häusern von Langweiler. Noch ein Stück ab-

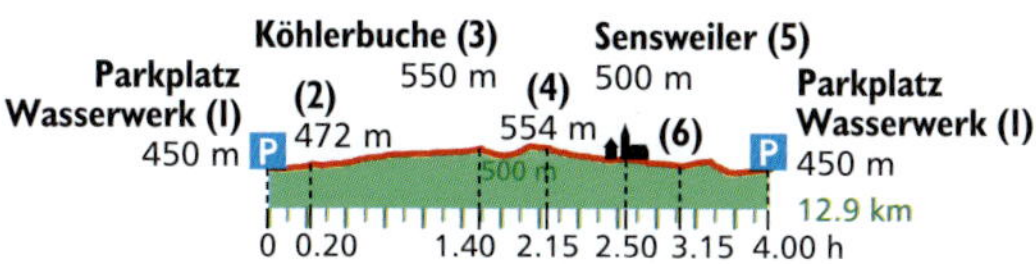

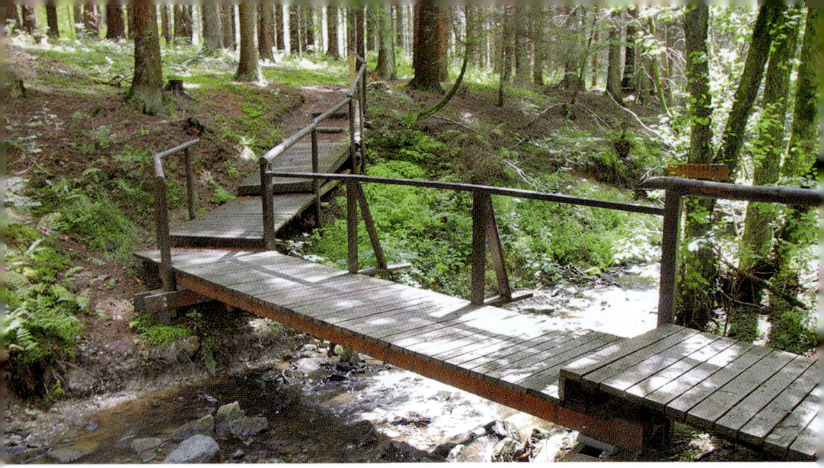

Steg über den Flachbach.

wärts, dann hoch zur **Köhlerbuche (3)**. Von dort wieder abwärts, aber schon bald erneut aufsteigen zu einem höheren Weg. Auf diesem nun ganz hinunter zum Ortsende von Langweiler. Wir überqueren die Straße (K 52) und wandern ins Steinbachtal hinein. Nach einer Weile geht es links über den Bach, auf einem Pfad den Hang hinauf und oben am Klosterhotel vorbei zur Straße. Auf dieser rechts, beim Heiligenhäuschen über eine Querstraße und direkt vor zum **Wanderportal »Langweiler«** (**4**, alternativer Einstieg zur Tour). Hier lädt uns eine Sinnesbank zur Rast ein.
Mit frischen Kräften wandern wir nun rechts am Waldrand entlang, und mit zweimaligem Linksschwenk und weitem Rundblick geht es länger hinunter zur K 52. Auf dieser nur ein kurzes Stück links, dann ganz hinab zu einem **Steg** über den Steinbach. Wir wandern auf dem Talweg, steigen aber bald in den Hang, um kurz vor der Straße erneut die Bachseite zu wechseln. Unsere Route verläuft zunächst rechts, dann links der Straße zum Ortsrand von **Sensweiler (5)** hinauf. Dort durch eine Böschung, oberhalb davon rechts, dann links auf einen Grasweg, der lange mit Panoramablick durch die offene Flur führt. Vorbei am Denkmal Croppenhof nähern wir uns dem Schutzwald der Talsperre und biegen schließlich bei einem Logo den Hang hinauf. Auf der Kammhöhe über einen Teerweg und hinunter zum jenseitigen **Waldrand (6)**. Nun lange am Wald entlang und schließlich auf einem Pfad in ihn hinein. Nun wandern wir unter hohen Fichten, ehe uns wieder ein Pfad, auch auf Stufen durch den Steilhang oberhalb von Katzenloch führt. Wir passieren noch den Tourzugang »Katzenloch« und kommen schließlich erst zu einem Waldweg, dann zu einem Teerweg. Auf diesem erreichen wir am Ende einer schönen Wanderung das **Wasserwerk** und unseren Ausgangspunkt **(1)**.

2.15 Std.

Wildenburg und Mörschieder Burr 35

Über den Kamm des Wildenburgrückens

Die Wildenburg, eine ehemalige keltische Fliehburg, wurde nach dem Dreißigjährigen Krieg zerstört. Die modernen Gebäude stehen auf mittelalterlichen Grundmauern. An die Burg angeschlossen sind ein Wildgehege mit einheimischen Tierarten und ein Wildkatzenzentrum. Diese kurze Wanderung führt über den Kamm des Wildenburgrückens mit hervorragenden Aussichtspunkten, beeindruckenden Felsbildungen und einem eiszeitlichen Blockmeer.

Ausgangspunkt: Parkplatz unterhalb der Wildenburg (664 m) auf dem Wildenburgrücken bei Kempfeld, nördlich von Idar-Oberstein.
Anfahrt: Talort zur Burg ist Kempfeld an der Deutschen Edelsteinstraße, erreichbar über die B 422, Ausfahrt Katzenloch. Von Kempfeld führt eine Stichstraße zur Burg, dort Parkplatz.
Höhenunterschied: 140 m.

Anforderungen: Der Felsenpfad auf dem Gebirgskamm und der Weg durch die Mörschieder Burr erfordern Trittsicherheit. Ansonsten bequeme Waldwege.
Einkehr: Burggaststätte Wildenburg (Frühjahr und Sommer täglich, ab Anfang September bis 1. November nur von Fr–So, 11–18 Uhr); Kiosk am Freigehege (ganzjährig geöffnet). Gaststätten in Kempfeld.

Vom **Parkplatz** unterhalb der **Wildenburg (1)** gehen wir hoch zum Info-Pavillon und zum Eingang des Tierparks, biegen davor auf dem Asphaltweg links und steigen gleich hinter der Burggaststätte zur Wildenburg (675 m) auf (»H«, Logo des Hunsrücksteigs). Vom Turm bietet sich ein großartiger Rundblick. Bei klarer Sicht bis zum Idarwald, Hochwald und zum Donnersberg (687 m), dem höchsten Berg im Nordpfälzer Bergland .

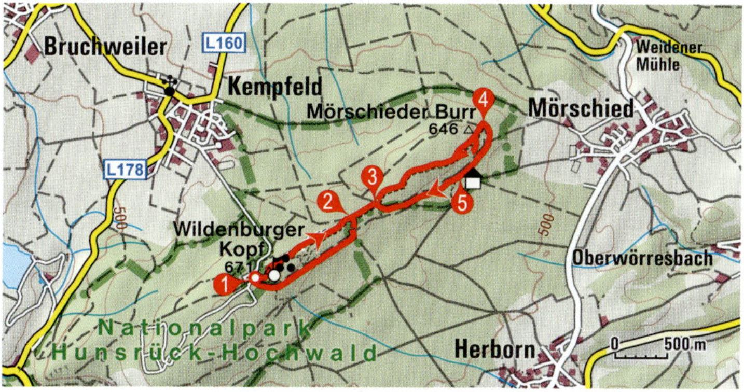

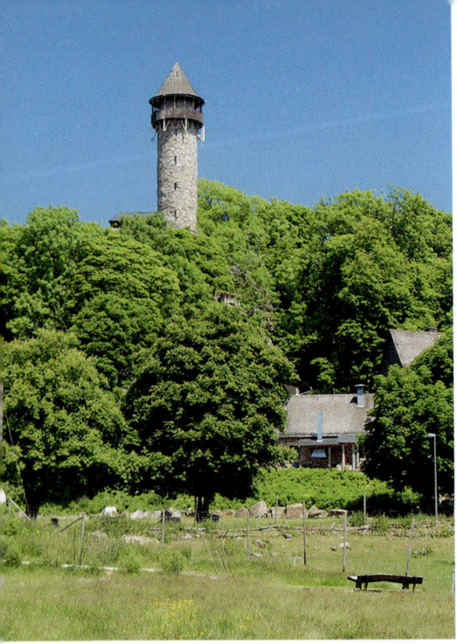

Aussichtsturm der Wildenburg; zu seinen Füßen liegt ein Wildfreigehege.

Dann folgen wir dem Felsenpfad (»H«, Logo) und durchsteigen den Burggraben, entdecken eine spätrömische Befestigungsmauer und eine Zisterne und passieren noch den sagenumwobenen Hexentanzplatz. Der Pfad läuft nun lange an einer bizarr verwitterten Quarzitmauer entlang, stets unter urigem Hochwald und mit den Markierungen »H« und »Hunsrücksteig«. Wir wandern erst abwärts, dann wieder aufwärts und halten uns an einer Weggabelung halblinks (»H«).

Hinter einem **Querweg (2)** marschieren wir diesmal links der Quarzitmauer, die sich bald in Einzelfelsen auflöst. Nach einem **zweiten Querweg (3)** geht es auf einem Waldweg leicht aufwärts (Mörschieder Burr), ehe wir uns rechts halten. Schließlich erreichen wir die **Mörschieder Burr**, ein großes Felsenmeer aus zahllosen Quarzitblöcken, das aus der Eiszeit stammt und durch Frostverwitterung entstanden ist. Hier bietet sich wieder eine faszinierende Weitsicht über Täler und Höhen des Naheberglands.

Wir passieren noch einen Abzweig zu einem Aussichtspunkt und wandern bald beim weißen »H« rechts hangabwärts. Unten stößt man auf einen breiten Forstweg **(4)** und wendet sich wieder nach rechts (»Herborn«). Es geht im Bogen abwärts und nach 300 m erneut rechts. Nun wandern wir am Fuß des Blockmeeres entlang. Nach einer **Schutzhütte mit Grillplatz (5)** nicht links, sondern geradeaus zur »Wildenburg«. Der breite Waldweg zieht längere Zeit leicht aufwärts. Zuletzt biegt er nach rechts und mündet in den Hinweg **(3)**, dem wir bis zum nächsten Querweg **(2)** folgen (»Wildenburg«). Jetzt nicht geradeaus auf den Felsenpfad, den wir ja bereits kennen, sondern kurz links abwärts und auf dem ersten Querweg rechts leicht ansteigend zur **Wildenburg** und zum **Parkplatz (1)** zurück.

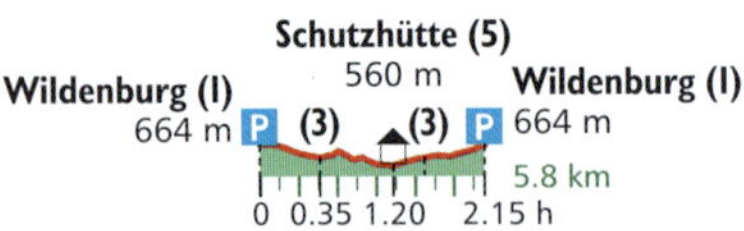

3.00 Std.

Auf dem Erbeskopf 36

Waldwanderung in Gipfelhöhe

Der Erbeskopf, mit 816 Metern höchster Gipfel des Hunsrücks, liegt im Schwarzwälder Hochwald und ist nahezu vollständig mit Wald bedeckt. Bis vor einigen Jahren war der Gipfel militärisches Sperrgebiet. Heute steht hier noch eine militärische Radaranlage, aber auch ein hölzerner Aussichtsturm sowie die Klangskulptur und Aussichtsplattform »Windklang«. Orientierungstafeln helfen uns bei der Identifizierung von Landschaftsmarken.

Ausgangspunkt: Wanderparkplatz beim Hunsrückhaus (680 m) unterhalb vom Erbeskopf (816 m).
Anfahrt: A 1 bis Ausfahrt Reinsfeld, weiter über die Hunsrückhöhenstraße (B 407, B 327) in Richtung Thalfang. Kurz vor Thalfang rechts zum Erholungsgebiet Erbeskopf (L 164). Oder von Osten auf der B 327 bis kurz hinter Thalfang, dann links Richtung Erbeskopf. Dort große Parkplätze.
Höhenunterschied: 230 m.
Anforderungen: Leichte bis mittelschwere Waldwanderung auf Pfaden und Wegen. Recht steiler Anstieg vom Hunsrückhaus zum Erbeskopf. Etwas Orientierungssinn hilfreich.
Einkehr: Hunsrückhaus-Bistro, Restaurants in Deuselbach und Thalfang.
Tipp: Am Ausgangspunkt steht das Hunsrückhaus, die Natur- und Umweltbildungsstätte am Erbeskopf, die Ausstellungen und Führungen zum Thema »Landschaft des Hunsrücks« anbietet, mit Walderlebnisspielplatz und Kletterwald. Sommerrodelbahn mit 1356 Meter langer Trasse.
Auf der Nordwestseite des Erbeskopfs, am Röderbach, befindet sich der »Ökopfad Singendes Tal«.

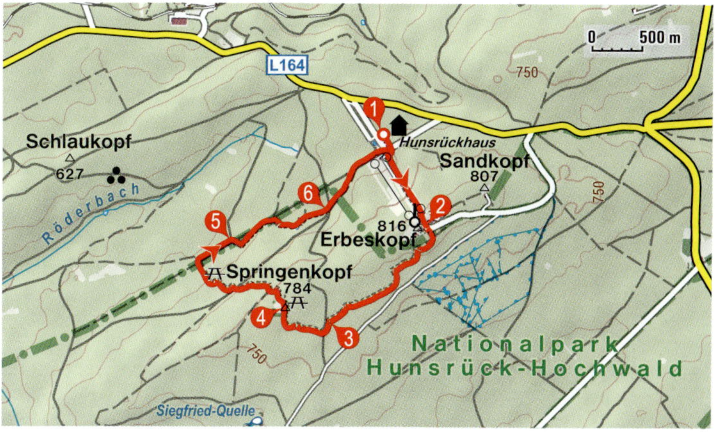

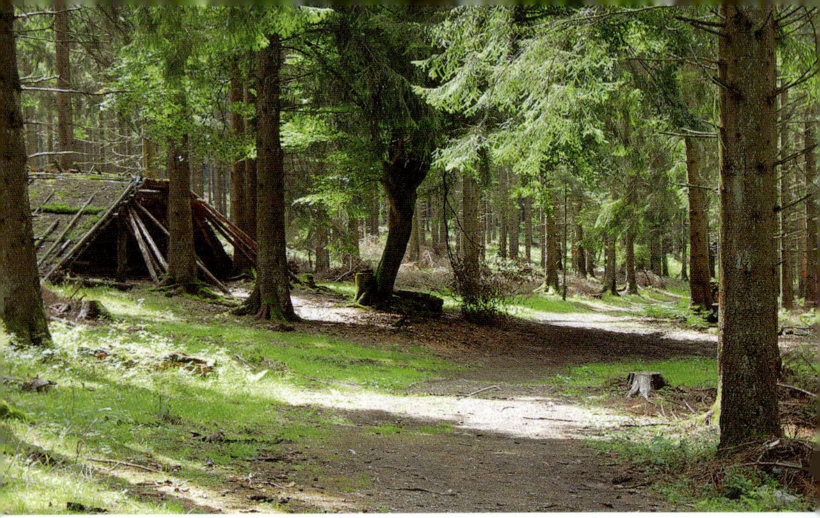

Auf dieser Tour wandern wir ständig durch Wald.

Wir folgen der Traumschleife »Gipfelrauschen« im Uhrzeigersinn und starten beim **Hunsrückhaus (1)** mit dem Aufstieg zum Erbeskopf. Den violetten Logos folgend geht es gleich deutlich aufwärts bis zu einem Querweg, wo wir kurz rechts gehen. Dann links auf einen Kiesweg, ehe wir etwas versetzt auf einem Waldpfad weiter ansteigen. Noch höher geht es am Rand der Skipiste entlang, bis wir die Skulptur »Windklang« erreichen. Von ihrer Plattform hat man bei klarem Wetter eine grandiose Aussicht über den Hunsrück und weit darüber hinaus.

Nun wandern wir über das Gipfelplateau, auch an einem hölzernen Aussichtsturm vorbei, der auf dem höchsten Punkt des **Erbeskopfs** (**2**, 816 m) steht. Am jenseitigen Hang führt uns ein Waldpfad wieder abwärts, zuletzt über Stufen, bis wir einen querlaufenden Grasweg erreichen. Nun halten wir uns rechts, unter hohen Fichten auf ebenem Fuß, bis wir auf einem kurvigen Pfad noch weiter absteigen. Unten geht es jetzt länger eben voran, anfangs noch am Fuß des Gipfelanstiegs, dann davon ab. Ein gut markierter Pfad führt uns abwechslungsreich durch Buchenhochwald. Der lichte Wald wirkt urwüchsig und verzaubert, viel Totholz liegt am Boden. Am stehenden Totholz wachsen Konsolenpilze.

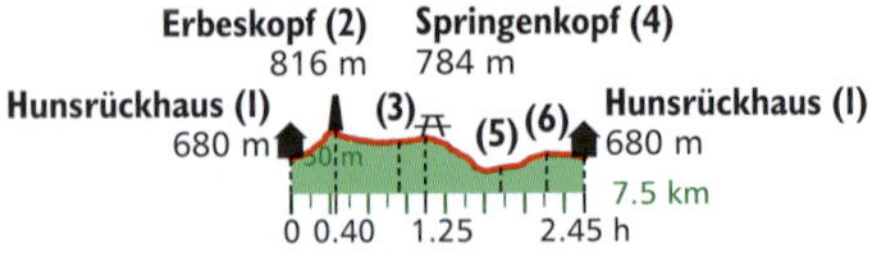

Wir treffen schließlich auf einen **Fahrweg (3)**, gehen kurz links, biegen dann rechts und nochmal rechts ab und setzen unsere Pfadwanderung fort.

Zunächst geht es wieder eben voran, dann steigen wir in Serpentinen an. Auf der Höhe des **Springenkopfes (4)** passieren wir mächtige gefallene Buchen und kommen zu einer eingezäunten Naturwaldzelle. Eine Sitzbank wartet am Weg und bietet uns weite Aussicht bis Thalfang. Dahinter geht es in Serpentinen abwärts zu einem Forstweg, auf dem wir kurz links bis zu einem Wegweiser gehen (»Hunsrückhaus 4,2 km«). Wir setzen den Abstieg fort, auf kurvigem Pfad schräg durch den Hang. Ein senkrecht verlaufender Waldweg bringt uns, noch an einer Sitzbank vorbei, ganz hinunter zu einem breiten Fahrweg. Auf diesem marschieren wir länger nach rechts und biegen schließlich auf einen Waldweg **(5)** ein. Nun 200 Meter aufwärts, dann links auf einen Grasweg, der uns in ein Windbruchfeld bringt. Nach einer Weile schwenken wir auf einem Pfad schräg aufwärts, gehen kurz über einen Weg und passieren weiter oben einen Steg, der durch Bruchgelände zieht. Es geht unter hohen Fichten parallel zum Hang weiter, bis wir einen Waldweg und kurz danach einen Fahrweg **(6)** erreichen. Diesen überqueren wir etwas versetzt und wandern auf federndem Waldboden weiter. Noch an einem alten Lagerplatz vorbei, dann treffen wieder auf den breiten Fahrweg. Dieser bringt uns zum Sportgelände »Erbeskopf«, wo wir links hinuntergehen und so zum Ausgangspunkt am **Hunsrückhaus (1)** zurückkehren.

Hunsrückhaus, Einkehrmöglichkeit und Bildungszentrum.

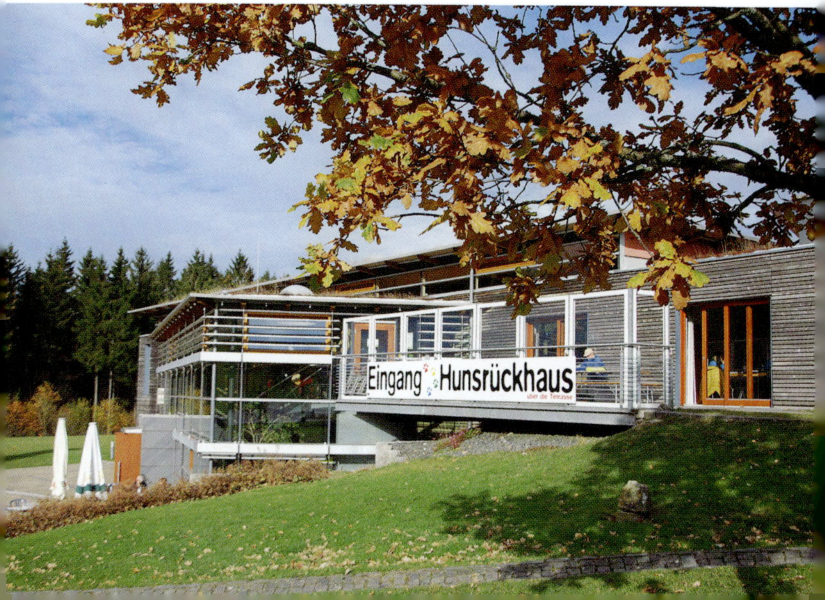

37 Über die Dollberge

4.00 Std.

Von der Köhlerhütte zum Keltenring

Die Tour führt durch den Nationalpark Hochwald und folgt dabei der »Dollbergschleife«. Sie beeindruckt durch prächtige Buchen-Hallenwälder. Daneben gibt es auch historische Attraktionen: den Züscher Hammer im Altbachtal, das Keltendorf und vor allem den gigantischen Ringwall bei Otzenhausen, der in Europa seinesgleichen sucht.

Ausgangspunkt: Köhlerhütte am Waldrand bei Neuhütten im Schwarzwälder Hochwald (580 m).
Anfahrt: A 1 bis Ausfahrt Nonnweiler, weiter auf der L 147 nach Otzenhausen. Von dort nach Neuhütten, wo man auf den Oberen Waldweg abbiegt. Die Zufahrt zur Köhlerhütte (mit Parkplatz) ist ausgeschildert.
Höhenunterschied: 250 m.
Anforderungen: Insgesamt mittelschwere Rundtour, überwiegend auf Naturwegen und Pfaden. Auf dem Kamm der Dollberge Wurzel- und Blockpfade, die festes Schuhwerk erfordern.
Einkehr: Köhlerhütte am Start/Ziel in Neuhütten. Außerdem Restaurants in Neuhütten und Otzenhausen.
Hinweis: Vom Waldparkplatz an der L 147 zwischen Otzenhausen und Neuhütten kann man den Hunnenring auf einer Kurztour in 1,5 Std. erwandern.

Von der **Köhlerhütte (1)** gehen wir zum Portal des Naturlehrpfads und erreichen bald einen quer laufenden Waldweg. Dort beginnt die eigentliche Dollbergschleife. Wir steuern als erstes Etappenziel den »Züscher Hammer« an und halten uns rechts. Nun auf ebenem Fuß bequem und länger durch Wald, über einen Schrägweg hinweg und hinter einem Steg auf einen Pfad, der hinunter auf einen Schotterweg **(2)** führt. Auf diesem rechts zur nahen Straße, die wir beim Ortsschild queren. Dann leicht fallend durch hohen Mischwald, am Ortsrand von Neuhütten noch durch eine Wiese, bis wir auf einen Weg treffen, der ins Altbachtal hinunterführt.
Unten biegt die Route um, zieht ein Stück durch den Unterhang und trifft schließlich auf den Talweg. Nun durch die schöne Aue, noch an einem kleinen Parkplatz vorbei und auf dem Mühlenwehr über den rauschenden Bach zum **Züscher Hammer (3)**, wo bis ins 19. Jahrhundert Eisen geschmiedet wurde. Kurz dahinter geht es wieder über den Bach und auf einem Pfad dicht an diesem entlang, bis wir bei einer Wetterstation auf einen Weg wechseln. Vor dem Ende der Primstalsperre steigen wir schließlich scharf links zum Seerundweg auf und wandern lange oberhalb des Seeufers.

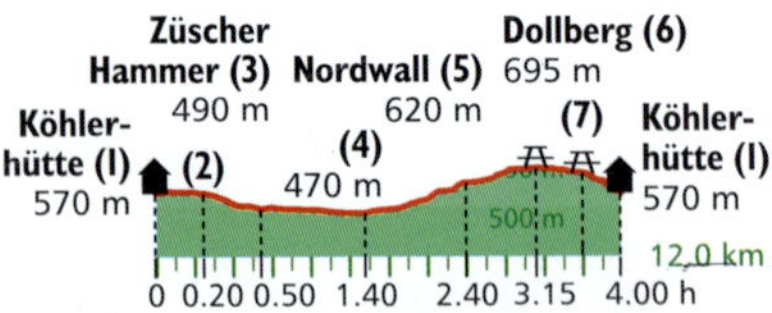

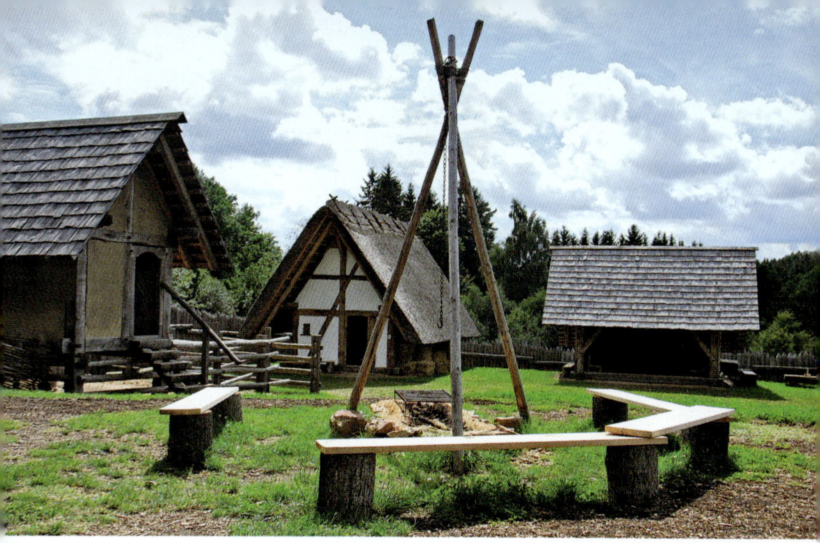

Rekonstruiertes Keltendorf bei Otzenhausen.

Schon in Sichtweite der Staumauer wird ein **Wegestern (4)** erreicht, bei dem wir auf breitem Weg links hochgehen (Ww. »Keltischer Ringwall, 2,4 km«). Nach etlichen Höhenmetern mündet ein Pfad ein, der uns im Uhrzeigersinn um einen idyllischen Weiher führt und zum **Waldparkplatz** an der L 147 bringt. (Von hier kann man übrigens gut eine Kurztour zum Keltenwall beginnen.) Wir queren die Straße und wandern ansteigend um den Keltenpark herum. Achtung, oberhalb davon schwenken wir links auf einen Waldweg und wandern im Wald leicht aufwärts. Richtig steil geht es dann auf einem Querweg bergan. Dabei umgibt uns uriger Hallenwald mit viel Totholz, Blöcken und Felsen. Wir durchsteigen den Südwall der Keltenfestung und klettern über Felsen auf ein höheres Niveau, wo uns eine Bank mit Talsperrenblick zur Rast einlädt. Die Route läuft an der Hangkante entlang, auch an einer keltischen Toranlage vorbei und vor dem umbiegenden Nordwall hoch zur zentralen Plattform der Keltenfestung, wo vor über 2000 Jahren vermutlich einige hundert Menschen lebten. Heute stehen hier eine Schutzhütte und große keltische Holzskulpturen. Dort nehmen wir den Weg halblinks (Andreaskreuz) und stehen bald staunend vor dem gigantischen **Nordwall der Keltenfestung (5)**, eine der Hauptattraktionen im Hunsrück. Wir übersteigen den hohen Wall auf einer Steintreppe und gehen 20 Meter dahinter rechts auf einen breiten Weg, der einen Linksbogen macht und auf einen Querweg stößt (Ww. »Köhlerhütte 3,0 km«). Dahinter wandern wir lange durch Fichtenwald geradeaus, schwenken bei einer Weggabelung links und steigen stärker an. Jetzt durchwandern wir

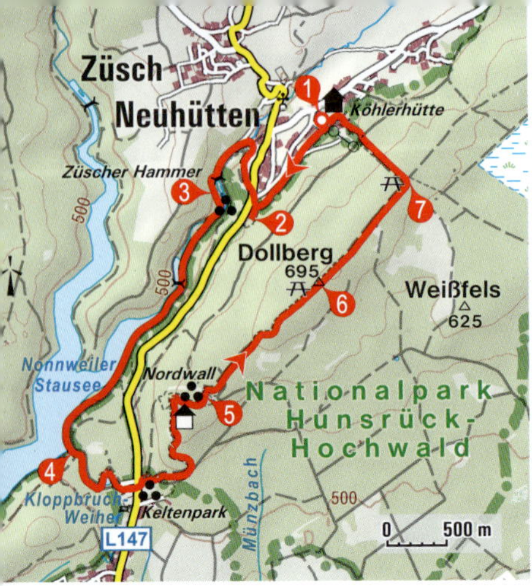

prächtigen Buchenhallenwald. Grenzsteine stehen am Weg, die die Grenze zwischen Rheinland-Pfalz und Saarland markieren. Schließlich erreichen wir den **Dollberg** (**6**, 695 m), den höchsten Berg des Saarlandes. Hier lädt eine Sitzbank zur Rast ein. Unser Weg läuft weiter über den Waldkamm, verliert an Höhe und trifft schließlich auf eine Sitzbank **(7)** mit Wegweiser, der uns die Nähe der Köhlerhütte verheißt (Ww. »Köhlerhütte, 0,8 km«).

Hier verlassen wir die Kammhöhe und steigen über einen schönen Pfad durch Fichtenwald ab, auch über einen Querweg hinweg und weiter hinunter bis zu einem Fahrweg. Nun kurz rechts zum Funkmast und längs der Skiwiese weiter abwärts zu einem breiten Waldweg. Auf diesem nur wenige Meter links zum bekannten Zuweg und auf diesem ganz hinunter zur **Köhlerhütte** und zum **Parkplatz (1)**.

Der keltische Ringwall ist mehr als 2000 Jahre alt.

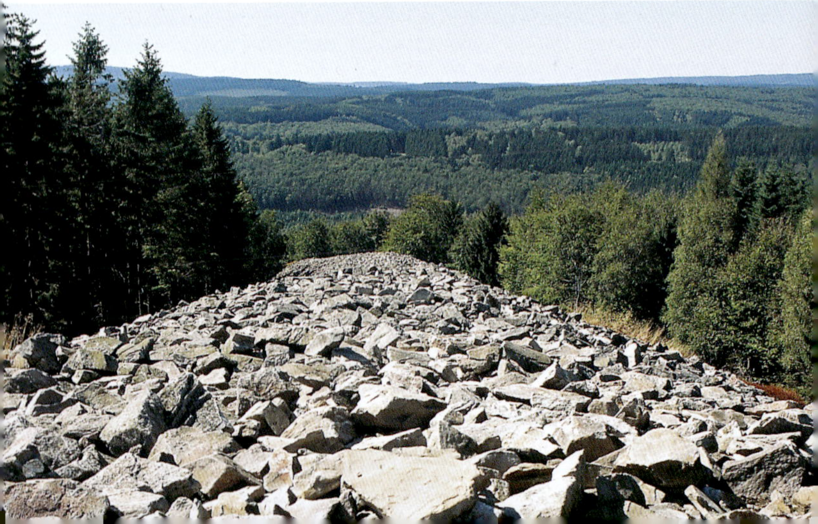

2.30 Std.

Grimburg und Hochwaldalm

38

Von der Grimburg durchs Wadrilltal zur Hochwaldalm

Die stattliche Grimburg versetzt uns gleich zu Beginn der Tour ins Mittelalter. Sie wurde um 1150 als Landesburg der Trierer Erzbischöfe erbaut und diente zeitweilig für über 40 Hochwaldgemeinden als Amtssitz. Während der Zeit der Inquisition fanden auf der Burg Hexenprozesse statt. Ab 1978 wurde die Anlage renoviert und ist nun ganzjährig zu besichtigen bei freiem Eintritt. Im Wadrilltal folgen wir dem naturnahen Bach und jenseits des Tales erleben wir die Hochwaldalm, die einzige Alm im Saarland.

Ausgangspunkt: Burg Grimburg (447 m). Parken vor dem »Hundstor« oder 30 Meter unterhalb der dortigen Straßengabelung (rechts); auch auf dem Wanderparkplatz von Grimburg, am Zufahrtsträßchen zum Grimburger Hof im Wadrilltal oder (bei Einkehr) auf den Parkplätzen des Restaurants.
Anfahrt: A 1 bis Ausfahrt Hermeskeil, dann über Gusenburg nach Grimburg. Am Ortsanfang zur Ortsmitte (Kirche), dort der Ausschilderung zum Parkplatz Burg Grimburg folgen. Bei Verzweigung links haltend bis zur Burg durchfahren.
Höhenunterschied: 280 m.
Anforderungen: Leichte Rundtour.
Einkehr: Grimburger Hof (Pension; Mo/Di Ruhetag, Mi–Sa ab 15 Uhr, So ab 10 Uhr geöffnet). Hochwaldalm (Sommeröffnungszeiten bis 15. Nov.: tägl. von 11–22 Uhr, Mittwoch ist Ruhetag, Tel. +49/6871/507170). Harteichhütte am Zuweg (April bis Oktober an Sonn- und Feiertagen 10–18 Uhr bewirtet).

Wir starten bei der **Weggabelung (1)** am nördlichen Ende der Burganlage und gehen hoch zur **Ruine Grimburg** (**2**, WC, Schutzhütte, Sitzgruppen). Nach deren Besichtigung kehren wir zur Weggabelung zurück und betreten beim dortigen Wegweiser (!) einen Wanderpfad (Ww. »Grimburger Hof«, SHS, Kl2, Gr3), der uns ins Wadrilltal hinunterführt. Weiter unten mündet der Pfad auf das parallel laufende Sträßchen, das uns links biegend zum **Grimburger Hof (3)** bringt. (Wer einkehrt, kann den privaten Bachsteg benutzen und abkürzen). Weiter auf dem Zufahrtsträßchen, bis wir nach 400 Metern auf einem Steg den **Wadrillbach (4)** überqueren. Dann rechts auf bequemem Weg am Bach entlang bis zur Höhe des Gasthofes, wo unser Weg in ein stilles Seitental einbiegt. Wir steigen durch Niederwald an, der zunächst in Mischwald, darauf in Nadelwald übergeht. Im urigen Tal geht es länger aufwärts, auch an einer

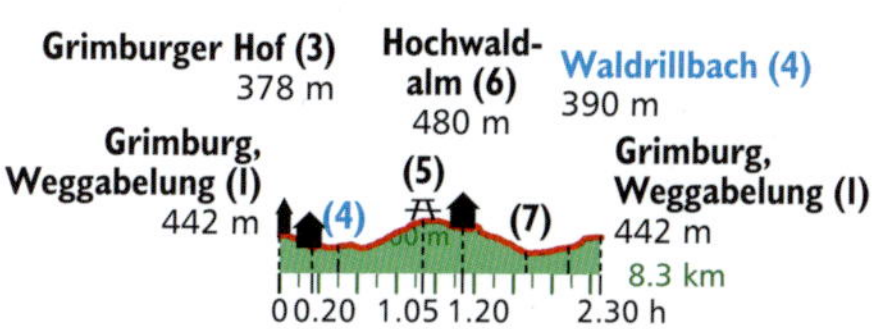

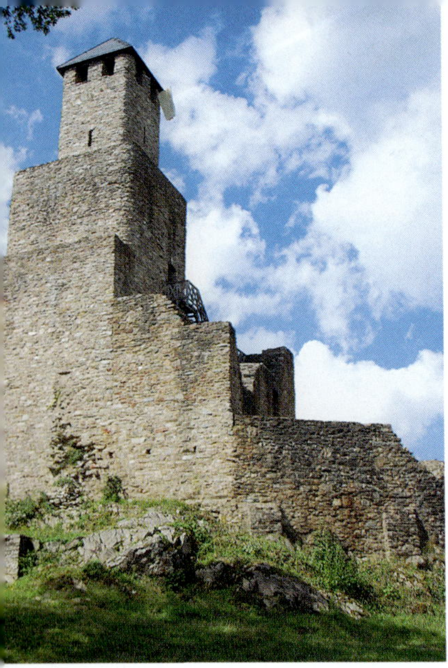

Die restaurierte Grimburg.

Quelle (»Weinfäßchen«) vorbei, bevor es links umbiegend aus dem Tal herausgeht und wir auf einen breiten Forstweg treffen. Hier bietet uns eine Sitzbank unter einer markanten Eiche **(5)** Gelegenheit zur Rast.

Nun halten wir uns rechts und steigen auf dem breiten Weg leicht bergan. Vor einer Rechtskurve biegen wir links auf einen Pfad (Ww. »Hochwaldalm, 0,4 km«) und gehen zum nahen Waldrand, wo eine Sitzgruppe mit herrlicher Aussicht wartet. Der Blick reicht weit über die Almwiesen bis zum fernen Schaumberg (569 m). Nun links am Weidenzaun entlang und über die Wiesen zur **Hochwaldalm (6)**, wo man einkehren kann.

Nach der Rast gehen wir zur Fahrstraße, auf dem parallelen Pfad kurz links und am Weidezaun aufwärts. Kurz vor dem Ende der Weide wieder links (Logos) und auf einem Wurzelpfad durch Fichtenwald wieder hinunter zur Straße. Über diese hinweg und weiter abwärts bis zu einem breiten Forstweg. Jetzt zunächst länger rechts, dann scharf links bis über den nahen Bach, dem wir dann steil abwärts folgen. Unten im Wadrilltal treffen wir auf einen breiten Fahrweg **(7)**. Auf diesem geht es nun bachaufwärts gegen die Fließrichtung der Wadrill, die von hohen Erlen begleitet wird.

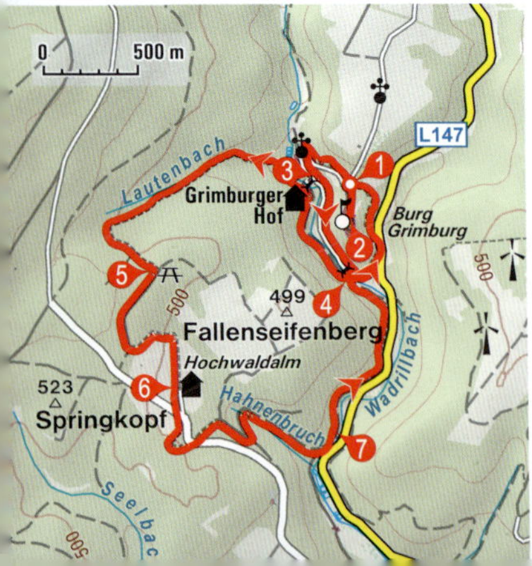

Danach wandern wir auf schmalem Pfad durch den Unterhang des Tales, noch später wieder auf breitem Weg, bis wir auf den uns schon bekannten Metallsteg stoßen, auf dem wir den **Wadrillbach (4)** queren. Nun über die gegenüberliegenden Stufen in den Hang des Burgberges (Ww. »Burg Grimburg, 0,7 km«) und im Rechtsbogen hoch zum **Ausgangspunkt (1)**.

3.30 Std.

Ruwerquelle und Quellmoor 39

Von Kell am See in den Osburger Hochwald

Die Ruwer, der bekannte Nebenfluss der mittleren Mosel, hat ihren Ursprung im Osburger Hochwald. Auf unserer waldreichen Rundtour passieren wir einen stillen Waldweiher und gelangen dann über die Ruwerquelle zum Quellmoor am Rösterkopf. Ein Knüppeldamm mit Aussichtskanzel erleichtert die Beobachtung der Moorlandschaft mit ihrem bis zu 150 Jahre alten Moorbirkenbestand. Anschließend wandern wir wieder talwärts, schlendern durch die Erholungslandschaft des Keller Stausees und kehren zum Parkplatz am Nordostende des Sees zurück.

Ausgangspunkt: Parkplatz am Stausee bei Kell am See (480 m, nordöstliches Seeende), beim Hotel-Restaurant Fronhof.
Anfahrt: Auf der A 1 bis Ausfahrt Reinsfeld, dann weiter auf der Hunsrückhöhenstraße (B 407) nach Kell am See. Von dort zum Stausee Kell.

Höhenunterschied: 150 m.
Anforderungen: Leichte Waldwanderung auf schönen Pfaden und Forstwegen.
Einkehr: Hotel-Restaurant Fronhof am See, Restaurant-Café Haus am See; Gaststätten in Kell am See und in Schillingen.

Der Stausee Kell ist ein vielbesuchtes Ausflugsziel.

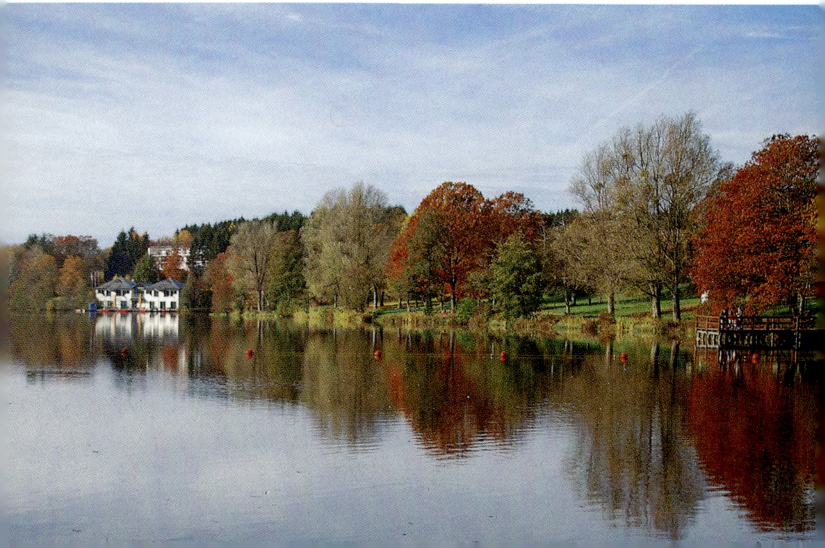

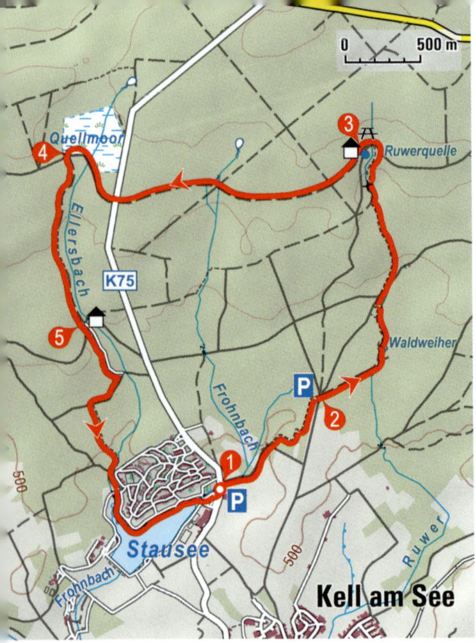

Vom **Parkplatz am See (1)** wandern wir anfangs parallel zur Straße, überqueren bald den Zulauf zum See und gehen 50 m dahinter über die Straße (»KL3«, »GR«). Dann am Waldrand entlang, erneut über den Bach und aufwärts zu einer Grillhütte. Hier nicht rechts auf den Forstweg gehen, sondern geradeaus auf den Waldpfad (»GR«). Dieser erreicht nach ca. 100 m eine große Weide, biegt nach rechts und nach 50 m wieder nach links. Anfangs verläuft er noch durch Wald, dann am Waldrand entlang bis zum **Parkplatz Märchenwiese (2)**, wo sich ein großer Wegestern befindet.

Achtung, jetzt den breiten Forstweg ganz rechts (!) wählen, der uns mit »KL3, GR« zu einem idyllischen Weiher bringt, der von der Ruwer gespeist wird. Nun links auf einen Pfad und am Ruwerbach entlang hoch zur Ruwerfichte, dem stärksten Baum im Keller Wald, der bereits vor 1850 gepflanzt wurde und eine Höhe von 40 m erreicht hat. Weiter aufwärts bis zu einem Forstweg, auf dem wir kurz bergauf zu einem quer laufenden Fahrweg steigen. Jetzt 50 m rechts, dann links auf einen Pfad, der zur Ruwerquelle hinaufführt (»KL3«) – ein längerer Aufstieg durch schönen Wald mit turmhohen Fichten. Schließlich treffen wir auf einen Weg, der uns rechts wieder zum Bach hinunterbringt. Vor dem Bach links an diesem entlang, bis nach 30 m rechts ein Steg hinüberführt. Auf der anderen Bachseite nun durch dunklen Nadelwald hinauf zur eingefassten **Ruwerquelle (3)** mit Schutzhütte und Rastbänken.

Für den Weiterweg nehmen wir den oberhalb der Quelle nach Westen führenden Forstweg (Wegweiser »Parkplatz Hochmoor«), der uns eben durch einen schönen Buchenhochwald mit einigen Ausblicken zu einem Wegestern mit Schutzhütte und Picknickplatz bringt. (Hier könnten wir links talwärts über das Wassertretbecken zum Jugendzeltplatz am Keller Stausee wandern.) Geradeaus den Wegweisern »Knüppeldamm« und »Parkplatz Hochmoor« folgend erreichen wir – vorbei am Spalbachbrunnen – die Straße nach Reinsfeld bzw. Holzerath mit dem Wanderparkplatz. Über die Straße und nach der Schranke 500 m eben weiter (»RR«) durch Wald zum **Quellmoor am Rösterkopf** (**4**, 610–640 m). Eine große Info-Tafel klärt uns über die Bedeutung des Quellmoors auf. Gegenüber dem Zugang zum Quellmoor wandern wir auf dem links talwärts führenden, schmalen Wanderweg mit den Wegweisern »Ferienpark« und »Kell am See« durch Laubwald hinab. Der Weg wird wieder breiter und bald zu einem Ziehweg, der uns dann rechts eines Baches durch Nadelwald hinab zu einem quer führenden Forstweg (**5**, Schutzhütte) leitet. Auf dem gegenüberliegenden Pfad setzen wir den Abstieg fort und kommen zu einem tiefer liegenden Querweg, wo wir uns rechts halten. Nach ca. 300 m erneut auf einen Pfad und weiter abwärts. Unten überqueren wir den Lehbach, gehen bei den Ferienbungalows kurz am Waldrand entlang und treffen schließlich auf den Seerundweg. Wer sich stärken will, kann im nahen Haus am See (Restaurant/Café) einkehren. Wer es eilig hat, wählt direkt den Weg links am See entlang (GR) und erreicht bald den Ausgangspunkt, den **Parkplatz am See (1)**.

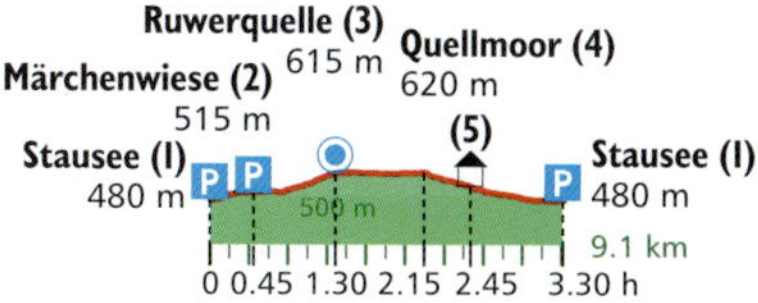

Quellmoor am Rösterkopf.

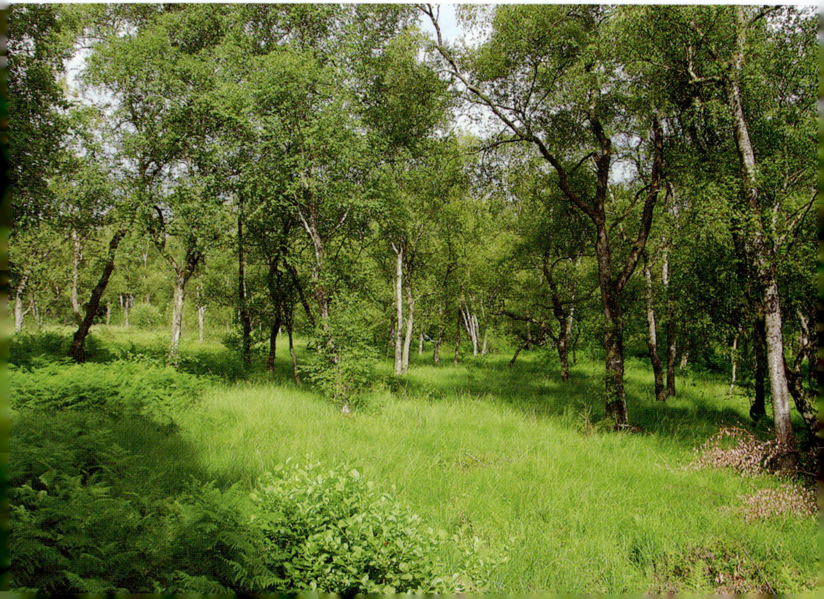

40 Im Trauntal bei Abentheuer

2.30 Std.

Wandern beiderseits der Traun

Die Wanderung verläuft in der schönen Natur des Nationalparks Hochwald und folgt dabei weitgehend dem »Trauntal-Höhenweg«, einer Traumschleife. Besonders schöne Strecken liegen an der Traun zwischen Hujetsmühle und Abentheuer und in den einsamen Hochwäldern westlich Rinzenberg.

Ausgangspunkt: Forellenhof (490 m) im Trauntal bei Börfink-Einschieder Hof (525 m) im Schwarzwälder Hochwald.
Anfahrt: A 1 bis Ausfahrt Reinsfeld. Weiter auf der Hunsrückhöhenstraße (B 407/327) Richtung Morbach. Ausfahrt Züsch, Otzenhausen und weiter auf der L 165 über Muhl in Richtung Börfink, Abentheuer. Parken beim Forellenhof. Alternative Ausgangspunkte: Hujetsmühle (Trauntal) oder Wanderparkplatz Buhlenberg.
Höhenunterschied: 270 m.
Anforderungen: Leichter bis mittelschwerer Rundweg, überwiegend auf Naturwegen, längerer Anstieg aus dem Trauntal.
Einkehr: Forellenhof am Start/Ziel im Trauntal. Außerdem Gaststätten in Börfink, Abentheuer, Buhlenberg und Rinzenberg.

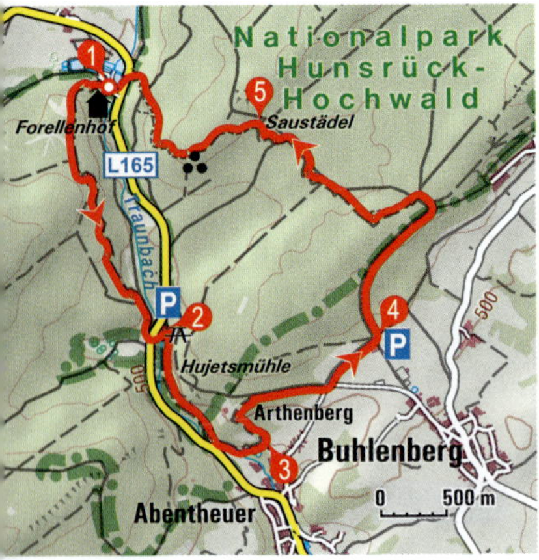

Vom **Forellenhof (1)** gehen wir zum Waldrand und durchschreiten das **Wanderportal der Traumschleife**, die hier auf der rechten Flanke des Trauntals verläuft. Auf einem Wurzelpfad geht es durch Fichten und Moosteppiche steil aufwärts. Bald passieren wir eine Sitzbank und gehen da, wo die Börfinker Ochsentour abbiegt, geradeaus. Nun auf ebenem Fuß durch schönen Buchen-Hallenwald, bis unsere Route auf einem Pfad links abbiegt und hangabwärts läuft. Wir halten uns bei einer Weggabelung geradeaus, überwinden sumpfige Stellen auf Stegen und treffen nach einer Weile unten auf den breiten Talweg. Auf diesem nun talabwärts, rechts begleitet vom steilen Talhang mit Felsen und mächtigen Fichten, links von der naturnah dahinfließenden Traun. Vor der ehemaligen Hujetsägemühle queren wir die L 165 und gehen scharf links über einen Weg zum **Wanderparkplatz Abentheuer (2)** mit Sitzgruppe, Infotafeln und hohem Portal.

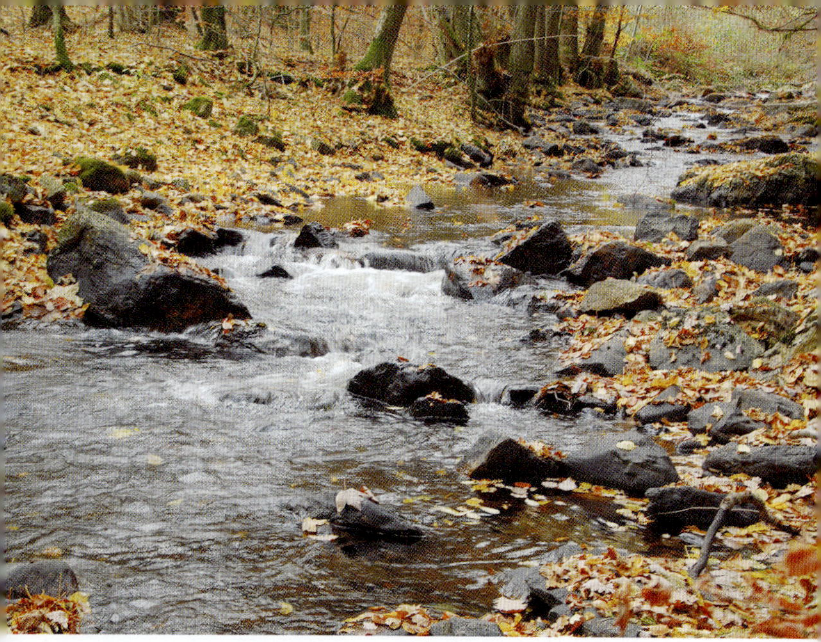

Herbststimmung am Traunbach.

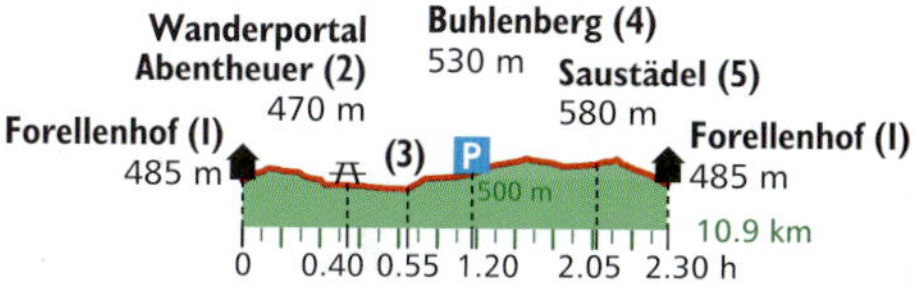

Wir wandern jetzt links der Traun, dicht am steilen Waldhang entlang, auf dem mächtige Fichten, Buchen und Eichen stehen. Unterhalb von Felsrippen sind kleine Blockmeere ausgebildet. Schließlich biegen wir mit der Traun nach links und kommen zum Wehr der alten Abentheurer Eisenhütte, das wir auf einem Holzsteg passieren. Dahinter geht es am Mühlengraben entlang, noch um einen verwunschenen Teich herum und hoch zu einem Querweg **(3)**. Auf diesem links ansteigen bis zum Eingang von Hof Arthenberg. Dort rechts und durch Wald weiter aufwärts zu einem breiten Forstweg. Er führt uns bequem rechts zum Waldrand und zu einer Wegkreuzung mit weiter Sicht nach Osten.

Nun wandern wir links durch Wiesen, gewinnen leicht an Höhe und genießen die Fernsicht. Eine Sinnesbank steht am Weg, dahinter geht es durch eine Birkenallee bis zur nächsten Wegkreuzung. Dort liegt der kleine Wanderparkplatz **Buhlenberg (4)**.

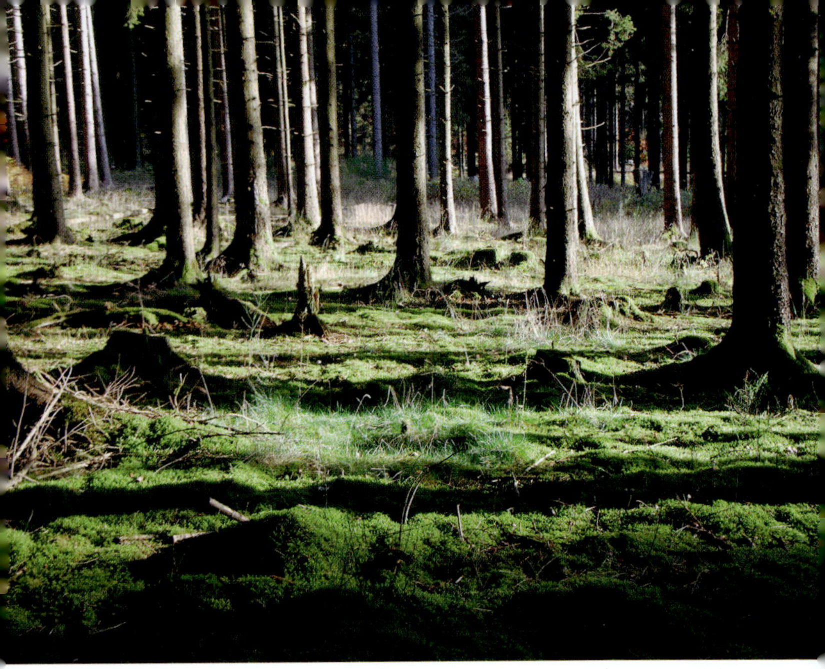

Der Waldboden im Hochwald ist oft mit Moos bedeckt.

Hier kürzen wir die Traumschleife ab und biegen links ohne Markierung in den Wald. Auf einem Teerweg, dann auf unbefestigtem Weg geht es im Bogen aufwärts. Wir erfreuen uns am schönen Hochwald und treffen oben wieder auf die Schleife (Logos!). Sie verläuft rechts neben der Forststraße und taucht nach einer weiteren Wegkreuzung in eine Fichtendickung ein. Dann wandern wir auf federndem Pfad durch hohen Fichtenwald. Auf einem einsamen Waldweg halten wir uns rechts abwärts, bis uns bei einer Wegkreuzung wieder ein Pfad aufnimmt. Nach einem Wurzelsitz geht es über einen Fahrweg, dann ein besonders schönes Stück am Rohrbach entlang, den wir auf Trittsteinen überqueren. Erneut auf einem Fahrweg, läuft die Route länger nach Nordosten, bevor sie links auf einen Seitenweg biegt.
Von diesem zieht sie zu einer malerischen, einsamen **Waldwiese** (**5**, »Saustädel«), dann steil hoch zum Vorkastell, einer ehemaligen keltischen Fliehburg. Hier, auf dem mit 620 Metern höchsten Punkt der Tour, ist ein Rastplatz eingerichtet. Nach der Rast steigen wir ins Trauntal ab, durch hohen Misch- und Buchenwald, queren unten noch einen Waldweg und die L 165 und kehren zum **Forellenhof (1)** zurück.

3.45 Std.

Durch die Hölzbachklamm bei Hunolstein

41 TOP

Alte Mühlen, ein Klammweg und eine Burgruine

Auf dieser schönen und abwechslungsreichen Wanderung steigen wir hinab ins Tal der Dhron, durchwandern die Hölzbachklamm und kehren durch den Hang des Dhrontals zurück. Der Name des Dorfes Hunolstein, hoch über dem tief eingeschnittenen Tal der Dhron gelegen, leitet sich vom altdeutschen Wort »hun« ab und bedeutet »hoch« bzw. »groß«. Dieser Begriff bezieht sich auf den steilen Felsen, auf dem sich die ehemalige Burg der Vögte von Hunolstein erhob. Sie wurde 1525 im Bauernkrieg zerstört und nicht wieder aufgebaut; die Ringmauer der Unterburg ist jedoch noch erhalten.

Ausgangspunkt: Parkplatz an der Burgruine Hunolstein (380 m), unterhalb vom Ortszentrum (!).
Anfahrt: Auf der B 327 (Hunsrückhöhenstraße) über Morbach oder Thalfang zur Abzweigung nach Hunolstein, auf Landstraße dorthin und durch den Ort zur Ruine Hunolstein (Ausschilderung; 4 km ab Abzweigung); Parkplatz.
Höhenunterschied: 220 m.
Anforderungen: Einige steile Anstiege, in der Hölzbachklamm ist Trittsicherheit erforderlich.
Einkehr: Unterwegs keine. In Hunolstein: Gasthaus »Zur Traube«, Bauernhofcafé Hunolsteiner Hof (300 m abseits der Hauptroute auf einer Wiese, www.hunolsteiner-hof.de).
Variante: Auf dem Fahrweg von Hunolstein nach Haag direkt ins Dhrontal hinunter, von dort nach Hunolstein zurück; 0.30 Std.

Vom **Parkplatz** bei der **Burgruine Hunolstein (1)** gehen wir die Zufahrtstraße aufwärts, kürzen über eine Treppe ab und erreichen bald wieder die Zufahrtstraße. Jetzt rechts 50 m bis zur Durchgangsstraße und auf dieser links in Richtung Weiperath (»Reinhardsmühle«). Vorbei am Gasthaus »Zur Traube« und der Kirche geht es bis zum Ortsende, wo uns ein Wegweiser links auf einen **Grasweg (2)** leitet (»H«, Logo des Klammwegs). Wir wandern mit schöner Sicht über die Höhe, entdecken tief unten die einsam gelegene Kirche Walholz und steigen in weiten

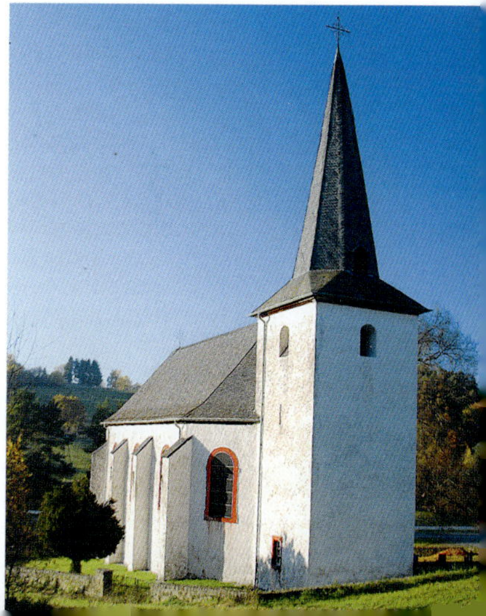

Die einsam gelegene Kirche Walholz.

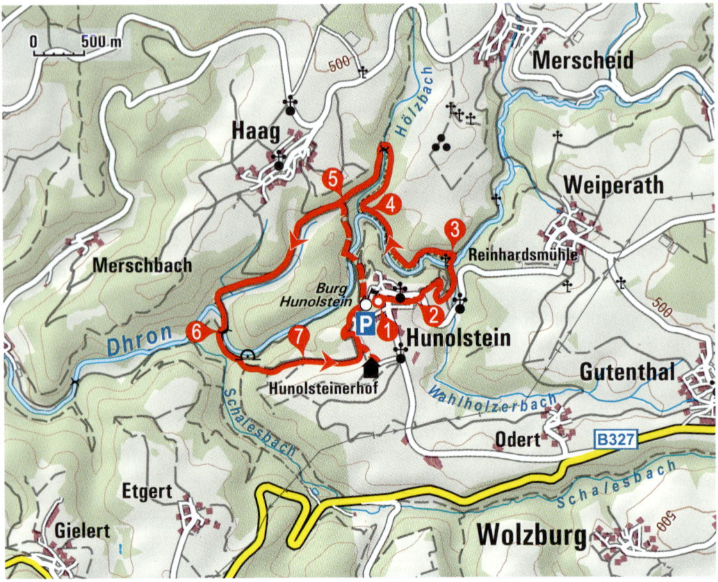

Serpentinen durch den Hangwald ab. Unten erwartet uns in einem Seitentälchen ein Teerweg. Auf diesem nun links weiter und bald über eine Brücke zur unbewirtschafteten **Reinhardsmühle (3)**. An dieser rechts vorbei und bei der Wegverzweigung links weiter in Richtung Hölzbach (»80«, »85«). Auf dem ebenen Waldweg wandern wir nun im stillen Dhrontal abwärts.

20 Minuten nach der Reinhardsmühle treffen wir auf den **Hölzbach (4)**. Unser Weg führt nun rechts – vor dem Bachlauf – in die **Hölzbachklamm** hinein (»Merscheid, Haag«). Der Weg wird schmal und bringt uns über einige Felsstufen steil hinauf in das enge, dicht bewaldete und tief eingeschnittene Tal. Im weiteren Verlauf gehen wir im Auf und Ab an reizvollen Kaskaden vorbei. Nach 15 Minuten ab Schluchtbeginn wird der Weg wieder breiter und bald treffen wir auf einen Steg, der uns links über den Bach leitet. Der Weiterweg führt nun im spitzen Winkel links haltend talwärts (Wegweiser »Merscheid« und »Haag«), trifft auf einen breiten Waldweg, der wiederum in einen breiten Wirtschaftsweg mündet. Diesem folgen wir links haltend bis zu ei-

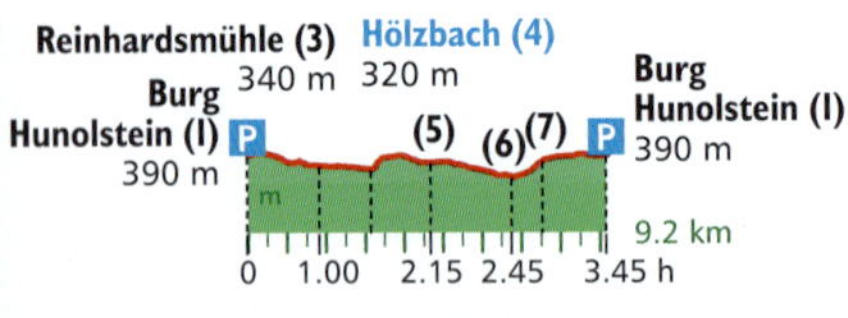

ner Weggabelung. Dort ohne Wegweiser ebenfalls links weiter und hinab zu einem kleinen **Hochtal (5)**. Hier führt ein Fahrweg links hinab ins Dhrontal und zurück nach Hunolstein (s. Variante). Wir gehen aber geradeaus und folgen dem Kellerbachtal (Logo der Traumschleife »Hölzbachklamm«), einem selten schönen Wiesental. Nach längerer Genussstrecke wird das Tälchen nach links gequert. Jenseits kommen wir wieder in Wald und steigen bald ins Dhrontal ab. Nun über die **Schafpuhlbrücke (6)** und dahinter links auf breitem Waldweg aufwärts zu einem Wegestern. Unsere Route folgt dann links dem mit dem Logo gekennzeichneten Weg, darauf einem Pfad, der uns zu einem höheren Hangweg und einem weiteren Wegestern **(7)** bringt. Achtung, hier verlassen wir den »Klammweg«, biegen also nicht scharf rechts, sondern nehmen den Weg geradeaus (»H«). Wir steigen weiter an, verlassen bald den Wald und umrunden mit schöner Sicht ein Muldental. Nach ca. 1 km mündet der »Klammweg« wieder ein, auf dem man, wenn man rechts geht, nach 300 m das stilvolle Bauerncafé Hunolsteiner Hof besuchen kann. Verzichtet man auf die Rast, stößt man bald auf einen Querweg, wo es links (!) geht. So erreichen wir bald unseren **Parkplatz** bei der **Burgruine Hunolstein (1)**.

Der Hunolstein mit Gipfelkreuz.

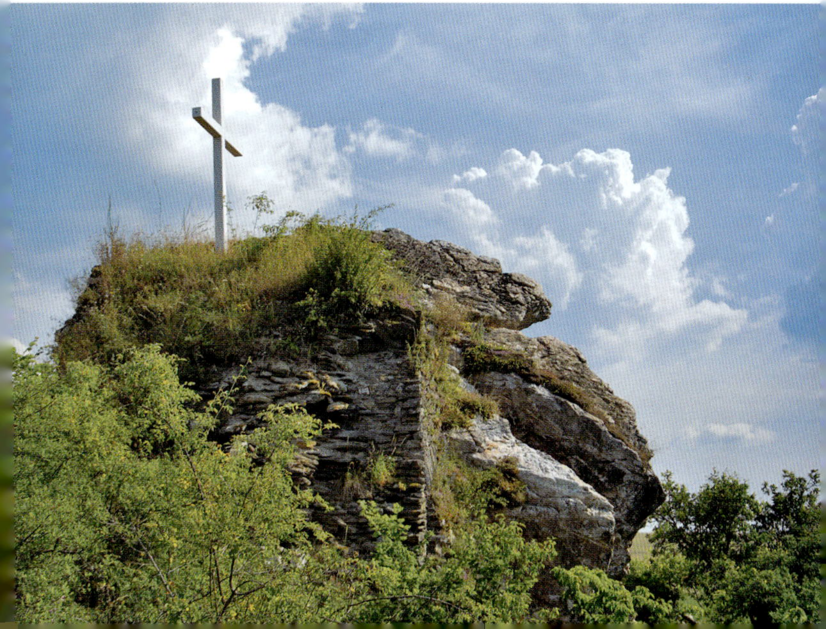

42 Im Tal der Kleinen Dhron

3.00 Std.

Durch ein einsames Wald- und Felsental

Auf dieser abwechslungsreichen Tour durchwandern wir das wildromantische Engtal der Kleinen Dhron, bestaunen die hohen Quarzitfelsen im Tal und runden die Wanderung mit einem steilen, beinahe alpin anmutenden Felsensteig ab. Streckenweise folgt die Wanderung der Traumschleife »Rockenburger Urwaldpfad«.

Ausgangspunkt: Parkplatz Prosterather Wacken (430 m) am unteren Ortsende von Prosterath, am Rande des Osburger Hochwaldes.
Alternative Ausgangspunkte: Über Zuwege von der Fischerhütte (Beuren) oder der Bescheider Mühle (Bescheid).
Anfahrt: A 1 bis Ausfahrt Reinsfeld, weiter auf der B 407 nach Reinsfeld. Dort abbiegen und über Beuren nach Prosterath. Auf der Antoniusstraße in den Ort und an der Kirche vorbei zu einer Straßengabelung. Dort links (!) über die Straße »Zum Felsen« zum Wanderparkplatz am unteren Ortsrand.
Höhenunterschied: 240 m.
Anforderungen: Überwiegend bequeme Waldwege, stellenweise auch Block- und Wurzelpfade. Steiler Aufstieg aus dem Dhrontal über die »Himmelsleiter«, die dort über Felsen im Rockenburger Urwald angelegt wurde. Sie erfordert Schwindelfreiheit, kann aber umgangen werden.
Einkehr: Fischerhütte im Freizeitzentrum Beuren (über Abstecher zu erreichen; Fr–So und an Feiertagen). Bescheider Mühle, (auch über Abstecher, Mo/Di Ruhetag, Mi–Fr 17–21 Uhr; Sa, So und an Feiertagen 12–21 Uhr).

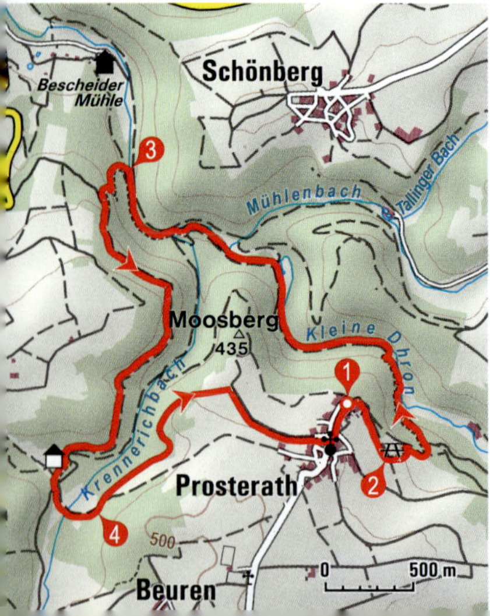

Vom **Parkplatz** in **Prosterath (1)** führt uns ein geteerter Wirtschaftsweg talwärts, biegt nach rechts und stößt bald auf die Traumschleife, deren Logos uns nun leiten. An einer Weggabelung wählen wir den oberen Weg, der zum Grasweg wird, und genießen den wundervollen Blick ins Dhrontal. Achtung, bei zwei Sitzbänken **(2)** biegt unsere Route links ab, führt hangabwärts durch Grünland, dann am Waldrand entlang und kommt zu einem breiten Waldweg, dem wir rechts folgen.
Bei einer Sitzbank geht es zunächst wieder abwärts, dann wandern wir höhengleich durch den

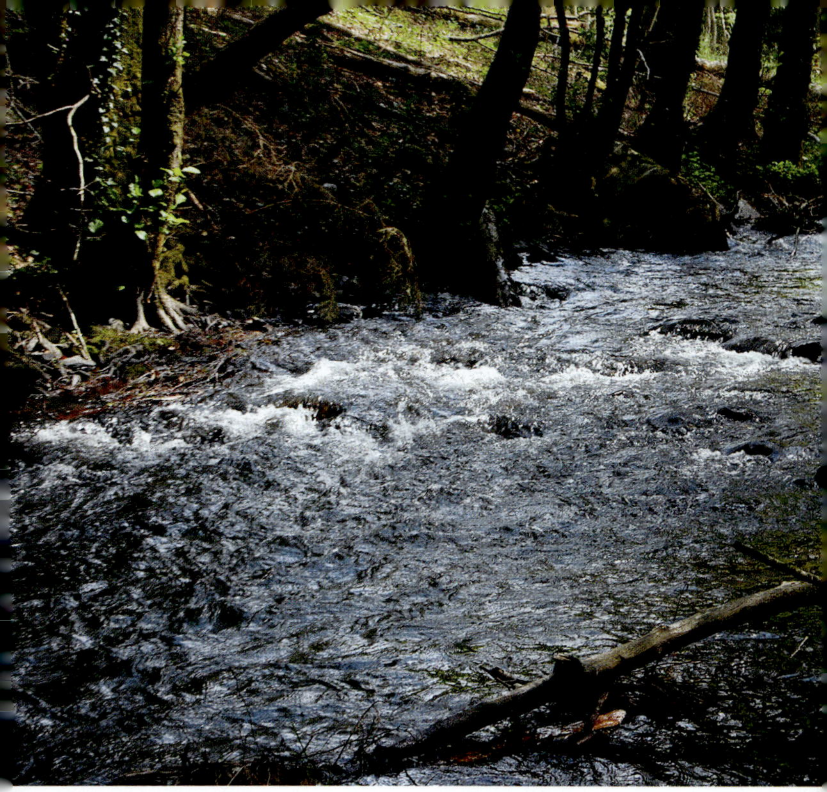

Die Dhron fließt mit großem Gefälle und bildet kleine Schnellen.

Waldhang, bis wir knapp über dem Talweg einen aufwärtsführenden Weg erreichen. Hier stehen großartige Quarzitfelsen am Hang, mächtige Kanzeln, Klippen und Säulen. Wir durchschreiten noch **2 Felsentore** und steigen nach etwa 150 m steil zum Talweg und noch tiefer zur Dhron ab. Nun geht es ein Stück dicht an der Dhron entlang, die schäumend über Blöcke fließt, kleine Schnellen bildet und von Erlen und turmhohen Weißtannen begleitet wird.

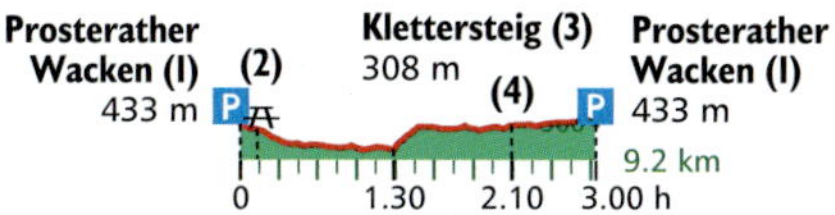

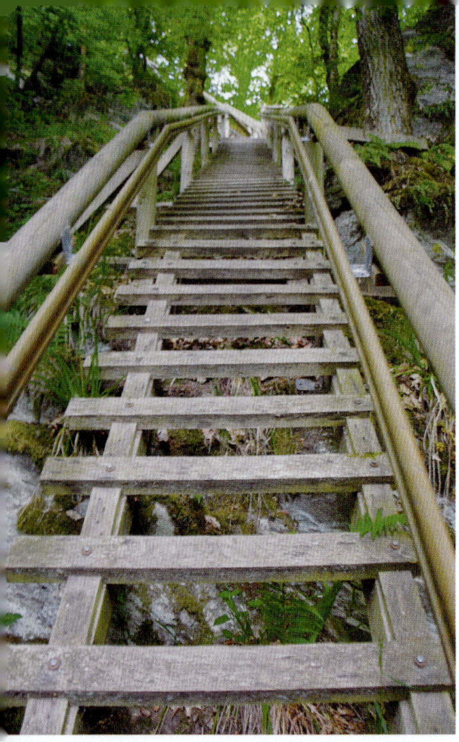

Die steile Holzbohlentreppe ist nur für schwindelfreie Wanderer geeignet.

Zurück auf dem Talweg wandern wir in absoluter Stille talabwärts. Bei einer Weggabelung bleibt man auf dem oberen Weg und geht oberhalb der Waldmühle vorbei, die einsam auf der Wiesenaue liegt. Das Dhrontal schwenkt nach links und kommt zur Einmündung des Krennerichbaches, wo die Route rechts auf eine Talwiese hinunterführt. Dort über den Seitenbach und jenseits des Zuwegs zur Dhronbrücke weiter in Richtung »Rockenburger Urwald«. Nach etwa 600 Metern kommen wir zu einem Pfad mit Wegweiser (»Prosterath«). Hier erwartet uns ein sportlicher Anstieg. Zwischen Felsklippen und hohen Buchen geht es steil nach oben. Schließlich gabelt sich der Pfad. Rechts zweigt die unschwierige Alternative ab, links liegt jedoch die »Himmelsleiter«, ein **Klettersteig (3)**, der über ausgesetzte Felsklippen und vielstufige Leitern nach oben führt. Beide Pfade treffen sich wieder und führen zu einem breiten Querweg. Auf diesem wandern wir durch schönen Laubwald in Richtung Prosterath, nahezu eben und hoch über dem Talboden. Nach etwa 1 km liegt eine Waldwiese mit Sitzbank und Wegweiser am Weg. Wir umgehen sie links und biegen direkt dahinter rechts auf einen Pfad ab, der uns durch hohen Buchenwald zu einer Schutzhütte führt. Wem nach Rast und Erfrischung zumute ist, folgt dem Wegweiser zur Fischerhütte.

Zur Rückkehr nach Prosterath nehmen wir aber den Teerweg, der im Linksbogen durch die Talwiese zieht. Achtung, nach etwa 300 Metern bei einer Sitzbank links auf einen Waldweg **(4)** biegen! Nun länger leicht aufwärts durch schönen Hochwald, bis wir landwirtschaftliche Fluren erreichen. Zur Rechten sehen wir jetzt Prosterath liegen. Vor einer großen Scheune biegen wir rechts auf den Ort zu, gehen über die Straße »Zur Borwiese« nach Prosterath hinein und links über die Straße »Zum Felsen« zum **Parkplatz (1)** zurück.

4.00 Std.

Auf dem Oppig-Grät-Weg 43

Im Auf und Ab durch Wald und Streuobstwiesen

Diese Traumschleife führt uns durch eine stille Landschaft im südlichen Teil des Naturparks Saar-Hunsrück. Wären nicht ein paar Windräder entlang unseres Weges, könnte man meinen, hier sagen sich Fuchs und Hase gute Nacht. Großartige Panoramablicke runden diese Tour ab. Der Höhepunkt kommt allerdings erst zum Schluss: die Durchwanderung der wildromantischen Oppig-Grät-Schlucht.

Ausgangspunkt: Parkplatz am Dorfplatz, vor der Kirche in Rimlingen (232 m), bei Losheim am See.
Anfahrt: Von der Hunsrückhöhenstraße (B 407) auf der B 268 nach Losheim; von dort weiter über Bachem nach Rimlingen.
Höhenunterschied: 380 m.
Anforderungen: Mittelschwere Rundtour auf teilweise breiten Wirtschaftswegen, abschnittweise aber auch auf Naturwegen und Pfaden. Einige steile An- und Abstiege. Die Oppig-Grät-Schlucht erfordert Trittsicherheit; im Winter und nach starken Regenfällen ist sie nicht begehbar. Der Weg ist gut ausgeschildert.
Einkehr: Rimlingen: Gasthaus Zur Alten Post sowie Restaurant & Café EssZimmer. Rimlinger Wanderhütte (Öffnungszeiten: Donnerstag 18–23 Uhr und Sonntag von 10–12 Uhr; nur im Sommerhalbjahr).
Variante: Die Tour kann abgekürzt werden, wenn wir den Abstecher in die Schlucht des Oppigbachs links liegen lassen, der Verbindungsstraße nach Rimlingen 500 m weit folgen und dann nach rechts zur Rimlinger Hütte abbiegen.

Vom **Parkplatz** vor der Kirche in **Rimlingen (1)** gehen wir 100 Meter an der Hauptstraße entlang in Richtung Bachem und biegen dann rechts in das Sträßchen »An der Kopp« ein. Wir steigen zum Waldrand an und folgen links dem Sträßchen 100 Meter, das uns direkt zum Portal der Traumschleife leitet. Ein Treppenweg führt uns nun steil durch Hochwald aufwärts und geht dann rechts in einen Bergwanderweg über. Weiter durch einen Windbruch mit freien Blicken auf Rimlingen, über einen kleinen Steg und links hinauf zu einem breiten Querweg. Rechts kurz weiter auf diesem, links haltend weiter zu einem Forstweg. Rechts auf diesem zu einer Weggabelung mit **Sitzbank und Tisch (2)** aus ehemaligen Mühlsteinen. (Hier befand sich bis vor Kurzem ein Aussichtsturm, der aber leider abgebaut wurde.) Wir sind hier zwar auf dem **Ho-**

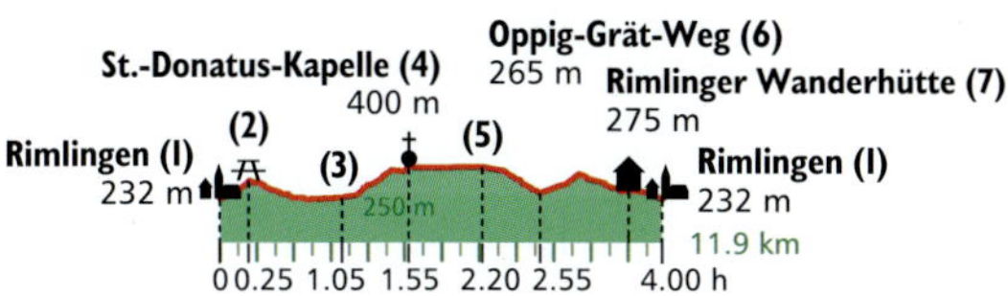

hen Kopp (329 m), befinden uns aber mitten im Wald. Wir folgen nun links einem schmalen Pfad durch Niederwald, der uns zu einem quer laufenden Forstweg leitet. Auf diesem 50 Meter weiter zu einer Weggabelung und rechts haltend auf Forstweg durch schönen Mischwald. Bald verlassen wir diesen breiten Weg und folgen links dem steilen Steig weiter hinab durch Ahorn- und Buchenwald. (Eine Tourentafel am Weg gibt uns den Hinweis auf eine Hotline, bei der wir eine Unterkunft erfragen können, oder auch auf Wegemängel hinweisen könnten!) Über steile Serpentinen weiter hinab, wobei wir einen Forstweg queren. Bald erreichen wir den Waldrand, wo uns eine Sitzbank einlädt, den Blick über Ackerland hinweg in die Ferne schweifen zu lassen. Anschließend folgen wir einem Feldweg am Waldrand entlang zu einer T-Kreuzung. Dort links weiter auf Feldweg und durch Äcker hinab zum Talgrund. Rechts haltend geht es nun durch freies Gelände, dann links dem »WW« über den Bach folgend auf den Waldrand zu (Sitzbank). Massige Buchen und einige stämmige Eichen vermitteln einen Eindruck, wie der Wald hier wohl früher ausgesehen haben musste. Wir halten uns rechts und kommen eben auf breitem Weg durch einen schönen Buchenbestand. Bald stoßen wir auf einen Querweg, folgen diesem nach rechts und verlassen dann den Wald. Wir queren die Teerstraße vor uns und gehen zwischen den großen Ställen des **Wald-**

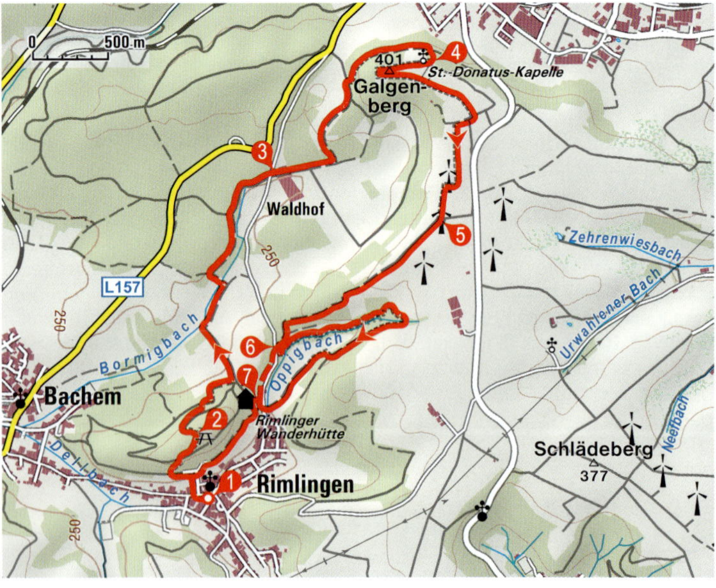

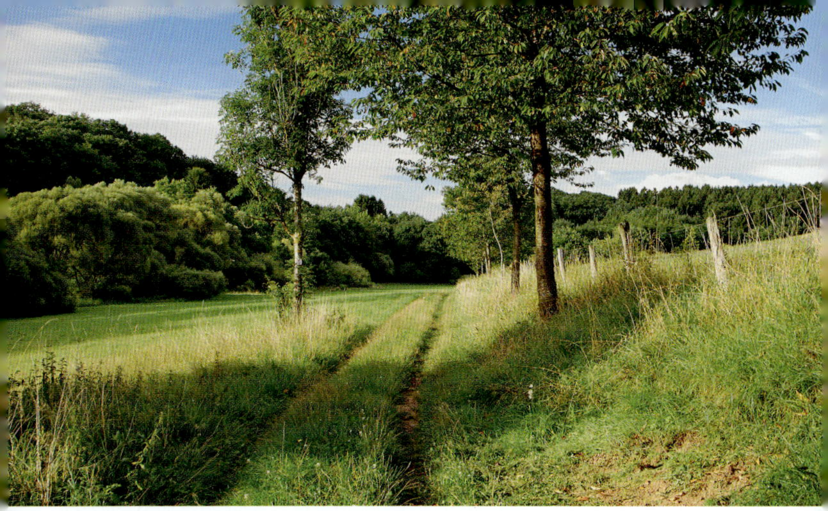

Auf dem Weg zur St.-Donatus-Kapelle.

hofs (3) hindurch. Kühe und Pferde weiden einträchtig auf den umliegenden Wiesen. Am Ende des befestigten Weges geht es am Waldrand entlang, bis links ein lehmiger Pfad eine schmale Gasse durch den Wald schlägt. Auf diesem steil hinauf, bis wir auf einen **Hochsitz** stoßen. Im Folgenden durch Wiesen weiter bergan zu zwei Sitzbänken mit herrlicher Aussicht. Von dort am Rande eines Mischwaldes auf einem Feldweg weiter (von rechts mündet bald ein Forstweg ein). Links gelangen wir zu einer Sitzbank mit »WW«. Dort rechts weiter auf Pfad durch Wald hinauf; dann eben durch den weiterhin bewaldeten Hang. Bald sehen wir links unterhalb Losheim am See. Gleich hinter einer Bienenzucht führt rechts ein steiler Treppenweg hinauf durch dichten Wald zu einer Erhebung, »Galgenberg« genannt mit der frei stehenden **St.-Donatus-Kapelle (4)**, die sich am nördlichen Rand einer **Hochfläche** befindet. Nun mit freien Blicken auf Feldweg rechts haltend weiter zum höchsten Punkt unserer Wanderung. Am Rande einer großen Streuobstwiese im Linksbogen zu einer Rastbank mit Hochsitz. Anschließend geradewegs durch eine weitere Streuobstwiese zu einem Feldweg. Dort halten wir uns rechts, gehen sogleich wieder links und wandern auf einem Sandsträßchen auf fünf große **Windräder (5)** zu. 40 Meter vor dem ersten Windrad biegen wir rechts ab und gehen direkt auf die Hangkante zu; dort links an einem Weidezaun entlang weiter, bis wir auf einen unbefestigten breiten Wirtschaftsweg stoßen. Diesem folgen wir nach rechts und wandern aussichtsreich und leicht fallend weiter. Anschließend am Waldrand entlang und einer Linksbiegung folgend (vorbei an einer Hütte) weiter talwärts. Dann durch schönen Laubwald hinab, bis wir auf eine

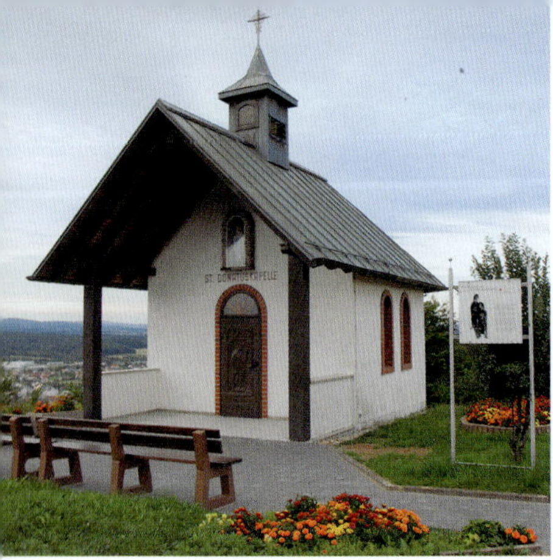

St.-Donatus-Kapelle hoch über Losheim am See.

Teerstraße stoßen. Dieser folgen wir links haltend, bis wiederum links bereits nach wenigen Metern der **Oppig-Grät-Weg (6)** abzweigt. (Wer hier abkürzen will, der Teerstraße geradeaus weiter folgen, s. Variante!) Wir befinden uns nun in einem Naturschutzgebiet, treten in den Bachgrund ein und überqueren mehrmals über schmale Stege den Oppigbach. Ist der Bacheinschnitt zu Beginn noch wenig ausgeprägt, so verengt er sich zunehmend und wird auch deutlich wilder mit einigen Sandsteinfelsen als markanten Wegmarken. Am Ende der Schlucht steigen wir dann in Serpentinen hoch und queren nach rechts zur oberen Grät. Im Anschluss folgt ein kurzer Abstieg in den oberen Bachgrund, und jenseits davon hilft uns eine gesicherte Leiter, wieder den oberen Schluchtrand zu erreichen. Am oberen Rand der Oppig-Grät-Schlucht folgen wir nun einem schönen Waldweg leicht fallend talwärts. Der Weg wird allmählich breiter und mündet in einen Forstweg. Kurz auf diesem entlang, bis rechts ein Hochsitz auftaucht. Dort rechts hinab zu Wiesen, dann am Wiesenrain (in Mitte der Wiesen) links haltend weiter zu einer **Pferdekoppel**. Auf einem nun ausgeprägtem Wirtschaftsweg wieder hinab in den Talgrund und vor zur Teerstraße, die wir zu Beginn der Schluchtwanderung verlassen haben. Dort sogleich rechts und nach wenigen Metern links – über die Straße hinweg – und hinauf zur gleich oberhalb liegenden **Rimlinger Wanderhütte (7)**. Vor der Hütte rechts auf Forstweg weiter durch Wald (einige Sitzbänke). Dann am Waldrand entlang weiter, bis links ein paar Stufen zum Sträßchen »An der Kopp« und zu den ersten Häusern hinableiten. Links haltend abwärts zur Rimlinger Straße und erneut links zurück zu unserem Ausgangspunkt in **Rimlingen (1)**.

Hochsitz nach dem Ausstieg aus der Schlucht.

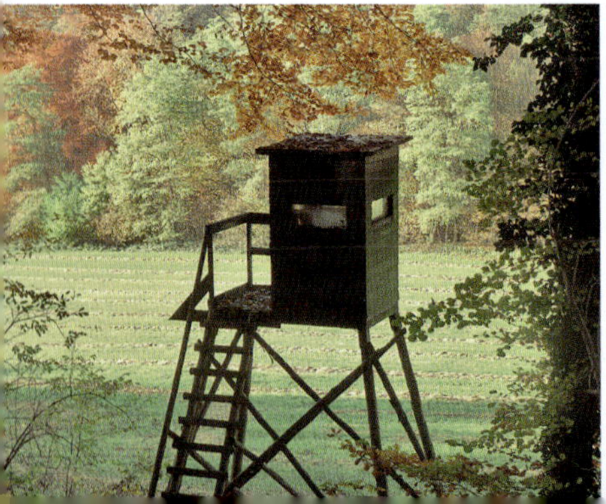

5.00 Std.

Auf dem Felsenweg bei Waldhölzbach

44

Felsen, Wald und Wiesen im südlichen Hochwald

Die Runde verläuft am Südrand des Schwarzwälder Hochwalds. In ihrem Nordteil zieht sie durch geschlossene Wälder, im Südteil durch offene, schön strukturierte Landschaft, durch Wiesen, Weiden, Wäldchen und idyllische Bachtäler. Einzelne Felsbastionen aus hartem Quarzit geben der Tour die besondere Note.

Ausgangspunkt: Parkplatz beim Feuerwehrhaus nahe der Kirche in Waldhölzbach (410 m) am Südrand des Schwarzwälder Hochwalds, Ortsteil von Losheim am See.
Anfahrt: Von der Hunsrückhöhenstraße (B 407) nach Weiskirchen und weiter über Rappweiler nach Waldhölzbach.
Höhenunterschied: 370 m.

Anforderungen: Mittelschwere Rundtour auf Naturwegen und Pfaden. Die Felsen erfordern Trittsicherheit, können aber auch umgangen werden.
Einkehr: Gaststätten in Waldhölzbach (z. B. Forellenhof), unterwegs in Scheiden.
Variante: Die Tour kann im Lannenbachtal abgekürzt werden.

Vom Parkplatz in **Waldhölzbach (1)** links vom Feuerwehrhaus über eine Treppe zur Kurstraße. Auf dieser links, bis wir das Wanderportal erreichen. Gleich steil über Stufen aufwärts zu einer Sinnesbank, aber dann wieder abwärts zur Mariengrotte. Dahinter erneut aufwärts zu einem Sträßchen und auf einem zur Straße parallel laufenden Waldpfad hinunter zum Hölzbach. Dort links, über die Brücke und gleich beim historischen Backhaus rechts auf den Talweg. Schon bald steigen wir links zum Teufelsfels an, einem herausgewitterten Quarzitfelsen, und freuen uns oben über die Sinnesbank mit Schaukel. Schräg durch den Waldhang geht es wieder abwärts, dann länger oberhalb des Talwegs entlang, bevor wir auf Trittsteinen die Bachseite wechseln. Der Hölzbach fließt mit starkem Gefälle, bildet Schnellen und Kolke und wird von Erlen und riesigen Fichten gesäumt. Bei einem Wassertretbecken und einer Schutzhütte geht es erneut über den Bach und weiter talaufwärts. Schließlich macht der Talweg eine scharfe Linkskehre und steigt den Waldhang hoch. Oben stehen zur Erholung zwei Sitzbänke bereit. Kurz dahinter zweigen wir links vom Weg ab und kommen zu einem **Wegestern (2)**, wo es halbrechts weitergeht. Nun folgen wir lange einem Graben, der hier oben im Hochwald die Grenze zwischen Saarland und Rheinland-Pfalz markiert. Schließlich steigen wir die Stufen zu einem Waldweg ab und begleiten den hier noch jungen Lannenbach zu

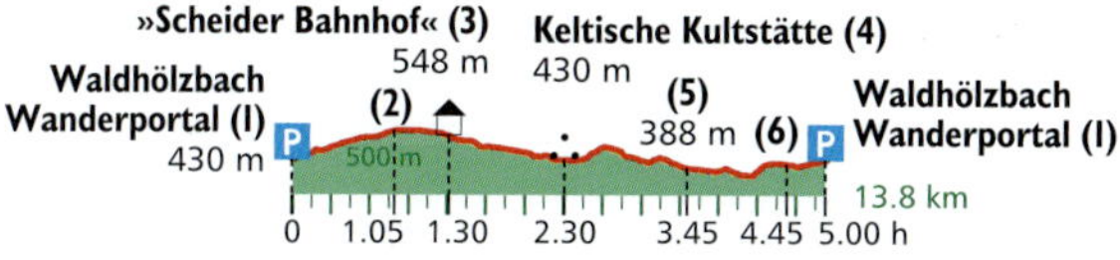

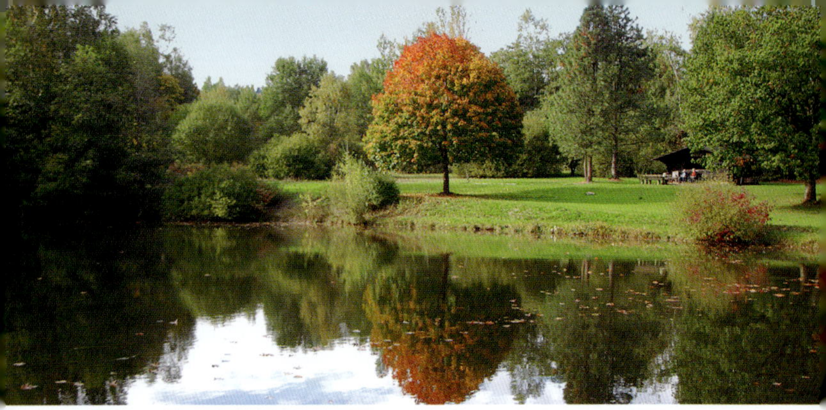

Idyllischer Weiher im Park von Waldhölzbach.

einer **Schutzhütte** (**3**, »Scheider Bahnhof«). Nun auf der rechten Bachseite entlang, nach einer Weile über den Bach und auf dem Talweg zum nahen Bärenfelsen. Jetzt auf steilem Steig in die bizarr verwitteten Quarzitfelsen und auf ihrer Rückseite am Fuß senkrechter Platten wieder hinunter. (Wer auf dem Weg bleibt, trifft nach 100 Meter wieder auf die Hauptroute). Dann geht es über einen Steg und an einem Wassergraben entlang zu einem schönen **Teich mit Schutzhütte**.

Nach einer Pause umrunden wir den Teich, queren die L 373 und wandern durch Obstwiesen auf den Waldrand zu. Im Wald gelangen wir im Rechtsbogen und unter Richtungswechseln schließlich hoch zum Adelsfelsen (Sinnesbank). Beim Abstieg umgehen wir die Felsen und kommen zu einem Querweg, der uns rechts ins Lannenbachtal bringt. Nun am Bach entlang zu einem Wegweiser. (Wer es eilig hat, geht geradeaus und trifft beim Steg bald wieder auf die Hauptroute.) Wir wandern links zur **Römerburg** hinauf, wo noch römische und mittelalterliche Mauerreste liegen. Anschließend besuchen wir eine **keltische Kultstätte (4)** und steigen bei einem Teich wieder zum Talweg ab. (Man kann hier auch auf dem Talweg links gehen und trifft dann weiter unten wieder auf die Hauptroute, s. Variante). Die Hauptroute führt uns aber bachaufwärts und schließlich auf einem Steg über den Bach.

Auf abenteuerlichem Pfad erklimmen wir nun den **Schlangenfelsen** und treffen weiter oben, nachdem wir zwei Gatter durchschritten haben, auf einen Querweg. Auf diesem links und über eine Wohnstraße hoch zur Kammhöhe, wo wir uns wieder links halten. Nun mit weitem Fernblick lange abwärts, bis wir den Waldrand erreichen. Erneut links durch Wald bis zum Waldrand, wo wir rechts gehen, wobei uns der freie Blick ins herrliche Lannenbachtal begeistert. Bei der nahen Weggabelung (2 Sitzbänke) kurz links, dann wieder in den Wald hinein und an einem alten Hohlweg entlang zu einem Wegestern.

Beim Wegweiser halblinks, dann steil zum **Lannenbach** hinunter, den wir überqueren. Wir öffnen zwei Weidengatter und treffen auf den Talweg **(5)**, wo der Abkürzungsweg einmündet. Nun rechts durch das herrliche Wiesental bis kurz vor die Straße. Dort steil aufwärts, eben am Waldrand entlang, noch an einer Sinnesbank vorbei, bis wir wieder die Straße erreichen. Jetzt über die Straße und etwas aufregend zwischen grasenden Rindern und Pferden, aber geschützt durch Holzzäune über die große Viehweide. An deren Ende nimmt uns ein Pfad auf. Schon vor dem Talweg gehen wir rechts zu einer Plattform, wo große, artenreiche Feuchtwiesen vor uns liegen.
Anschließend verlassen wir das Tal, steigen einen steilen Waldhang hoch, wandern oben halbrechts über einen Waldweg und treffen auf ein Teersträßchen. Auf diesem nur 20 Meter rechts, dann links aussichtsreich am Waldrand entlang, bevor wir in den Wald einbiegen **(6)**. Im steilen Waldhang abwärts zum Bach, über einen Steg und vor bis zu einem Teich, den wir gegen den Uhrzeigersinn umrunden (hier wurde ein Barfußpfad eingerichtet). Nun auf breitem Weg durch den Landschaftspark von Waldhölzbach, bis wir hinter einer Viehweide wieder rechts auf einen markierten Pfad schwenken. Er schlängelt sich durch dichten Auenwald, quert noch einmal den Hölzbach und führt uns auf der anderen Bachseite zu einem breiten Wirtschaftsweg und auf diesem zurück nach **Waldhölzbach (1)**.

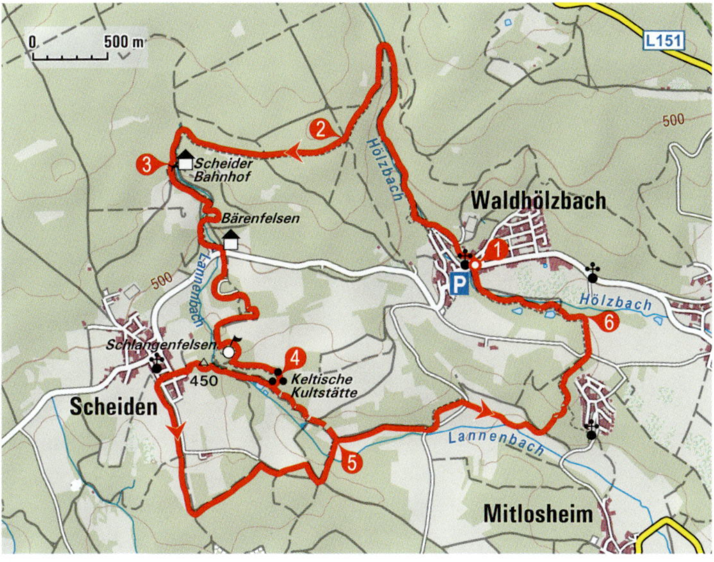

45 Auf dem Cloef-Pfad

2.30 Std.

Von Orscholz hinunter an die Saar

Diese spannende Wanderung führt durch das wildromantische Steinbachtal zur Saar hinunter und steigt durch die steilen Talhänge wieder an zum Aussichtspunkt Cloef. Dabei erleben wir die einzigartige Landschaft der Saarschleife aus unterschiedlicher Perspektive. Ein einzigartiges Erlebnis!

Ausgangspunkt: Cloef-Atrium in Orscholz (380 m), Ortsteil von Mettlach (Saar).
Anfahrt: In Mettlach von der B 51 über die Saarbrücke. Dann aufwärts nach Orscholz auf der L 176 und L 177. Parken beim Cloef-Atrium (gebührenpflichtig).
Höhenunterschied: 310 m.
Anforderungen: Mittelschwere bis schwere Rundwanderung. Blockpfade erfordern Trittsicherheit und festes Schuhwerk. Langer Aufstieg aus dem Saartal.

Einkehr: Bistro, Waldgaststätte Blumenfels und Hotel beim Cloef-Atrium. Unterwegs: Restaurant »Zum Fährhaus« an der Saar (300 m abseits der Hauptroute).
Tipp: Zwischen Orscholz und dem Aussichtspunkt Cloef wurde eine neuer Baumwipfelpfad eingerichtet; er ist 1250 m lang – mit einer maximalen Höhe von 23 Metern – und endet an einem 42 Meter hohen Aussichtsturm mit großer Aussichtsplattform (Eintritt).

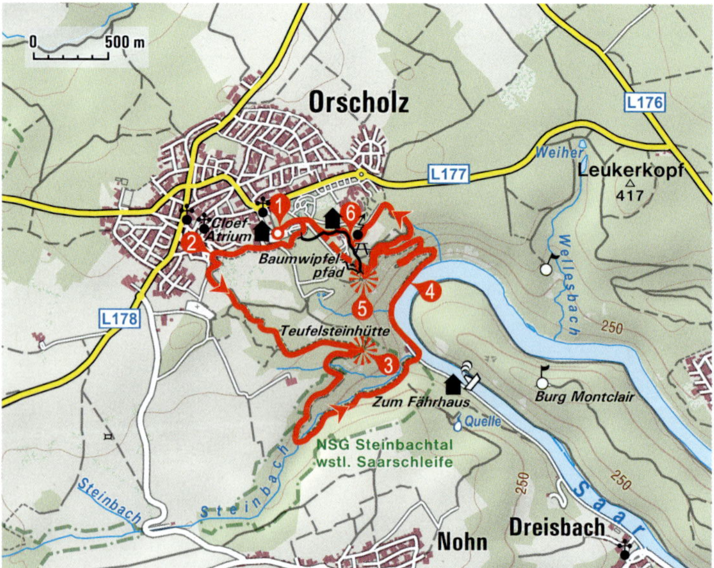

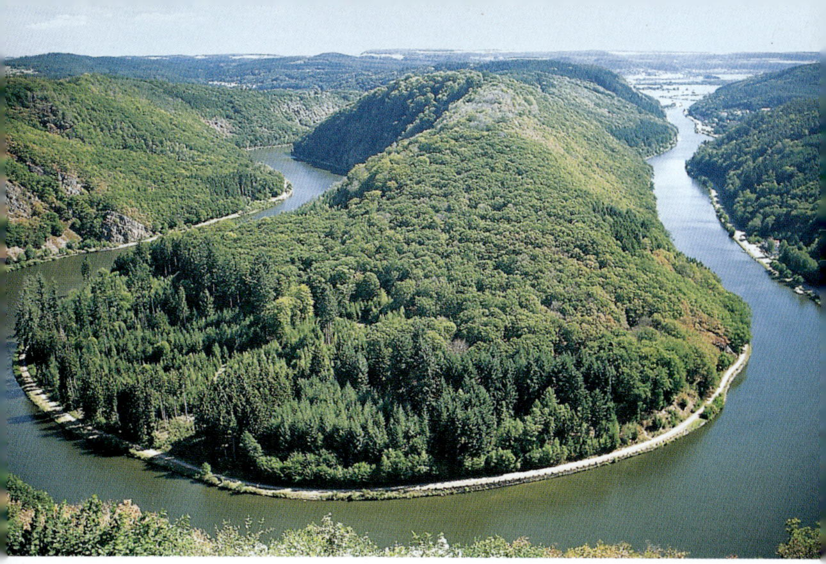

Blick vom Aussichtspunkt Cloef auf die Saarschleife von Mettlach.

Vom Parkplatz beim **Cloef-Atrium (1)** gehen wir durch das Atriumgebäude hindurch und wenden uns auf dem Teerweg dahinter rechts. Mit den Logos der Traumschleife »Cloef-Pfad« wandern wir wieder rechts am Gebäude entlang zu einem abzweigenden Weg mit Wegweiser. Kurz rechts (!), dann auf einem Blockpfad über einen Hügel zu einem Sträßchen, das überquert wird. Nun verläuft die Route über Viehweiden und an Gärten vorbei auf den Ortsrand von Orscholz zu, biegt aber am ersten Haus durch einen engen **Durchlass (2)** zum Orkelsfelsen ab, den es wegen der großartigen Fernsicht zu besteigen lohnt. Wir umrunden den herausgewitterten Quarzitfelsen, biegen nach links und wandern an Gärten vorbei und über eine Wiese zum Waldrand. Links versetzt geht es nun durch Wald weiter. Ein schwierig zu begehender Blockpfad führt uns über Quarzithügel, die mit knorrigen Eichen und Birken bestückt sind. Später passieren wir ein Straußengehege und gelangen auf einem Waldweg abwärts zur **Teufelsteinhütte (3)**, wo wir die prachtvolle Sicht auf die Saar genießen.
Auf dem Weg rechts steigen wir durch eine Schranke weiter ab. Es geht noch durch ein Seitental, bevor wir ins urwüchsige Steinbachtal einbiegen. Die Talhänge sind hier steil und von schroffen Felsen durchsetzt, der Bach fließt schnell über Kaskaden dahin. Seine Ufer werden von Schluchtwald gesäumt, Farne, Moose und Flechten weisen auf Lichtarmut und hohe Luftfeuchtigkeit hin. Alles steht unter Naturschutz.

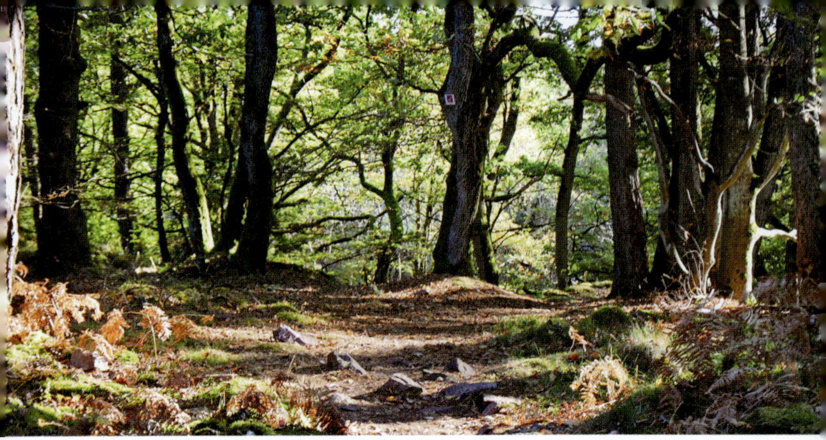

Zu Beginn der Tour folgen wir einem Blockpfad.

Auf Treppenstufen erreichen wir den Talgrund und überschreiten einen Steg. Es geht bachabwärts, wobei wir noch mehrmals die Bachseite wechseln. Schließlich entlässt uns das dunkle Schluchttälchen ins lichte Saartal. Dort können wir eine Pause im Restaurant **»Zum Fährhaus«** einlegen, das 300 Meter rechts liegt. Unser Weg wendet sich aber nach links und führt am Saarufer entlang. Etwa 500 Meter geht es bequem dahin, bevor wir hinter einem Felsvorsprung auf den Hangpfad **(4)** biegen, der uns nach oben bringen soll.
Ein Schild warnt: »Gefährliche Wegestrecke«. Wir wagen es trotzdem und besteigen einen schmalen Pfad. Er verläuft in Serpentinen, ist aber nicht steil. So macht es Spaß, den Waldhang zu erobern, vorbei an Felsen und kleinen Schutthalden. Dabei bleibt die Saar immer tiefer unter uns zurück. Schließlich erreichen wir den **Aussichtspunkt Cloef (5)** und genießen jetzt den Blick auf die Saar aus der Vogelperspektive. Wer die Tour hier beenden möchte, kommt über den rückwärtigen Teerweg bald zum Ausgangspunkt zurück. Der Cloef-Pfad setzt sich aber rechts fort. Er trifft auf einen Fahrweg, biegt bei der nächsten Weggabelung erneut rechts und kommt zur **»Kleinen Cloef«**, wo wir die Saarschleife nochmal unter uns sehen. Dann an der Hangkante eines Seitentälchens entlang und schließlich links auf einen Waldpfad, der bei einem Sendemast **(6)** auf einen Teerweg mündet. Nun scharf rechts an der Waldgaststätte vorbei. Dahinter wieder links durch Hallenwald zum Hauptteerweg. Nun zurück zum nahen **Atrium (1)**, dem Ausgangspunkt dieser spannenden Tour.

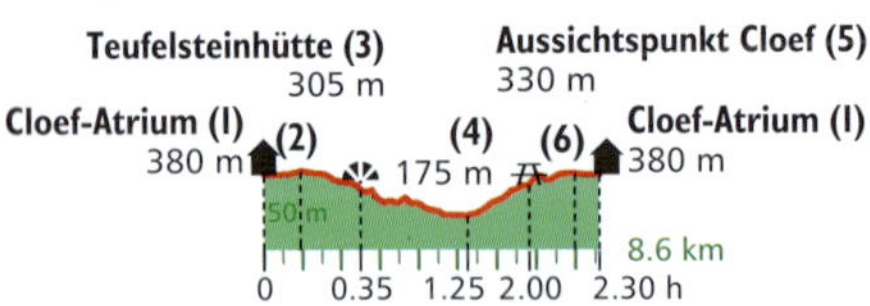

5.00 Std.

Zur Saarschleife bei Mettlach

46 TOP

Eine Erlebnisrunde mit vielen Höhepunkten

Die Saarschleife bei Mettlach gehört zu den eindrucksvollsten Landschaftsbildern in Deutschland. In engem Schluchttal durchbricht die Saar hier die harten Quarzitfelsen des Hunsrücks. Zum berühmten Aussichtspunkt Cloef wandert man am besten von Mettlach aus über die Außenschleife. Anschließend steigt man ins Saartal ab, setzt mit der Fähre über und kehrt über die Innenschleife und die Burg Montclair zurück. Diese Runde zählt zu den Spitzenwanderungen in der gesamten Region.

Ausgangspunkt: Mettlach an der Saar (165 m), dort Bahnhof bzw. Parkplätze, z. B. bei der Lutwinuskirche (4 Std. Parkzeit), beim Rathaus (4 Std.), hinter dem Rathaus (Dauerparker).
Anfahrt: Auto: Von Norden (Trier) auf der B 51 über Saarburg nach Mettlach. Oder auf der A 8 bis Ausfahrt Merzig- Schwemlingen und weiter nach Mettlach. **Bahn:** Mettlach liegt an der Bahnstrecke Trier-Saarbrücken.
Höhenunterschied: 520 m.
Anforderungen: Wegen der Steigungen und der Weglänge mittelschwere Rundtour v. a. auf Naturwegen und Pfaden. Eine Fels- und Blockpfadpassage auf dem Hinweg erfordert Trittsicherheit.
Einkehr: Restaurant »Zum Fährhaus« (beim Fähranleger) und auf der Burg Montclair, viele Gaststätten in Mettlach.
Hinweis: Fährzeiten der Saarfähre: Apr.–Okt.: täglich 10–17.50 Uhr, Mo. Ruhetag, wenn Mo. Feiertag ist, dann stattdessen Die Ruhetag, Nov. und März: Fährbetrieb an Wochenenden, Dez.–Febr.: kein Fährbetrieb. Kosten pro Überfahrt: 2 € (Erw.), 0,50 € (Kinder unter 15 Jahren).

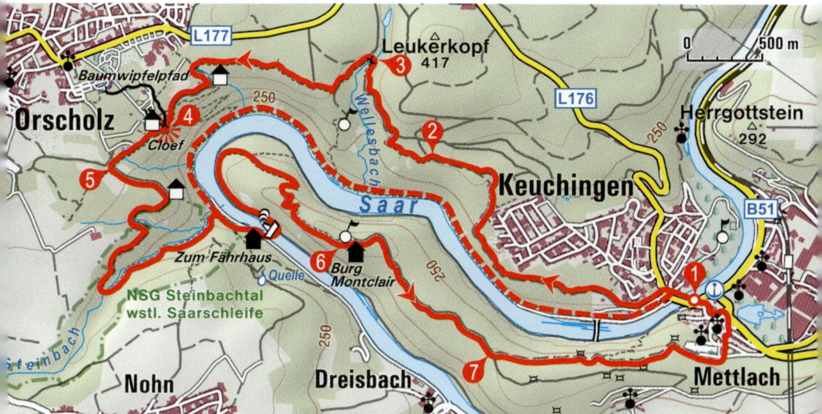

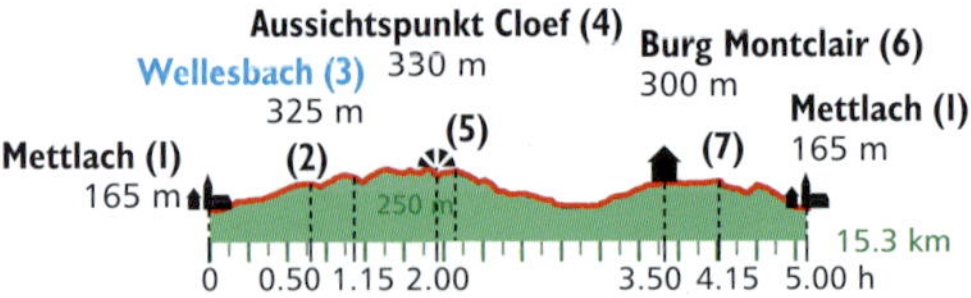

In Mettlach gehen wir über die **Saarbrücke (1)** und biegen hinter Hotel »Haus Schons« links auf das Teersträßchen »Am Bohnenberg« ab (»Aussichtspunkt Cloef 5,3 km«, Logos des Saar-Hunsrück-Steigs und der Saarschleifen-Tafeltour, rot-weiße Markierung des Saarland-Rundwanderwegs). Wir steigen anfangs steil unter schattigen Bäumen an, halten uns bei einer Weggabelung rechts, wandern kurz über Wiesen und tauchen beim letzten Haus links haltend in den Wald hinein. Nun auf breitem Weg durch hohen Mischwald, später direkt an der Abbruchkante der Saar entlang (Aussichtspunkte mit Tiefblick), dann von dieser weg zu einem Wegestern. Wir wählen den Weg halblinks und steigen mit den Logos recht steil an. Ein Weg mündet von rechts ein, wir halten uns links und wandern zuerst auf einem Pfad, dann eine Weile auf einem Waldweg, bis wir auf eine Weggabelung **(2)** stoßen. Wir wählen den Weg ganz links, an der Hangkante der Saar entlang. An zwei Stellen klettern wir über Felsen und erreichen schließlich im Rechtsbogen einen breiten Hangweg.
Auf diesem nun links im steilen Waldhang des Wellesbachtals aufwärts (Logos Saar-Hunsrücksteig, Tafeltour), bis zu einer Abzweigung (»Aussichtspunkt Cloef«). Dort steigen wir ins Seitental hinunter, queren den **Wellesbach** und halten uns links. Achtung, auf dem ersten Pfad erneut links **(3)** und an der Bachschlucht entlang. Wir biegen rechts ins Saartal und wandern unter schönem Wald länger nahe der Hangkante, auch mit Steigungen (Logos). Schließlich über den Weselbach und direkt dahinter auf dem breiten Fahrweg links in Richtung Cloef.

Der Aufstieg zum Aussichtspunkt Cloef verläuft weitgehend durch Wald.

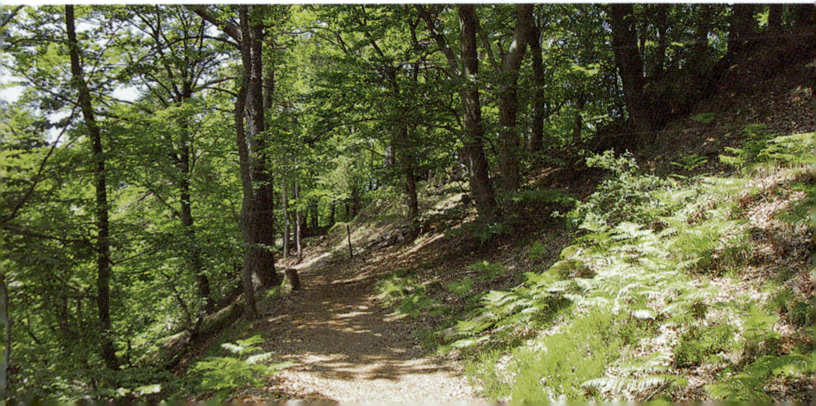

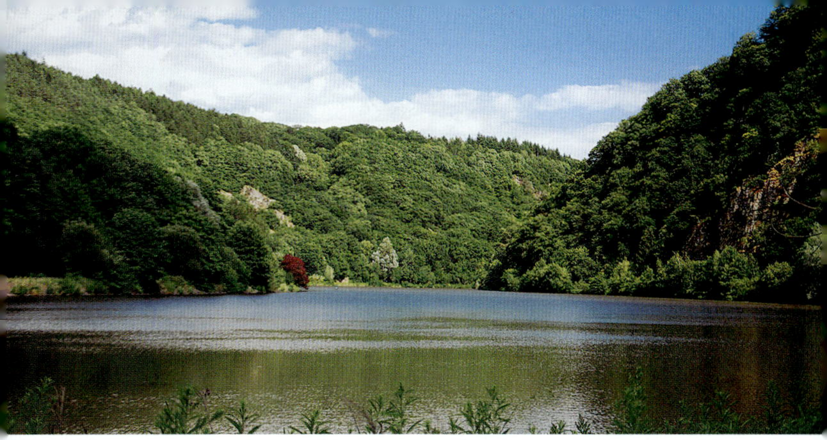

Die Saarschleife wird von steilen Waldhängen eingefasst.

Zunächst kommen wir zur **»Kleinen Cloef«** mit Schutzhütte und Saarblick, folgen weiter dem breiten Weg zu einem Mehrfachwegweiser und biegen links auf einen Pfad ab. Kurz darauf stehen wir am **Aussichtspunkt Cloef (4)**, dem Höhepunkt der Tour. Fast 200 Meter tiefer liegt die Saarschleife, von hohen Steilhängen halbkreisförmig eingefasst; ein grandioses Bild.

Anschließend geradeaus, bei der nächsten Wegggabelung halblinks (Ww. »Personenfähre Welles«), bei einer weiteren erneut links (Logos) und über einen Bach. Bei der Wegkreuzung **(5)** dahinter links zur **Teufelsteinhütte**, nochmal mit schönem Ausblick. Weiter abwärts, zuerst über einen Seitenbach, dann ins Steinbachtal hinunter, unten über Stufen und einen Steg. Nun durch das wildromantische Felsental abwärts bis zum Ufer der Saar. Hier können wir links dem Uferweg folgen und kommen so zurück nach Mettlach (s. Variante in Karte).

Die schönere Hauptroute quert aber die Saar mit der **Personenfähre** – evtl. nach einer Rast im Restaurant **»Zum Fährhaus«** (300 m rechts) – und folgt ihr ein Stück auf dem rechten Uferweg. Im Scheitelpunkt der Flussschleife biegen wir auf einen Pfad zur Burg Montclair ab und steigen im Wald zu einer Weggabelung an. Dort rechts weiter aufwärts, auch in Serpentinen, dann auf einem Pfad an der oberen Hangkante entlang zur **Burg Montclair (6)**. Nach eventueller Besichtigung und Einkehr wandern wir auf dem Zufahrtsweg weiter in Richtung Mettlach. Nach etwa 1 km bei einer Weggabelung **(7)** links halten, kurz ansteigen und einem naturnahen Pfad auf der Nordseite des Höhenzugs folgen. Er verläuft hoch über dem Steilhang der Saar durch urigen Laubwald. Schließlich biegen wir nach rechts und haben mit einmal Sicht auf den unter uns liegenden Talkessel von Mettlach. Wir steigen hinter dem Friedhof ab, achten auf die Wegzeichen und erreichen so wieder den **Ausgangspunkt (1)**.

47 Zur Burgruine Montclair

2.45 Std.

Ein Abstecher zur sagenumwobenen Höhenburg über der Saarschleife

Auf dem lang gestreckten Kamm, der von der Saarschleife umflossen wird, befindet sich die Burg Montclair, eine der reizvollsten Burgruinen im Hunsrück, die nach Restaurierungsarbeiten dem Publikum zugänglich gemacht worden ist. Ihre Ursprünge gehen bis auf das Jahr 1180 zurück, der spätere Neubau wurde 1439 fertiggestellt. Heute sind die beiden Haupttürme, der Burginnenhof und einige Wehrmauern zu besichtigen.

Ausgangspunkte: Waldparkplatz (250 m) auf dem Bergriegel oberhalb von Mettlach an der Saar oder Ortsmitte (Parkmöglichkeiten).

Anfahrt: Auto: Über die A 8 nach Merzig, dann auf der B 51 in Richtung Mettlach. Auf der Kammhöhe links (von Merzig kommend) bzw. rechts (von Mettlach) abbiegen. Nach 200 m kommt man an eine Schranke, dort rechts weiter zum lang gestreckten Wanderparkplatz. **Bahn:** Mettlach ist Bahnstation an der Linie Trier – Saarbrücken.

Höhenunterschied: 170 m.

Anforderungen: Leichte Wanderung auf breiten Wander- bzw. Wirtschaftswegen.

Einkehr: Café/Restaurant im Innenhof und in der Turmstube der Burgruine Montclair.

Zugangsvariante: Von der Tourist-Information bzw. vom Friedhof der Kirche St. Liutwin führt ein markierter Weg durch Wald hinauf zur Kammhöhe, wo man auf den Weg trifft, der vom Wanderparkplatz zur Burgruine Montclair führt; 0.30 Std.

Tipp: Im Burgkeller befindet sich ein kleines Museum. Öffnungszeiten: 1. März–30 März: Sa, So, feiertags 11–16 Uhr; 1. April–1. November: täglich 11–18 Uhr, Mo Ruhetag (außer an Feiertagen), www.burg-montclair.de.

Blick von St. Gangolf auf die Saar und die Saarwiesen.

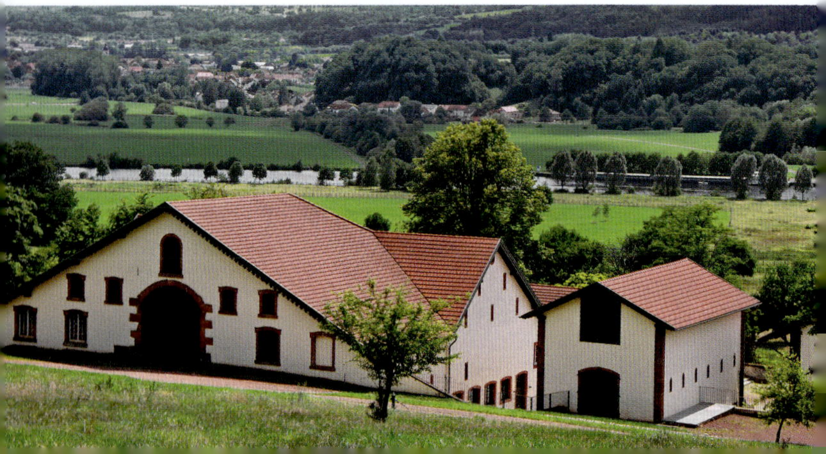

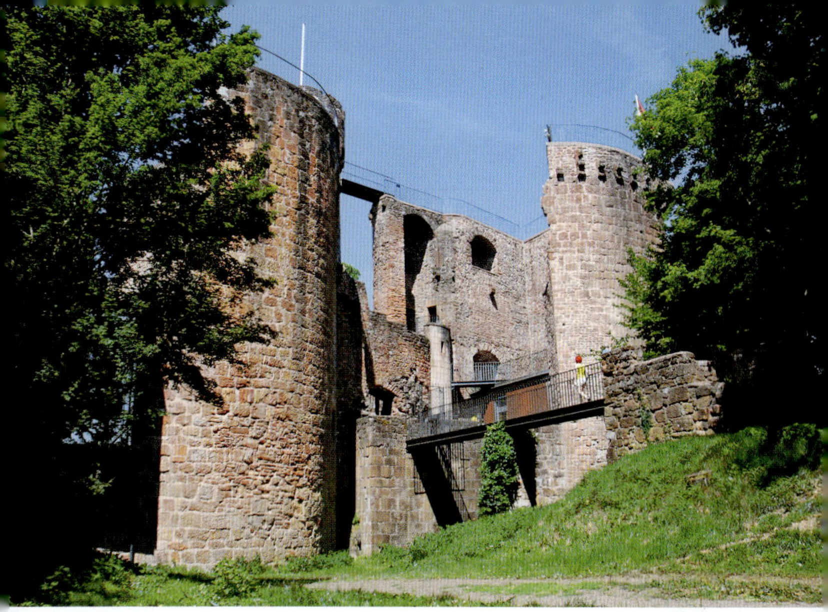

Die Burg Montclair stammt aus dem 12. Jahrhundert.

Vom **Wanderparkplatz (1)** im Wald oberhalb von **Mettlach** gehen wir zunächst zu dessen oberem Ende und anschließend ein Stück auf dem Teersträßchen (oder auf dem Pfad daneben) bis zu einer Schranke, wo der **Montclairweg** abzweigt (**2**, Markierung 12). Dieser steigt leicht zur Kammhöhe an (wo sich Reste einer ehemaligen keltischen Fliehburg befinden) und führt uns an Stationen eines Waldlehrpfades vorbei. Im Auf und Ab, alle kleineren Verzweigungen ignorierend, geht es durch die östliche Kammseite, dann wechseln wir hinüber auf die westliche Seite, stets durch schönen Hochwald. Kurz hinter einem schroffen Felsen am Hang erblicken wir die **Burg Montclair (3)**. Nach Besichtigung und Einkehr betreten wir zum Abstieg ins Saartal den Pfad links vom Burgeingang (»12«, »13«). Anfangs wandern wir durch abschüssigen Hangwald in westlicher Richtung, vorbei an Felsen und Baumveteranen. Bald zweigt links ein Abkürzungsweg (ohne Ausschilderung) zur Saar ab. Wir gehen jedoch rechts haltend weiter und erreichen die Trümmer der Burgruine Alt-Montclair.
Durch einen Einschnitt auf die andere Kammseite und in weiten Serpentinen abwärts bis zu einer Weggabelung mit Wegweiser **(4)**. Hier links hinab bis zum Ufer der Saar, wo wir auf einen breiten Wirtschaftsweg treffen. Nun halten wir uns links und wandern lange am Ufer der Saarschleife (»12«) entlang.

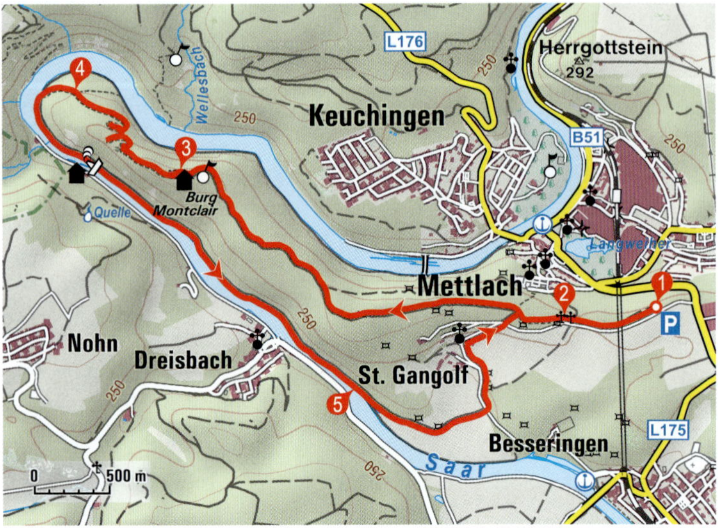

Auf der Höhe des Gasthauses »Zum Fährhaus« befindet sich eine Anlegestelle für eine Personenfähre, die man mittels Glocke rufen kann (max. 12 Personen, siehe Tour 46). Wir gehen auf dem breiten Leinweg weiter (hier wurden früher die Schiffe gezogen) und passieren dabei einige ökologische Flachwasserreservate. Beeindruckende alte Eichen flankieren den Weg. Bei einer eher unauffälligen Weggabelung halten wir uns links **(5)** und erreichen bald die Wiesen des **Klosterguts St. Gangolf**. Unser Weg führt in einem Linksbogen durch die Wiesen zum Waldrand mit riesigen, unter Schutz stehenden Eichen. Links nun weiter auf dem gesperrten Teerweg hinauf zum Klostergut, das aber nicht besichtigt werden kann. An der Klosterkirche (ehemals ein Kapuzinerstift) rechts hoch, dem schmalen Fahrsträßchen folgend (»12«) zu einer querführenden Straße. Über diese hinweg (Sperre) und auf einem Forstweg weiter (Wegweiser »Burg Montclair«) bis zu unserem Hinweg. Auf diesem rechts zurück zum **Waldparkplatz (1)** oberhalb von Mettlach.

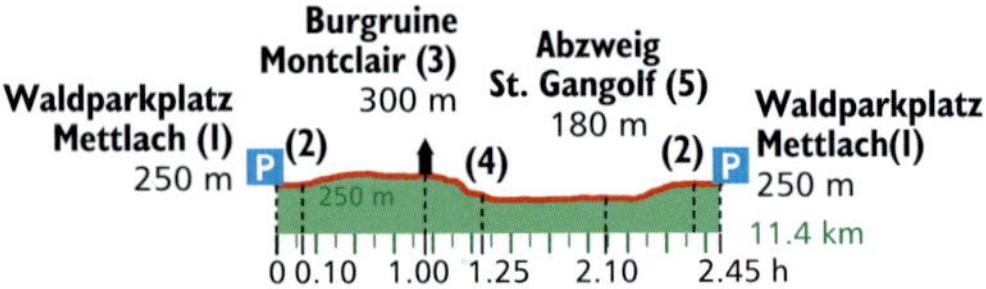

3.30 Std.

Zum Vogelfelsen von Saarhölzbach 48

Entspannte Waldwanderung mit spektakulärem Tiefblick

Bei dieser vergnüglichen Waldwanderung oberhalb der Saar passieren wir die Naturschutzgebiete am oberen Saarhölzbach sowie am Hundscheider Bach und genießen kurz vor Ende der Tour den herrlichen Tiefblick auf die Saar.

Ausgangspunkt: Waldparkplatz (240 m) oberhalb von Saarhölzbach an der Saar (Ortsteil von Mettlach).
Anfahrt: Auto: Auf der B 51 nach Saarhölzbach. Durch den Bahntunnel in den Ort. Hinter dem Tunnel sofort links, dann rechts auf die Kirchenstraße und an der Kirche vorbei steil aufwärts zum »Vogelfelsen, Waldparkplatz«. **Bahn:** Saarhölzbach liegt an der Bahnstrecke Trier – Saarbrücken.
Höhenunterschied: 210 m.
Anforderungen: Leichte Rundwanderung ausschließlich im Wald und meist auf bequemen Wanderwegen; im oberen Saarhölzbachtal auf Pfaden, dort bei Nässe rutschig.
Einkehr: Unterwegs keine. Einige Gasthäuser in Saarhölzbach.

Tiefblick von der Schutzhütte Vogelfelsen auf die Saar.

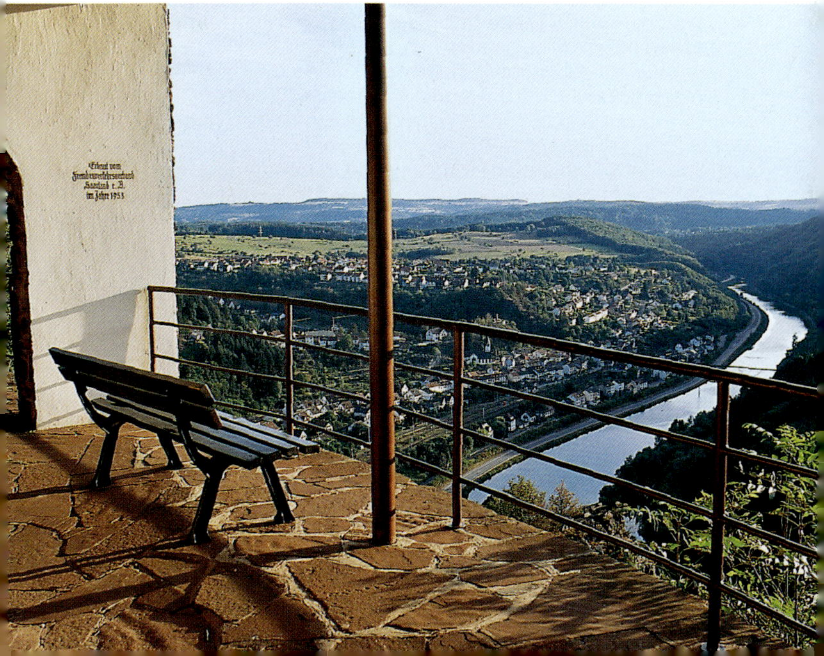

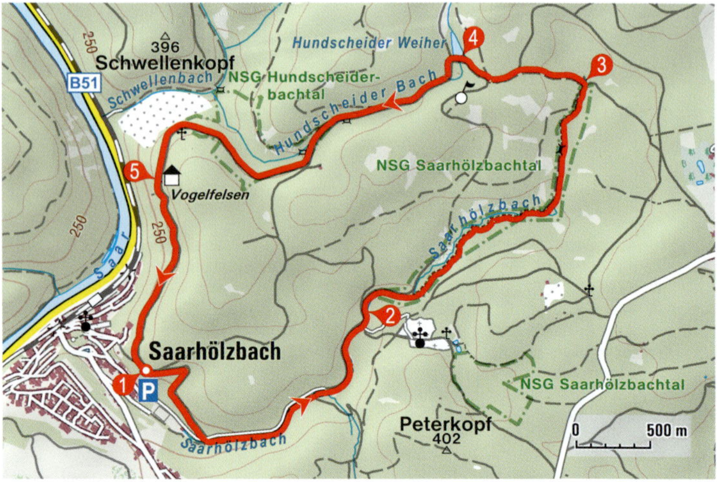

Vom **Waldparkplatz (1)** oberhalb **Saarhölzbach** gehen wir den breiten Wirtschaftsweg aufwärts, biegen aber nach 60 m rechts in Richtung »Zeltplatz« ab und wandern durch hohen Nadelwald hinab ins Tal des Saarhölzbaches, wo ein breiter Talweg auf uns wartet (»Hundscheider Weiher«, »8«). Auf diesem geht es am Zeltplatz und an einer Kette von Teichen vorbei aufwärts. Die leichte Steigung lässt uns bequem vorankommen. Nach einem großen Teich treffen wir auf den **Steinhauerweg** und kurz darauf auf die Logos der Traumschleife »Saarhölzbachpfad«, der wir nun eine Weile folgen.
Bei der nächsten Weggabelung **(2)**, halten wir uns halbrechts (!) auf dem Talweg (Logo, Hundscheider Weiher) und gehen weiter bachaufwärts. Ab und zu sehen wir Grenzsteine im Wald. Sie stammen aus der Zeit nach dem Ersten Weltkrieg, als das Tal Grenze zwischen dem Saarland und Deutschland war. Heute ist es Naturschutzgebiet mit artenreicher Aue und windungsreich fließendem Bach mit dichtem Erlensaum. Nach etwa 500 m wechseln wir über einen Steg die Talseite und stoßen auf einen abenteuerlichen Wurzelpfad, dem wir folgen – mal dicht über dem Bach, mal höher am Hang. Schließlich geht es erneut über den Bach und auf der anderen Seite weiter talaufwärts.
Achtung, beim nächsten Steg, bei dem sich 2 Sitzbänke befinden, nicht mit dem Traumpfad wieder über den Bach, sondern links (!) auf einen Waldweg, der unmarkiert ist **(3)**. Er führt uns hangaufwärts zu einem breiten Forstweg, wo wir nach ca. 15 Minuten bei einer Schranke ankommen. Jetzt befinden wir uns wieder auf dem »Traumpfad«, halten uns zweimal links und steigen

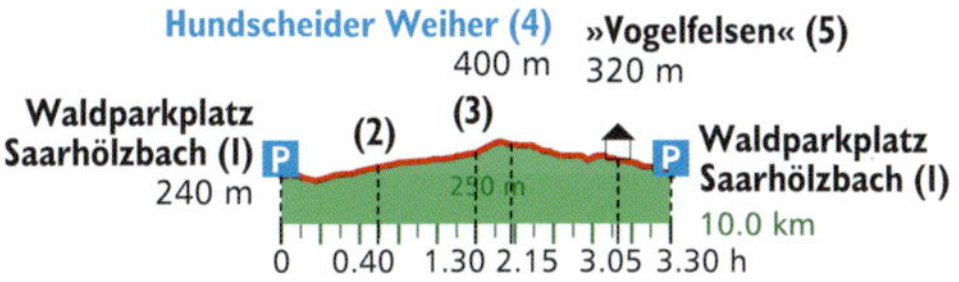

ins nahe Hundscheider Bachtal ab (Logos). Dort biegen wir auf dem Talweg rechts und kommen schnell zum **Hundscheider Weiher (4)** und über dessen Staudamm.

Dahinter links und am schönen Hundscheider Bach entlang bequem abwärts (»Waldparkplatz«). Bei einer Weggabelung wieder links, dann eben auf breitem Forstweg weiter. Bei der nächsten Verzweigung gehen wir rechts und folgen dem Wegweiser zum Vogelfelsen. Unser Weg führt dabei in einem Linksbogen durch den steilen Hang und biegt allmählich ins Saartal um. Wir wandern in einem Naturschutzgebiet, das sich mit zahlreichen Felsen und naturnahem Krüppeleichenwald den Hang hinunterzieht. Bald erreichen wir die **Schutzhütte »Vogelfelsen« (5)**, und genießen die grandiose Sicht auf die tief unterhalb fließende Saar. Von dort gelangen wir auf dem Enzweilerweg in einer knappen halben Stunde hinab zum **Waldparkplatz (1)**.

Im Tal des Saarhölzbachs liegt eine Reihe von Teichen.

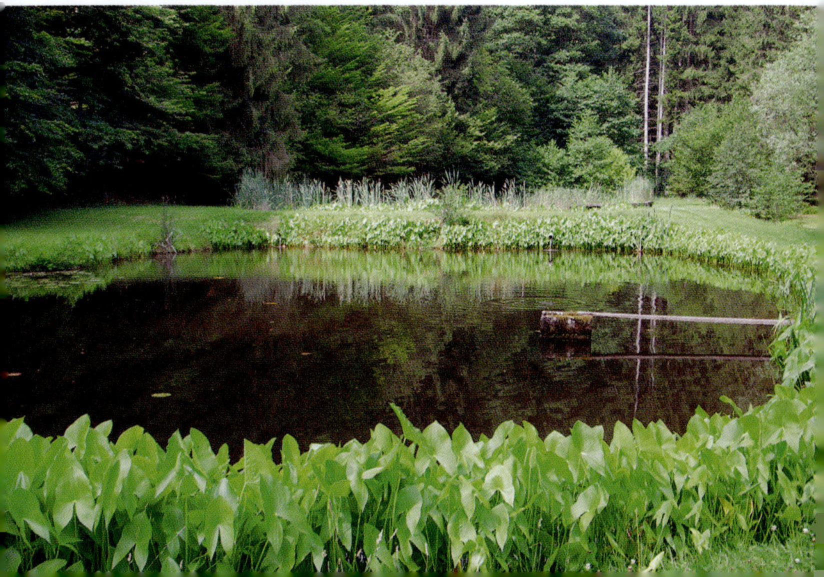

49 Auf dem Kasteler Felsenpfad

1.30 Std.

Felsiger Steig hoch über der Saar

Wer turmhohe Felsen, spektakuläre Ausblicke und abenteuerliche Wanderwege liebt, sollte sich den Kasteler Felsenpfad vornehmen, zumal es auch historische Sehenswürdigkeiten gibt. Die Wanderung läuft rund um das Sandsteinplateau von Kastel, hoch über der Saar. Die kürzere Runde (Hauptroute) umfasst den eigentlichen Felsenpfad, die längere (Variante) bezieht den Altfels mit ein. Der Kasteler Felsenpfad ist als Traumpfad ausgewiesen.

Ausgangspunkt: Parkplatz an der König-Johann-Straße in Kastel-Staadt (340 m, bei der einzeln stehenden Kirche in Richtung Klause).
Anfahrt: Auf der B 51 nach Saarburg, weiter auf der B 407 durch das Leuktal nach Trassem. Von dort auf der L 131 Richtung Freudenburg, auf der K 127 nach Kastel-Staadt. Parkplätze bei der Klause (s. o.) und im Ort (gegenüber der Kirche).

Gehzeit: 1.30 Std. für die kleine Runde (Hauptroute), 3.30 Std. für die große Runde (Variante).
Weglänge: Die kleine Runde 2,5 km, die große Runde 8,5 km.
Höhenunterschied: 210 m.
Anforderungen: Mittelschwere Rundtour, auf dem Felsenpfad sind Trittsicherheit und festes Schuhwerk erforderlich.
Einkehr: Gasthaus »Zur Klause« auf der König-Johann-Straße in Kastel-Staadt.

Blick vom Elisensitz ins Saartal. In der Ferne die Saarburg.

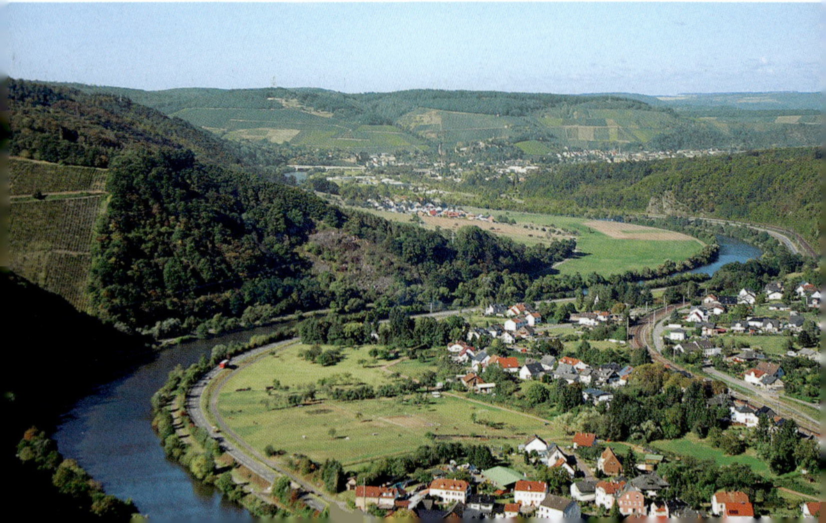

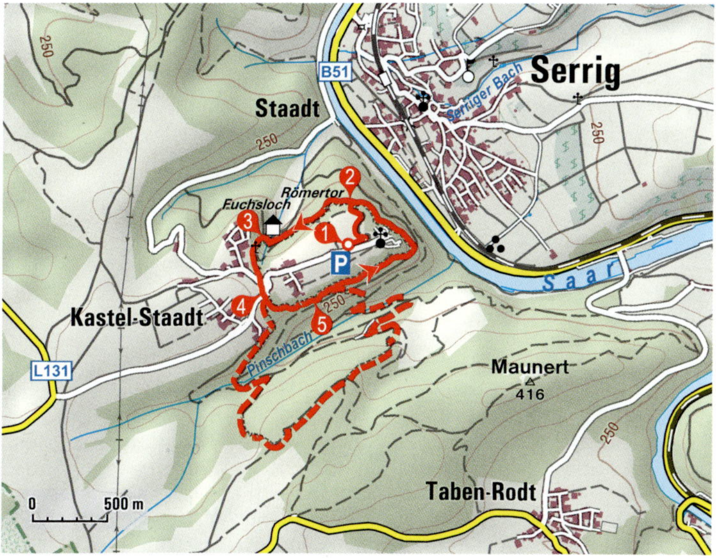

Wir starten vom **Parkplatz (1)** an der König-Johann-Straße in **Kastel-Staadt** und gehen auf der Straße links in Richtung Klause. Bei der einsamen Kirche St. Johann bietet sich weiter geradeaus ein Abstecher zum Elisensitz an, um den unvergleichlichen Tiefblick zu genießen oder die Klause in der Felswand hoch über der Saar, eine ehemalige christliche Pilgerstätte und Einsiedelei, zu besichtigen. Die Hauptkapelle, die 1938–46 Grablege für den blinden König Johann von Böhmen war, wurde durch Karl Friedrich Schinkel erbaut.
Unsere Wanderroute biegt jedoch kurz vor der Kirche links ab (Logo), verläuft auf breitem Weg zunächst eben und senkt sich dann um eine Talmulde herum. Am Waldrand und rechts von einem Sendemast betreten wir den Felsenpfad, der uns steil zu einem kleinen Platz hinunterführt. Gleich sind wir von hohen Buntsandsteinfelsen umgeben, die uns auf dem gesamten Felsenpfad begleiten werden. Die Erosion hat diese Felsen in Jahrtausenden herausgearbeitet und formenreich modelliert, durch Fugen-, Loch- und Wabenverwitterung. Es gibt markante Einzelfelsen, einige sogar mit Eigennamen.
Wir beginnen die Tour gegen den Uhrzeigersinn, halten uns daher links und durchschreiten zunächst das **»Nordtor der Römer« (2)**. Nach einem Felsentor geht es dann abwärts zu einem

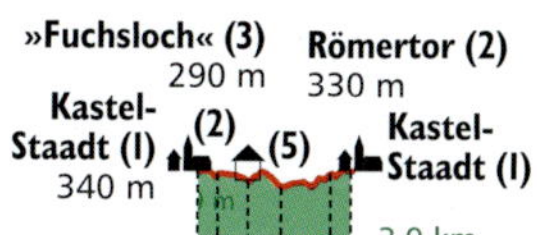

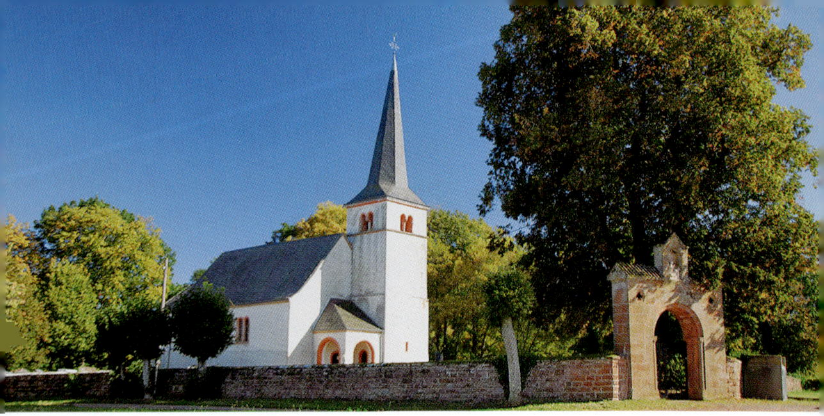

Die alte Pfarrkirche St. Johann.

Querweg und weiter abwärts zu einem hangparallelen Forstweg. Auf diesem links zur **Schutzhütte »Fuchsloch« (3)**, die in einem Kerbtälchen liegt. 40 m hinter der Hütte klettern wir auf einem Pfad und über Stufen wieder hoch zu den Felsen. Wir kommen zur **Mariengrotte** und erreichen oberhalb einen Weg, der uns schnell zu einem breiten Hangweg bringt. Nun 60 m links zu einer Treppe, auf der wir zum **Ortskern von Kastel** aufsteigen. Hier passieren wir die Verkehrsinsel und bleiben weitere 100 m auf der König-Johann-Straße, bis wir hinter Haus Nr. 14 links in einen Durchlass **(4)** einbiegen (»Felsenpfad«, Logo).

Achtung, nach 50 m schwenkt der »Traumpfad« nach rechts. Wer die große Runde zum **Altfels** wandern will, folgt den violetten Logos ins Pinschbachtal hinunter. Jenseits steigt man auf die Höhe an und wandert auf das Saartal zu. Genau an der Abbruchkante liegt der spektakuläre Altfels, den man erklettern kann, um von oben die herrliche Aussicht ins Saartal zu genießen. Der Rückweg führt wieder ins Pinschbachtal hinab und trifft ansteigend wieder auf den Felsenpfad.

Die **Hauptroute** läuft aber auf dem eigentlichen Felsenpfad geradeaus (»F«). Dieser biegt ins Pinschbachtal um und senkt sich hangabwärts. Mächtige Buchen und Eichen stehen am Hang und werden von noch höheren Felsen überragt. Pilzfels und Schakenfels beeindrucken besonders. An der tiefsten Stelle **(5)** mündet der Weg vom Altfels wieder ein. Halblinks und über Stufen steigt man jetzt auf dem Felsenpfad an und wandert dann dicht am Fuß der Felsen. Der **Runde Turm**, ein Einzelfels, ragt ganze 36 m in die Höhe. Schließlich biegen wir wieder ins Saartal um, wo die Felsen noch einmal hoch und senkrecht aufsteigen. Unser Pfad passiert den **Klausenfelsen**, dann den **Pilzfelsen**, bevor er wieder zum **»Nordtor der Römer« (2)** kommt. Von dort kehren wir nach dieser spektakulären Felsentour zum **Ausgangspunkt (1)** zurück.

3.30 Std.

Von Saarburg nach Ayl **50**

Genusswanderung mit herrlichen Aussichten

Diese attraktive Wanderung startet mitten in Saarburg und führt über die angrenzende Höhe zum Weinort Ayl. Von dort geht es hoch zum Leuker Kreuz, durch den steilen Saarhang abwärts nach Niederleuken und über den Burgberg zurück nach Saarburg. Unterwegs eröffnen sich aus verschiedener Perspektive fantastische Aussichten. Im Blickfeld liegen das schöne untere Saartal mit seinen Flussschleifen und berühmten Weinlagen sowie die nahen und fernen Höhen von Hunsrück und Eifel.

Ausgangspunkt: Saarburg (160 m), Verteilerkreis nahe beim Altstadttunnel, zwischen den Straßen L 132, »Graf-Siegfried« und »Im Hagen«. In der »Graf-Siegfried-Straße«, etwa 40 m vom Kreisverkehr entfernt, befindet sich ein Treppenaufgang. Dort Einstieg in die Wanderung.
Anfahrt: Auto: Saarburg erreicht man über die B 51 und B 407, außerdem über die K 133 von Konz nach Wiltingen und weiter auf der L 138 nach Beurig. Von dort über die Altstadtbrücke nach Saarburg. Parken an vielen Stellen in Saarburg, z. B. am Bahnhof in Beurig oder auf dem Burgberg. **Bahn:** Saarburg liegt an der Bahnstrecke Koblenz-Trier-Saarbrücken. Vom Bahnhof in Beurig geht man auf der Brückenstraße zur nahen Altstadtbrücke und durch den Tunnel zum Verteilerkreis.
Höhenunterschied: 280 m.
Anforderungen: Einfache Rundtour mit drei Anstiegen, zu Beginn steiler Anstieg.
Einkehr: Große Auswahl an Gasthäusern in Saarburg. Unterwegs finden wir Restaurants auf dem Warsberg, in Ayl (Weinrestaurant »Ayler Kupp«, Gasthof »Zum Alten Fritz«, Gasthaus »Linden«) und auf dem Burgberg.

Vom Verteilerkreis beim Altstadttunnel in **Saarburg (1)** gehen wir 40 m in die »Graf-Siegfried-Straße« hinein und kommen zu einem Treppenaufgang. Unsere Wanderweg beginnt hier am Fuß des Weinbergs (»Panoramaweg«). Zunächst geht es auf Stufen aufwärts. Dann führt uns ein hangparalleler Pfad bei einer Infotafel nach rechts um einen verbuschten, felsigen Riedel herum, anschließend direkt hoch in den Weinberg. Über eine vielstufige Treppe steigen wir bis zum obersten Querweg auf. Etwas außer Atem genießen wir bereits hier die Aussicht und wandern leicht ansteigend nach links (»Panoramaweg«). Bei der nächsten Abzweigung rechts hoch, in der Serpentine wieder rechts zum Sendemast am Waldrand. Auf einer Sitzbank gönnen wir uns eine Rast und genießen die fantastische Sicht über die unter uns liegende Stadt, den Burgberg und das Saartal. Auf einem Teerweg geht es weiter nach links und bei der nahen Weggabelung auf unbefestigtem Weg gerade-

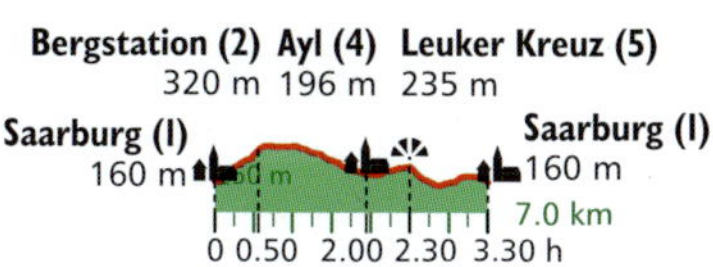

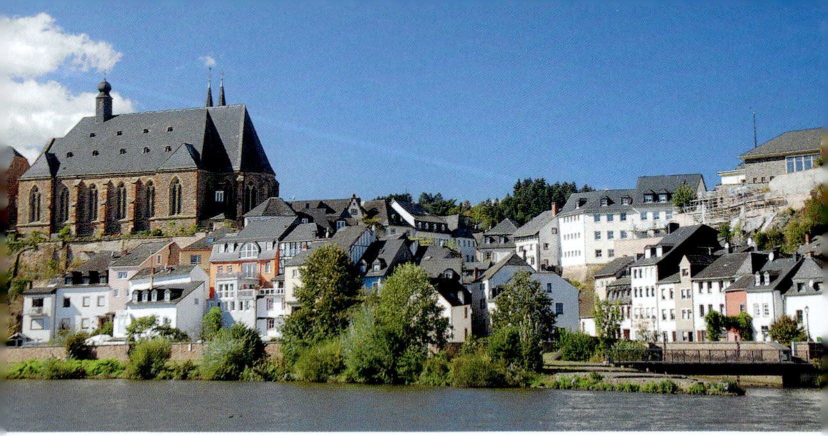

In Saarburg, an der Mündung des Leukbachs.

aus (!). Nach 250 m folgen wir dem »Panoramaweg« rechts, überqueren noch einen Weg und gelangen auf einem Pfad, dann über eine Treppe zur **Bergstation der Seilbahn (2)** (Betrieb von Ostern bis Ende Oktober). Oben gehen wir rechtshaltend zur nahen Straße, biegen aber sofort links auf ein Sträßchen und wandern am Waldrand und einem Parkplatz vorbei zum **Ferienpark Landal**. Auf der Silvaner- und Elblingstraße kommen wir zur Rezeption des Parks. Dann weiter geradeaus an einem Sport- und Spielplatz vorbei und über eine Querstraße hinweg, bis wir einen Querweg mit Schranke erreichen. Weiter geradeaus auf einem Teerweg (»Kulturlandschaftsweg Ayl«), wobei sich uns ein großartiger Blick über die Rebhänge hinweg bis zu den fernen Waldhöhen bietet. Achtung, etwa 60 m vor einem Mehrfachwegweiser ohne Markierung rechts auf einen Feldweg **(3)** biegen und auf diesem zum nahen Waldrand wandern. Am Waldrand rechts (!) auf einen unscheinbaren Weg schwenken, der uns in einem Tälchen abwärts zu einem Weinbergweg bringt. Dort rechts weiter abwärts und bei der nächsten Weggabelung links zum Talweg, dem wir talabwärts folgen. Weiter unten halten wir uns bei einer Wegga-

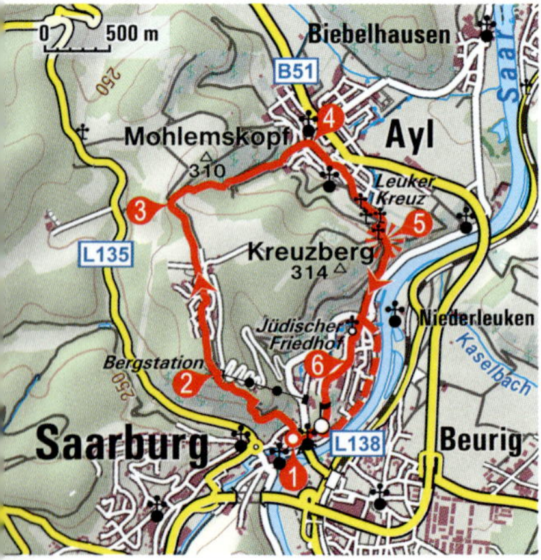

belung halbrechts, später bei einer Straßengabelung nochmal halbrechts und gelangen über die Brunnenstraße hinunter zum Dorfplatz von **Ayl (4)**. Hier gibt es Gelegenheit zur Einkehr.
Anschließend kommen wir über die Neu- und Kirchstraße zur Ayler Kirche, die wir links passieren. Dann über einen Teerweg den Talhang hinauf, begleitet von einem Kreuzweg. Wir gehen noch zwei Serpentinen aus und erreichen schließlich oben am Hang das **Leuker Kreuz (5)**. Hier bietet sich wieder eine grandiose Aussicht auf die Landschaft der unteren Saar mit ihren einmaligen Flussschleifen, Umlaufbergen und berühmten Weinlagen.
Jetzt nicht rechts nach Saarburg, sondern geradeaus zwischen Weinbergen abwärts bis zur dritten Weggabelung, wo zwei Sitzbänke stehen. Achtung, hier betreten wir einen Pfad, der uns steil hangabwärts führt. Ein Weinbergweg bringt uns endgültig zur »Trierer Straße«, die wir etwas versetzt überqueren. Jenseits kommen wir zu einer Straßengabelung. Wer abkürzen möchte, geht links und bei Haus Nr. 12 nochmals links zum Saardeich. Auf diesem kommt man direkt zur **Altstadt von Saarburg**.
Der **Hauptweg** jedoch läuft rechts über die »Schulstraße« und erneut rechts über die Straße »Am Ehrenmal« an der Niederleuker Kapelle und dem Ehrenmal vorbei aufwärts zur Straße »Erdenbach« **(Jüdischer Friedhof, 6)**. Auf dieser nur 30 m rechts, dann links weiter aufwärts über den Burgweg zur **Burgruine** von Saarburg. Erneut bietet sich uns eine wunderschöne Aussicht über die Stadt und das Saartal! Beeindruckt von den faszinierenden Ausblicken steigen wir vom Burgberg zur Altstadt ab und kehren zum **Ausgangspunkt (1)** zurück.

Hoch über der Saar liegt die Ruine der Saarburg.

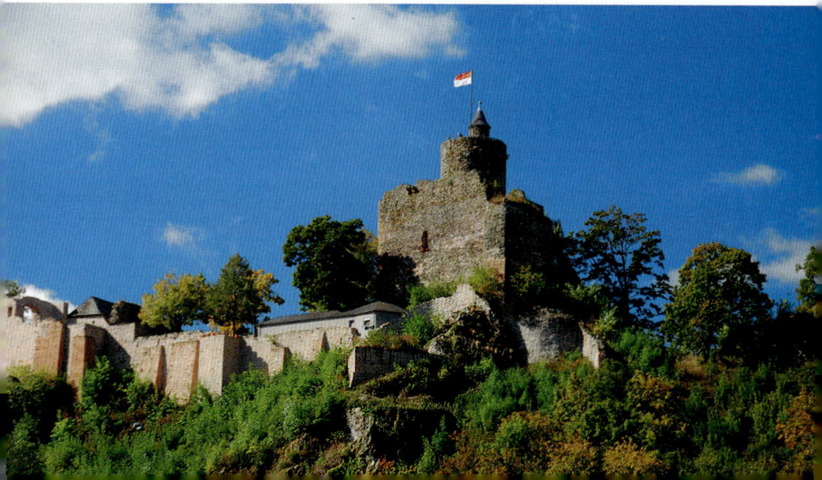

Stichwortverzeichnis

Umschlagbild:
Die Ehrenburg im Ehrbachtal (Tour 6).

Bild im Innentitel:
Moselknie bei Bernkastel-Kues (Tour 1).

Bild auf Doppelseite 20–21:
Die Hängeseilbrücke Geierlay bei Mörsdorf ist 360 m lang (Tour 22).

Alle 95 Fotos von den Autoren.

Kartografie:
50 Wanderkärtchen im Maßstab 1:25.000, 1:50.000 und 1:75.000
Geodaten © OpenStreetMap und Mitwirkende.
Kartografisches Design: Freytag & Berndt Prag, www.freytagberndt.cz,
sowie zwei Übersichtskarten im Maßstab 1:600.000 und 1:1.150.000
© Freytag & Berndt, Wien.

3., aktualisierte Auflage 2021

ISBN 978-3-7633-4316-4

FSC www.fsc.org
MIX
Papier aus verantwortungsvollen Quellen
FSC® C021956

Wir freuen uns über jeden Korrekturhinweis zu diesem Wanderführer!
Bitte per E-Mail an: leserzuschrift@rother.de

BERGVERLAG ROTHER · München
D-82041 Oberhaching · Keltenring 17 · Tel. +49 89 608669-0 · www.rother.de